Anton Emanuel Schönbach

Das Christentum in der altdeutschen Heldendichtung

Vier Abhandlungen

Anton Emanuel Schönbach

Das Christentum in der altdeutschen Heldendichtung
Vier Abhandlungen

ISBN/EAN: 9783743325098

Hergestellt in Europa, USA, Kanada, Australien, Japan

Cover: Foto ©ninafisch / pixelio.de

Manufactured and distributed by brebook publishing software
(www.brebook.com)

Anton Emanuel Schönbach

Das Christentum in der altdeutschen Heldendichtung

DAS
CHRISTENTUM

IN DER

ALTDEUTSCHEN HELDENDICHTUNG.

VIER ABHANDLUNGEN

VON

ANTON E. SCHÖNBACH.

GRAZ.

LEUSCHNER & LUBENSKY'S
UNIVERSITÄTS-BUCHHANDLUNG.

1897.

K. k. Universitäts-Buchdruckerei ‚Styria‘ in Graz.

VORWORT.

Daß ich die vorliegende Arbeit jetzt veröffent-
liche, ist durch die Unterbrechung veranlaßt worden, die
meinem Studium der altsächsischen Bibeldichtung aufer-
legt ward, als die Berichte über die Kölner Philologen-
versammlung des Jahres 1895 das Erscheinen der Untersuchungen von Franz Jostes ankündigten. Zwar ist, wie
sich begreift, sehr Vieles von dem, was ich hier den Fachgenossen unterbreite, bedeutend älteren Ursprunges und gehört überhaupt dem weiteren Bereiche von Forschungen an,
durch welche ich mich bemühe, den Zusammenhang der
altdeutschen Litteratur mit Lehre und Überlieferung der
christlichen Kirche des Mittelalters zu verstehen.

Der Inhalt dieses Buches deckt sich nicht völlig mit
den Versprechungen des Titels: es wird weniger und
mehr geboten, als dieser erwarten läßt. Weniger, denn
es sind nur vier Werke der mittelhochdeutschen Heldendichtung hier untersucht worden: Nibelungen, Klage
Kudrun, Alpharts Tod. In der That hatte ich zuerst
geplant, sämmtliche Gedichte des deutschen Helden-
buches, einschließlich der Rosengärten, in die Arbeit
einzubeziehen, das Material liegt mir auch schon gesammelt und geordnet vor. Es ergab sich mir aber bereits bei 'Biterolf und Dietleib', daß dort Probleme
behandelt werden mußten, denen nicht auszuweichen

:

war, die jedoch den Rahmen gänzlich gesprengt hätten, den ich für diese Untersuchungen vorgesehen hatte. Sollte das Buch nicht formlos werden, so mußte ich abschneiden, und ich habe das nach der vierten Abhandlung getan, mit einigem Rechte, wie ich glaube, weil die Gedichte, welche bis dahin erörtert sind, den Begriff der im engeren Sinne klassisch genannten altdeutschen Heldenpoesie ausmachen.

Es wird auch insoferne weniger geboten denn der Titel besagt, als nur die erwähnten mittelhochdeutschen Gedichte untersucht worden sind, nicht aber die Heldensage selbst. Den Einfluß des Christentumes auf diese schlage ich sehr hoch an und vermute ihn bei einer Menge von Umbildungen der Motive, welche die älteren nordischen Fassungen von den deutschen unterscheiden. Jetzt habe ich mir diese Aufgabe nicht gestellt, vielleicht daß ich sie später angreifen kann; will ich ja doch sonst die Abschnitte, die zur Zeit unerledigt bleiben mußten, an anderem Orte vorlegen.

Das Buch bringt auch mehr, als man von ihm verlangen wird, denn es erörtert das Verhältniß, in dem sich die Beobachtungen über die religiösen Stellen der Epen zu den Fragen nach deren Entstehung und litterarhistorischen Auffassung befinden. Sollte man meinen, daß dieser Seite des Problemes ein besonders großes Gewicht zugestanden sei, so müßte ich einen solchen Vorwurf — wofern es einer ist — als begründet anerkennen. Es schien mir wahrhaftig nicht möglich, das vielbestrittene Gebiet zu umgehen: die Sache litt es nicht. Nun werden ja die Ansichten, die sich auf diesen Blättern vorgetragen finden, manche der Fachgenossen etwas überraschen. Ich bin dazu ganz allmälig gelangt; jedesmal, wenn die Vorlesungen mir die Erklärung von Nibelungen und Kudrun abverlangten, wies es sich, daß der inzwischen erworbene Zuwachs an Kenntniß und Einsicht auch meine Stellung zu diesen Hauptproblemen der deutschen Philologie verschoben hatte. Daß es mich sonderliche Kämpfe kostete, die Meinungen aufzugeben, an denen ich lange festgehalten hatte, darf ich nicht behaupten. Nicht auf einmal, sondern langsam, Stück um Stück, ist mir die alte Überzeugung zerbrochen und hat sich umgewandelt. Auch für das, was diese Schrift enthält, obzwar es natürlich mein bestes Wissen und Gewissen befasst, bringe ich keine Leidenschaft mehr auf. Vermag Jemand mit guten und stichhältigen Gründen die vorhandene Überlieferung der mittelhochdeutschen Heldendichtung auf andere Weise zu erklären und zu beurteilen als ich jetzt tue, so wird es mich keinerlei persönliches Opfer kosten, es zu glauben. Mein einziges Interesse geht dahin, die Dinge nüchtern und vorurteilslos anzusehen: sie liegen dann, wie mich die Erfahrung auf anderen Gebieten gelehrt hat, gemeinhin viel einfacher als sie oftmals scheinen.

Wolwollende Leser werden bemerken, daß die Richtung meines Versuches, die religiösen Stellen der behandelten Gedichte zu deuten, mit dem Betriebe meiner Studien seit mehr als zwei Jahrzehnten übereinstimmt. Schon während des einen Jahres, das ich als Schüler Karl Müllenhoffs in Berlin durchlebte (1871/2), habe ich in den unvergeßlichen Stunden des Zwiegesprächs mit dem Meister geltend gemacht, daß eine Geschichte des Wesens der deutschen Nation des Mittelalters, wie es in ihrer Poesie sich ausprägt, notwendig auch von der Seite des Christentumes, als des wichtigsten von Außen herangekommenen Principes des Glaubens, der Sittlichkeit und Bildung, angegriffen werden müßte.

Müllenhoff hat das zugestanden und mich ausdrücklich ermahnt, diese Aufgabe zu übernehmen. Damals meinte ich freilich, ich würde einst eine Geschichte des germanischen Christentumes schreiben. Von solchen, für meine Kraft überkühnen Plänen bin ich längst zurückgekommen; ich darf nur hoffen, im Kleinen und Einzelnen bescheidene Beiträge zur Lösung dieses gewaltigen Problemes zu liefern. Und einen solchen biete ich mit den folgenden Blättern dar: ihr Zweck ist erfüllt, wenn sie dazu anregen, die Beziehungen des Christentumes zur altdeutschen Heldendichtung genauer ins Auge zu fassen, als bisher geschehen ist.

Graz, im Advent 1896.

Anton E. Schönbach.

ÜBERSICHT DES INHALTES.

I.

DIE NIBELUNGEN.

Die Formeln und Redewendungen religiösen Inhaltes verzeichne ich im Folgenden und zwar so, daß
zuerst in Klammer die Ziffer des Liedes nach Lachmanns
Ausgabe angeführt wird, dann folgen Strophe und Zeile
der Stelle, cursiv gedruckt, wenn Lachmann sie als 'unecht' bezeichnet, endlich der Wortlaut. Lachmanns Ausgabe wird zu Grunde gelegt.

a. Bei der Begrüßung wird der Ankommende Gott
empfohlen; nur einmal: (11) 1123, 2: *nu sin gote willekomen dise degene* — sagt Hagen zu Rüedeger. Die gewöhnliche und häufige Formel ist: *nu sit willekomen,*
vgl. die Tabelle bei Kettner, Zeitschr. f. d. Philol. 15, 230.

b. Viel öfter wird beim Abschiede der Schutz Gottes
für den angerufen, der sich entfernt; am einfachsten sagt
Gunther zu Etzel vor dem Schlafengehn (17[b]) 1757, 1:
got láze iuch wol geleben. Kriemhild spricht zu Siegmund
bei der Trennung nach Siegfrieds Tod (10) 1030, 1: *ir
sult âne sorge got bevolhen varn.* — Siegfried sagt zu
Gunther, bevor er nach den Nibelungen fährt (4) *449, 2:
got müeze iuer êre die zît wol bewarn.* Etzel zu Rüedeger
vor der Werbefahrt (11) *1094, 2: got sol iuch bewarn der
reise an allen êren und ouch die vrouwen min.* Vor der Abreise der Burgunden ins Hunnenland heißt es (14) 1448,
2: *dó sprach dâ von Spîre ein alter bischof zuo der schœnen
Uoten 'unser vriunde wellent varn gên der hôhzîte: got müeze
sie dâ bewarn'.* Daß diese Formel mit *bewarn* stärker sei
als die vorhergehenden, wie Kettner meint Zeitschr. f. d.
Philol. 16, 144, kann ich nicht finden. Sie wird auch angewendet, um einen Abwesenden in Gottes Hut zu stellen

1*

(13) *1366, 4: sie* (Brunhild) *bat diu marcgrávinne* (Gotlind) *got von himele bewarn.* Am lebhaftesten heißt es beim Abschiede Siegfrids von Kriemhilde vor der Jagd (8) *862, 2: got lâze mich dich, vrouwe, gesehen noch gesunt, und mich ouch diniu ougen —.* Mit solchen Wünschen segnen sich auch die Helden selbst: (14) 1576, 1: ʽ*nu müeze uns got behüeten*ʼ, *sprach dô Hagene.* (20) 2129, 1: ʽ*nu mûez uns got genâden*ʼ, *sprach der küene man* (Rüedeger). 2059, 3: ʽ*nu lâz uns got von himele noch lieber zît geleben*ʼ, sagt Giselher. — Der Segenswunsch bildet auch eine höfliche Form der Ablehnung (5) *640, 3: got lâziu iwer erbe immer sælic sîn,* sagt Siegfried zu Gunther. — Gott wird überhaupt wünschend angerufen, dabei ist meistens *wellen* gebraucht: (9) *983, 4: ei wolde got der wære, wær ez selber mir getân!* sagt Kriemhild. (11) 1110, 1: ʽ*daz wolde got*ʼ, *sprach Götlint,* ʽ*möhte daz geschehen!*ʼ (15ⁿ) 1638, 2: *daz wolde got von himele, daz er noch solde leben, der in dâ truoc en hende!* von Nudung. (18) 1878, 1: ʽ*nu wolde got*ʼ, *sprach Dancwart,* ʽ*möht ich den boten hân —*ʼ. — (20) 2042, 1: ʽ*nune welle got von himele*ʼ, *sprach dô Gêrnôt,* 2114, 1: ʽ*nune welle got von himele*ʼ, *sprach Gunther der degen.* 2120, 1: ʽ*daz wolde got*ʼ, *sprach Rüedegêr.* 2124, 1: ʽ*daz wolde got, hêr Gêrnot* — Rüedeger. 2132, 1: ʽ*daz des got von himele ruochen wolde*ʼ, Hagen zu Rüedeger. 2142, 1: ʽ*daz wolde got der rîche*ʼ, *sprach dô Rüedegêr.* 2182, 1 *dô sprach der helt von Berne:* ʽ*des sol niht wellen got*ʼ. 2275, 1: ʽ*daz enwelle got von himele*ʼ, *sprach dô Hagene.* — Nahe verwandt sind diesen Formeln die später zu verzeichnenden Wendungen, in denen der Hilfe Gottes gedacht wird. — Auch die Verwünschungen müssen hier erwähnt werden: (2) 297, 4: ʽ*got lâze in nimmer mêre ze Tenemarke in daz lant*ʼ, sagt Liudegast von Siegfried. (9) 975, 4: ʽ*got lâze in gelingen, als si umb uns gedienet hân*ʼ, Kriemhild zu Siegmund.

c. Die gebräuchlichste Formel des Dankes ist: *nu löu iu got.* Sie findet sich 15mal, in der Regel füllt sie mit dem Namen des Angesprochenen den ersten Halbvers; dreimal (1717, 1. 1769, 1. 2136, 1) geschieht das mit Hilfe des Zusatzes *von himele.* Alle bedeutenden Personen der Dichtung gebrauchen sie, sogar Etzel 2102, 1, der damit natürlich aus der Rolle fällt; nur Brünhilde nicht. Die Fälle sind folgende: (2) 156, 1. (3) 302, 1. (6) *691, 1.* 733, 1. (7) 853, 1. (11) 1254, 1. (14) 1575, 1. (16ᶜ) 1717, 1. (17ᵇ) 1769, 1. (19) 1992, 1. (20) 2053, 1. 2102, 1. 2121, 1. 2136, 1. 2299, 4. Wenig verschieden davon ist (2) 248, 4 'got lône minen friunden', spricht Gunther. — Die Formel ist nicht alt und findet sich meines Wissens ganz selten in der geistlichen Poesie des 12. Jhs.

d. Zur Beteuerung wird Gott angerufen: (10)1037, 2: *got weiz wol von himele, an Sifrides tôt gewan ich nie schulde,* sagt Gernot. (20)2204, 1: *dô sprach der küene Wolfhart: 'got weiz wol, hêr spilman —',* 2279, 1: *dô sprach meister Hildebrant: 'got weiz wol, hêr Hagene —',* Hieher zu zählen ist wol noch (20) 2308, 3: *'den schatz weiz nu niemen man got unde min',* Hagens bekanntes Wort. Im Gegensatze zu der vorhergehenden ist diese Formel bei den geistlichen Dichtern sehr häufig, vgl. Kraus, Deutsche Gedichte des 12. Jhs., Anm. zu VIII. 14.

e. Ein formelhafter Ausdruck, der sich erst im klassischen Mittelhochdeutsch findet, ist *gotes arm;* ihn enthalten die Nibelungen dreimal: (10) 1020, 4: *dô sprach diu gotes arme 'des wære Kriemhilde nôt'.* (14) *1515, 4: der gotes arme priester muose liden ungemach.* (20) 2090, 1: *'ôwê mich gotes armen',* sagt Rüedeger. — Wenn (20) 2139, 4 Rüedeger *vater aller tugende* genannt wird, so mag dieser Ausdruck durch das Beiwort Gottes *Dominus virtutum* bestimmt sein, das sich in der Vulgata, besonders

beim Psalmisten findet (vgl. Max Rieger, Zeitschr. f. d.
Altert. 10, 241). Auch in einem anderen Lobe Rüedegers
(20) 2195, 4: *'fröude ellender diete'*, spüre ich die Nach-
bildung eines liturgischen *(laetitia miserorum)* Ausdruckes,
den die mittelalterlichen Kirchenschriftsteller oftmals
gebrauchen.

    f. Gottes Hilfe wird angerufen: (8) 936, 1: *'nu
müeze got erbarmen daz ich ie gewan den suon'*, spricht der
sterbende Siegfried. (20) 2049, 3 *'ez mehte got derbarmen:
wie si wir alle vlorn!'*, die Burgunden. — (11) *1187, 1:
dô bat si got vil dicke füegen ir den rât* — Kriemhild. —
Ein klagender Ausruf ist (20) 2090, 4: *'owê got von himele,
daz michs niht wendet der tôt'*, Rüedeger. — Daß man
sein Leid Gott klage, wird ausdrücklich gesagt. Dietrich
hört (15^b) 1668, 2 alle Morgen: *klagen daz Etzelen wîp
dem richen gote von himele des starken Sîfrides lîp.* Dancwart
sagt (18) 1889, 3: *'iu und gote von himele klage ich unser
nôt —'*. Hagen zu Rüedeger (20) 2137, 3 *'sul wir mit
friunden strîten, daz si got gekleit'*. Hagen in der über-
langen Rede (17) 1793, 2: *'ir sult vil willeclîchen zuo der
kirchen gân und klaget got dem richen sorge und iwer nôt'*,
damit ist also ein gemeinsames Gebet in der Kirche gemeint. — Diese Formeln berühren sich oft mit den
unter *b* verzeichneten.

    g. Gottes Wirksamkeit wird erbeten und dargestellt.
(20) 2127, 2 sagt Rüedeger: *'gesende iuch got von hinne —'*
(vgl. unter *b*) Siegfried zu Siegmund wegen des falschen
Gerüchtes (7) 832, 3: *'git uns got gelücke —'*. — Gott
gebietet und verbietet: (20) 2033, 2: *'sô sol iu got gebieten daz ir friuntlichen tuot'*, Gernot zu Etzel. 2136, 4:
'sô sol daz got gebieten daz iwer tugent immer lebe', Hagen
zu Rüedeger. (11) 1158, 1: *dô sprach diu jâmers riche —.
'iu sol verbieten got —'*, Kriemhild zu Gere. — (20) 2090, 3:

'triwen unde zühte, der got an mir gebôt', Rüedeger. Im Stile des höfischen Epos Volker zu Rüedeger, (15ª) 1613, 2: *'vil richer marcgrâve, got hât an iu getân vil genœdeclichen, wan er iu hât gegeben ein wîp sô rehte schœne, dar zuo ein wünneclichez leben.* — (20) 2163, 4: *'jâ wæn uns got hie langer niht ze lebene gan'*, Giselher. 2256, 3: *'sô hât min got vergezzen, ich armer Dietrich —'.* Vgl. das Judaslied der Passionsspiele.

h. Die Seele im christlichen Sinne wird erwähnt: (10) 1043, 3: *und bat got den guoten siner sêle phlegen,* Kriemhild von Siegfried. (20) 2087, 3: *'daz ich die sêle fliese, desn hân ich niht gesworn'*, Rüedeger. 2103, 1: *dô liez er an die wâge sêle unde lip,* Rüedeger. — Von deutlichen Spuren christlicher Ethik führe ich an: (20) 2091, 1 sagt Rüedeger: *'swelhez ich nu lâze unt daz ander begân, sô hân ich bœsliche und vil übel getân`,* wendet sich aber allerdings sofort mit der nächsten Zeile wider zur Sittlichkeit der Welt. (Dagegen alsbald Dietrich 2258, 1: *'sit daz es min unsælde niht langer wolt entwesen`.)* — Die Ermahnung Gunthers an Rumold (14) 1459, 3: *'swen du schest weinen, dem trœste sinen lip'* erinnert an Eccli. 7, 38: non desis plorantibus in consolatione, et cum lugentibus ambula; vgl. Rom. 12, 15. — Bei der Verlobung von Gotlindes Tochter mit Giselher (15ª) *1618, 1* heißt es: *swaz sich sol füegen, wer mac daz understân?* das ist kaum etwas anderes als eine Variante des Spruches in den älteren kirchlichen Trauformeln: quod Deus conjunxit, homo non separet. Matth. 19, 6. — Und wenn die bösen Hunnen sagen (20) 2069 2: *'daz wir dâ suln verenden, nu tuon bizite daz —',* so ist das mehr als ein bloßer Anklang an das auch im heutigen Sprachschatze befindliche Herrenwort zu Judas (Joann. 31, 27): quod facis (im Mittelalter gewöhnlich: *facere vis),* fac citius.

i. In Verwünschungsformeln wird der Teufel aus dem Sinne der christlichen Überlieferung citiert. (2) 215, 4 sagt Liudger von Siegfried; '*in hât der übel tiufel her zen Sahsen gesant*'. Hagen von Brünhilde (4) *417, 4* : '*der ir dâ gert — diu ist des tiuvels wîp*'; *426, 4:* '*jâ sol si in der helle sîn des übelen tiuvels brût*'. Aus dem Munde des Dichters (13) *1334, 1: ich wæne der übel vâlant Kriemhilt daz geriet.* — Hagen sagt zu Dancwart (18) *1892, 4:* '*in erner der übel tiuvel*' — und von Irinc (19) 1988, 2: '*dich enwride der tievel —*'. Dietrich (20) 2182, 2: '*daz wær ein starkiu râche unde ouch des tievels spot*'.— Auch Menschen werden als Teufel bezeichnet: Kriemhilt heißt *vâlandinne* (17[a]) 1686, 4. (20) 2308, 4. Hildebrand sagt zu Dietrich von Hagen (20) 2248, 4: '*mit mînem lebne ich küme dem tievel entran*'; dagegen stilwidrig Etzel von Volker (18) *1938, 4:* '*ich dankes mîne heile daz ich dem tievel entran*'. — Volker sagt zu Kriemhilde (20) 2167, 3: '*— sô het ir tievellichen an Rüedegêr gelogen*'; der Teufel ist der Vater der Lüge nach dem Herrenworte Joann. 8, 44. — (17[a]) 1682, 1 Hagen zu Kriemhild : '*ich bringe iu den tiuvel* =' 4 *des enbringe ich iu nieht*'.

k. Christen und Heiden werden unterschieden, aber formelhaft zusammengenommen: (12) 1274, 4: *under kristen unde heiden;* 1275, 2: *kristenlîcher orden unt ouch der heiden ê* (vgl. Lachmann, Anm. zu 34, 4); 1278, 3: *von kristen und von heiden manege wîte schare;* 1293, 4: *daz tâten cristen helde und ouch die heiden nâch ir siten.* Vgl. Henning, Nibelungenstudien S. 92 f. Die Heiden sind natürlich die Hunnen und mehrere der ihnen unterworfenen Völker. Etzel ist Heide und dieser Umstand veranlaßt mancherlei Erwägungen. Er selbst sagt vor der Werbung um Kriemhild darüber (11) *1085, 2 : sîd ich bin heiden und des toufes niht hân? sô ist diu vrouwe kristen: des enlobet siz niht.*

Andererseits überlegt Kriemhilt (11) *1188: si gedâhte in ir sinne 'und sol ich mînen lip geben eime heiden, (ich bin ein cristen wîp) des muoz ich zer werlte immer schande hân. git er mir alliu riche, ez ist von mir ungetân'*. Deßhalb sagt sie zu Rüedeger (11) *1201, 2: — 'het ich daz vernomen daz er niht wære ein heiden, sô wær ich gerne komen swar er hete willen, und næme in zeinem man'*. Und Rüedeger erwidert *1202, 1: 'er hât sô vil der recken in kristenlicher ê, daz iu bî dem künige nimmer wirdet wê.* In der That findet (17) *1788* ff. christlicher Gottesdienst bei Etzel statt und es fällt Niemandem auf. Wenn aber Rüedeger noch hinzufügt *1202, 3: waz ob ir daz verdienet daz er toufet sînen lip?* so regt er damit Hoffnungen an, die sich später nicht erfüllen. Denn (13) *1335, 1* macht sie es in Gedanken Hagen und Gunther zum besondern Vorwurf, daß sie von ihnen zu der Ehe mit einem Heiden gezwungen wurde: *ez lac ir an dem herzen spât unde vruo, wie man si âne schulde bræhte dar zuo, daz si muose minnen einen heidenischen man.* — Diese Erörterungen verstehen sich, wenn man bedenkt, daß erst im Decretum Gratiani vor der Mitte des 12. Jahrhunderts das Gewohnheitsrecht festgelegt wurde, die Ehe zwischen Getauften und Ungetauften sei an sich null und nichtig: Causa XXVIII, Quaestio I (Migne 187, 1413 B): quod autem inter infideles conjugium non sit, multis auctoritatibus probatur. Dagegen citiert Gratian sofort 1 Cor. 7, 12 f.: si quis frater uxorem habet infidelem, et haec consenserit habitare cum illo, non dimittat illam, et si qua mulier habet virum infidelem, et hic consentit habitare cum illa, non dimittat virum. sanctificatus est enim vir infidelis per mulierem fidelem, et sanctificata est mulier infidelis per virum fidelem. Demnach ist es begreiflich, daß die Ansicht des Volkes, wie sie in der Poesie sich ausspricht, um die Wende des 12. und 13. Jahrhunderts noch über die Statthaftigkeit der Ehe zwischen einer Christin und einem Heiden in Zweifel sein konnte. — Kriemhildens Widerstreben drückt entschieden eine Meinung des Volkes aus; dagegen hätte der im Epos gleichfalls als Christ aufgefaßte Rüedeger für seine ausgesprochene Hoffnung auf Etzels Taufe das Cap. VIII derselben Quaestio bei Gratian anführen können, wo es nach Augustinus heißt (Migne 187, 1418 B): sic ad lucrandos conjuges et filios Christo etiam exemplis, quae jam provenerant, videtur hortatus (Apostolus). — non enim propter vinculum cum talibus conjugale servandum, sed ut acquirantur Christo, recedi ab infidelibus conjugibus Apostolus vetat. Vgl. das nächste Cap. X: ab infidelibus conjugibus licet recedere, sed non expedit. Hinwiderum halten die Cap. X—XVII an der Unerlaubtheit der Ehe zwischen Getauften und Ungetauften fest, Cap. XV: fideles infidelibus non sint conjugio copulandi. Immerhin wird man schon damals in der Volksauffassung unterschieden haben, ob eine solche Ehe überhaupt einzugehen oder ob eine bereits eingegangene aufzulösen sei. 'Weil das Hinderniß der cultus disparitas auf dem positiven Rechte beruht, so kann der Papst, was aber nur selten und aus dringenden Gründen geschieht, Dispens gewähren'. Bellesheim im Kirchenlexikon ² 4, 208. — Über die Strophen *1788* ff., in denen vom Kirchgang der Christen und Heiden die Rede ist, später.

l. Die äußeren Dinge des Kirchenwesens kommen an verschiedenen Stellen der Nibelungen vor. Kirchliche Bestimmungen der Zeit finden sich nur selten; Feste fallen zu Pfingsten wie im höfischen Epos: (3) 270, 1: *an einem pfinkstenmorgen* bekommt Siegfried Kriemhilden zu sehen; Etzels Vermählung mit Kriemhild findet kaum

absichtslos (12) 1305, 1 gleichfalls an einem *phinxtac*
statt. Das Turnierspiel, bei welchem der Anblick der
kämpfenden Helden den Streit der Königinnen hervor-
ruft, wird (6) 757, 1 *vor einer vesperzite* abgehalten, worunter nicht die kanonische Hore, sondern die Zeit des
nachmittäglichen Gottesdienstes zu verstehen ist; die
Stunde für diesen war nach Gegend und Jahreszeit verschieden, zwischen 2 und 5 Uhr Nachmittags, vorher
gab es das Spiel. — Das Gotteshaus wird als *kirche*
schlechtweg bezeichnet: (3) 298, 3. (6) 770, 4. (9) 948, 1.
(10) *1042, 4.* (17) 1789, 3. Häufiger findet sich *münster*,
das eine größere Kirche bedeutet, die entweder mit der
Residenz des Bischofes oder einem Stifte von Kanoni-
kern oder einem Kloster verbunden ist. Es gibt ein
münster zu Xanten (1) *33, 1;* zu Worms (3) 299, 1. 301, 1. (5)
594, 3. (6) 755, 1. 3. 773. 3, *776, 3.* 778, 1. 781, 1. 786,
2. 788, 1. (7) *814, 2.* (9) 946, 1. 980, 2. *981, 1. 989, 2.*
993, 1. 1002, 2. 1004, 3. (10) 1042, 1; auf der Etzelburg zu
Altofen (Zeitschr. f. d. Altert. 12, 432 ff.) und zwar (17)
1788, 3. 1795, 1. 1797, 2. *tuom,* Dom, kommt nur einmal vor (6) 754, 2. Der befestigte Raum um die Kirche
heißt *vrithof* (17) 1795, 2 oder *kirchhof* (9) 1002, 2, in
C auch 1795, 2. Vor dem Münster ist ein freier Raum, in
dem die Vornehmen vom Pferde steigen (6) 755, 1: *si
stuonden vor dem münster nider úf daz gras.* Hagen läßt
die Burgunden auf dem *vrônen vrithove* vor der Kirche
halten, damit sie sich nicht zerstreuen (17) 1795, 2. Dort
versammeln sich die Kirchgänger und warten vor und
nach dem Gottesdienste, vgl. die Stellen mit *münster.*
Auf diesem freien Platz kann auch ein Turnier abgehalten
werden (7) *814, 2: hey waz man starker schefte vor dem
münster brach.* — Glocken läuten zum Gottesdienst (6)
754, 2: *man hórte dá zem tuome maneger gloken klanc;* (9)

946, 1: *man lûte dâ ze dem münster nâch gewoneheit;* besonders bei Siegfrieds Begräbniß (9) *981, 1: dô sin zem münster brâhten, wie vil dâ gloken klanc.* — An Klöster werden Schenkungen von Ländereien oder Landrenten vergabt durch Kriemhild nach Siegfrieds Tode (9) 1001, 1. Besonders reich stattet in C Ute das Hauskloster der Burgundenkönige zu Lorsch aus 1082, 5 ff. In Passau steht ein Kloster (11) 1235, 3: *dâ noch ein clôster stât;* da es in Passau seit alter Zeit verschiedene Klöster gab, so ist schwerlich an ein einzelnes besonders zu denken. — Bischof Piligrim von Passau kommt bekanntlich vor in den Strophen *1236. 8. 9. 1252. 1270. 1368. 1435. 1568.* Merkwürdig ist die Strophe (14) 1448, wo es beim Abzuge der Burgunden ins Hunnenland heißt: *dô sprach dâ von Spire ein alter bischof zuo der schœnen Uoten: 'unser vriunde wellent varn gên der hôhzîte; got müeze sie dâ bewarn'.* Lachmann meint, Über die ursprüngl. Gestalt der Nib. Noth S. 30 (Kl. Schr. 1, 21): 'Der eigentliche Sinn dieser Stelle ist unverständlich; doch läßt sich vermuten, daß der alte Bischof von Speier, der nicht weiter vorkommt, Unglück ahnte und sie warnen wollte. — Es ist wol erlaubt anzunehmen, daß wir hier nur ein Bruchstück, einen halbverlornen Nachklang des alten Liedes haben, zumal wenn sich dieß noch von anderen Stellen zeigen ließe'. Und Anm. S. 189 sagt er: 'Der Sinn dieser Strophe würde nicht dunkel scheinen, wenn man nicht auch hier gleiche Ausführlichkeit erwartete wie im Folgenden, das sie aber erst durch allerlei Zusätze erhalten hat, welche bei genauerer Betrachtung als störend erscheinen und sogar den eigentlichen Gedanken des Liedes verstecken: denn es will nur die Ahnungen und die Vorzeichen des unseligen Ausganges darstellen, einen der erweislich ältesten Theile der Sage von Günthers Untergange'.

Henning Nibelungenstudien S. 125 spricht sich nicht
weiter über die Strophe aus. Dagegen erörtert sie Kettner
eingehender, Zeitschr. f. d. Philol. 17, 145 f., und meint,
sie habe nichts altertümliches, nur etwas sonderbares,
weil darin plötzlich ein Bischof von Speier erscheine,
der nachher nie wieder vorkomme, und scheidet sie als
unpassenden Zusatz aus, den er dem 'jüngeren Dichter'
anrechnet. Jedesfalls scheint mir Eines beachtenswert:
von 1200—1224 war Konrad von Scharfenberg Bischof
von Speier, seit 1211 auch Bischof von Metz. Dieser
bedeutende Mann (vgl. über ihn Bienemann, Konr. v.
Scharfenberg, Straßburg 1887) war schon 1186 Propst
von Sct. Germanus zu Speier, 1196 Domdechant zu
Speier, 1198 Protonotarius der Reichskanzlei unter König
Philipp, gieng 1208 zu Otto IV. über, bei dem er Kanzler
wurde, was er nach seinem Übertritte zu Friedrich II.
auch bis zu seinem Tode blieb. Vgl. Bresslau, Handbuch
der Urkundenlehre 1, 419 ff. Er muß seiner ganzen Lauf-
bahn gemäß im ersten Jahrzehnt des 13. Jahrhunderts,
besonders nach mittelalterlichen Begriffen (vgl. mein
Buch, Über Hartmann v. Aue S. 461) ein alter Mann
gewesen sein, im zweiten Jahrzehnt natürlich noch mehr.
Ist er in der Strophe gemeint, so gewinnen wir für diese
in dem Jahre 1200 einen Zeitpunkt, vor dem sie nicht
verfaßt sein konnte, im Jahre 1224 einen Termin, nach
dem sie nicht mehr entstehen mochte. — Ein *priester*
(14), 1515, 4 kommt nur in der Person des Kaplans der
Burgundenkönige vor (14) *1482, 3,* dann *1525, 3. 1529, 3,*
dessen Rettung aus den Fluten der Donau *1514 – 1520*
beschrieben wird (vgl. noch 1523, 5 ff. in *Hd).* Nach der
Darstellung des Gedichtes ist hier keineswegs der vornehme
Hofgeistliche gemeint, der sonst *capellanus* eines königlichen Hauses heißt (vgl. Du Cange 2, 118 f.), sondern ein

einfacher Priester. Die Vorstellung des Dichters schließt sich damit an den Sprachgebrauch des 12. und 13. Jahrhunderts, der bereits *capellani* im heutigen Sinne kennt, d. h. Hilfspriester, die in einzelnen Kapellen, oder bei größeren Kirchen für Seelsorge oder Chordienst angestellt werden. Vgl. Kirchenlexikon [2] 7, 117 ff., bes. 119. Die liturgischen Gerätschaften für den Gottesdienst auf der Reise machen eine Saumlast aus, *kapelsoum* (14) *1515, 1,* die besonders mitgeführt wird. — *phaffen* sind Priester (nicht 'Weltgeistliche') *981, 2,* die Messe singen können 1005, 3, und deßhalb von den Mönchen, die damals gewöhnlich nicht Priester waren, genau unterschieden werden 998, 2. *999, 6.* — *Ein tougenlichez criuze* wird (7) 847, 2 von Kriemhild auf Siegfrieds Gewand genäht, Hagen wirft (8) 922, 2 dadurch den *gêr.* Über die Unebenheiten der Darstellung vgl. Kettner, Zeitschr. f. d. Philol. 17, 164 ff. und besonders Cauer, Grundfragen der Homerkritik (1895).

m. Es finden sich in den Nibelungen verschiedene Theile des Gottesdienstes erwähnt. Da ist zuvörderst zu bemerken, daß die Messen, welche in dem Gedichte vorkommen, ausnahmslos entweder feierliche (missae solemnes) oder zum mindesten gesungene (missae cantatae), nicht aber gelesene oder stille sind. Das ergibt sich aus den verwendeten Ausdrücken: *messe singen* (1) *34, 1.* (5) 594, 3. (6) 750, 3. (9) *989, 2.* 995, 3. (11) 1164, 1; *singen* bedeutet an sich schon *messe singen:* (3) 300, 1, vgl. 301, 1. (9) 993, 1, vgl. *989, 2.* 996, 1. 999, 6 (im gemeinen Text und C). 1004, 1. Nicht von gesungenen und gelesenen Messen ist zu verstehen (9) 1005, 3: *man sanc unde las.* Auch die von den Wörterbüchern und Erklärern mit einbezogene Stelle (6) 787, 1: *swie vil man gote diende oder ieman dâ sanc* gehört nicht hierher. Das

hätte schon das Wort *ieman* lehren müssen, das sich nur
auf die Gemeinde beziehen kann. Dann aber handelt es
sich dort um den Gottesdienst zur Vesper, bei dem überhaupt in der Regel nur gebetet und gesungen, aber nicht
Messe gelesen wird. Im Mittelalter konnte sich allerdings
an Festtagen an die Messe die Vesper schließen, das ist
aber nach 757, 1 gewiß hier nicht gemeint; oder es
konnte mit der wirklichen Vesper eine missa sicca (ohne
Consecration oder Communion) verbunden werden, bei
dieser gab es jedoch keinen Gesang. Es ist also hier
unter *sanc* nur das Absingen der Lieder vor und nach
dem nachmittäglichen Segen zu verstehen oder die zu
dieser Zeit vorgenommene laute Recitation der Litanei
durch Priester und Gemeinde. Ebenso ist (17) 1789, 1
si sungen ungeliche nicht unmittelbar auf die priesterliche
Meßfeier zu beziehen, sondern auf den Gesang der Gemeinde. Die Stelle bleibt wunderlich und ist meines Erachtens unrichtig aufgefaßt worden. Es ist nötig, den
Zusammenhang zu beachten:

> *1788, 2 Hagne begunde wecken die rittere über al,*
> *ob si zuo dem münster ze messe wolden gán.*
> *nách siten kristenlichen man vil linten began.*
> *1789 Si sungen ungeliche, daz dâ vil wol schein,*
> *kristen unde heiden wârn niht enein.*
> *dô wolden zuo der kirchen Gunthêres man:*
> *si wârn von den betten algeliche gestân.*

Lachmann sagt (Anm. S. 225) zu 1789, 1. 2: 'Die Anmerkung verrät sich durch schiefen unklaren Ausdruck
als nicht ursprünglich. Das Christentum und Heidentum
einander entgegen zu setzen, ist überhaupt wenig im
Sinne dieser Lieder. — Ist weiter nichts gemeint als 'man
hörte in heidnischen und christlichen Kirchen verschieden
singen'? Und heißt *daz* so daß oder welches? *Ih* setzen

dafür *als.* Auch Z. 3 und 4 wird wol Niemand loben'. Lachmann hat also gemeint, *si sungen ungeliche* beziehe sich auf
den Gesang von Christen und Heiden in ihren Kirchen. So
hat auch die Handschrift C die Sache verstanden, die um
der besseren Klarheit willen dann 1789, 3 *zuo den kirchen,*
also den Plural, gesetzt hat. Piper bemerkt in seiner
Ausgabe (Kürschners Bibliothek der deutschen National-
litteratur): 'ihr Gesang stimmte nicht überein. Der Dichter
denkt sich also die Heiden auch singend, und ebenfalls
in einer Kirche ihre Andacht verrichtend; der Gesang
aber ist ein anderer'. Die Anmerkung von Bartsch : 'sie
harmonierten nicht in ihrem Gesange' besagt gar nichts.
Wilmanns scheidet (Beiträge 1877 S. 22) die Zeilen 1788,
3. 4. 1789, 1. 2 als späte Einschiebung aus, die übrigen
Forscher und Herausgeber beschäftigen sich nicht mit
der Strophe. — Zunächst ist festzuhalten, daß die gesammte Überlieferung mit Ausnahme von C, nur den
Singular *zuo der kirchen* (das Substantivum wird in den
Nib. stark und schwach flectiert) *1789, 3* darbietet, es
ist also nur ein Gotteshaus gemeint und zwar ein christliches: *dá wolden z. d. k. Gunthêres man.* In der That
wäre es absurd, Christen und Heiden in einer Kirche
ihren Gottesdienst feiern zu lassen; so viel wußte auch
ein noch so törichter Dichter im Anfange des 13. Jahrhunderts, zum mindesten aus den Kreuzzügen, daß dieß
unmöglich war. Also zwei Gotteshäuser, von denen nur
das christliche *kirche 1789, 3. 1793, 2, münster* mit dem
vrônen vrithove 1795, 1. 2, *daz wîte münster* 1797, 2 genannt
wäre? Aber ein heidnisches kommt überhaupt nicht vor,
denn König Etzel geleitet zwar 1798 Kriemhild zur Kirche
und spricht auf dem Friedhofe 1799 ff. mit den Hunnen,
Kriemhild geht aber allein mit ihrem christlichen Gefolge in die Kirche 1804, 1 : *dô gie vil grôziu menige*

mit der küniginne dan (vgl. die unter *k* zusammengestellten Wendungen), die Hunnen warten heraußen, ärgern sich über die Anmaßung Hagen und Volkers, die der Königin nicht Platz machen 1804, 2 ff. und schweigen dazu nur, weil sie den König schonen 1805, 1—3, der also die Sache mit ansieht. Nach dem Gottesdienste heißt es 1806, 1 ff.:

> *Dô man dô gote gediende, unt daz si wolden dan,*
> *vil balde kom ze rossen manic Hiunen man.*
> *dô was bî Kriemhilde vil manic schœne meit:*
> *wol siben tûsent degne bî der küniginne reit.*

Kriemhild kehrt also mit ihrem christlichen und heidnischen Gefolge und mit dem König (vgl. auch 1807, 1 f.) aus der Kirche in den Pallast zurück, ebenso zu Pferde, wie sie gekommen war (1798, 4: *dô kós man hôhe stouben von den Kriemhilde scharn)*. Von einem Gotteshause und Gottesdienste der Heiden ist somit nirgends die Rede. Was heißt dann aber *1789, 1: si sungen ungeliche?* Das geschieht eben überhaupt nicht in einer Kirche. So weit sind die Burgunden gar nicht, an die Hagen erst *1793. 4* die Aufforderung richtet, den Gottesdienst zu besuchen, und die ihm erst 1795, 1 f. Folge leisten. Es kann nur, und auch damit nimmt die Strophe *1789* schon Etwas vorweg, von dem Zuge zur Kirche die Rede sein, an dem die Burgunden sowol als die Hunnen (das Gefolge Kriemhilds) sich beteiligen: während dieses Zuges singen Christen und Heiden und man merkt deutlich, daß diese Gesänge (dabei dachte der Dichter an Kyrie Eleyson und an die sarrazenischen Anrufungen Allahs) nicht zu einander stimmten. — Auch (9) *981, 2: dô hôrt man allenthalben maneges phaphen sanc,* als Siegfrieds Leichenzug sich in Bewegung setzt, sind nicht etwa Messe oder Meßlieder zu verstehen, sondern nur das De profundis.

Die Messen, welche das Nibelungenlied kennt, haben sehr verschiedene Zwecke. Eine gewöhnliche missa cantata ist gemeint (3) 298—301. (6) 754—756. (17) 1788—1806. Eine Frühmesse (missa matutina) wird erwähnt (6) 750, 3, schon vor ihr findet ein Kampfspiel statt: *é ez vol ertagete, dô kômen für den sal vil riter unde knehte: dô huop sich aber schal, vor einer vruomesse die man dem künige sanc;* sie wurde also wol um 6 Uhr Morgens besonders für den König und sein Haus gehalten. C gebraucht den Ausdruck noch einmal (11) 1164, 1, wo A und der gemeine Text dasselbe mit den Worten sagen: *des anderen morgens früeje, dô man die messe sanc.* Diese Frühmesse heißt *mettine* (9) 945, 2: — *sô si gienge derfüre hin ze mettine, ê daz ez wurde tac, der diu frouwe Kriemhilt vil selten eine verlac.* 948, 1: *dô si mit ir vrouwen ze kirche wolde gân.* Wenn Schwarze (Zeitschr. f. d. Philol. 13, 407) davon sagt: '— die Frau geht gewöhnlich zur Frühmette, dem ersten Theil der im Brevier der katholischen Kirche enthaltenen täglichen Andachten', so ist das eine seltsame Vermengung ganz verschiedener Dinge, deren sich übrigens auch Piper in der Anmerkung zu der Strophe schuldig macht. Die kanonischen Stundengebete kommen in den Nibelungen überhaupt nicht vor, und wenn ein Laie wie Kriemhild eine Matutin beten wollte, so brauchte sie ja deßwegen nicht in die Kirche zu gehen, das konnte sie daheim ebensowol besorgen. Aus den Angaben, daß es finster war 945, 3, daß Licht gemacht wurde 946, 3. 947, 3 ersieht man, daß es Spätherbst war: das schickt sich trefflich zu der Jagdzeit, in der Siegfried ermordet wurde. Dagegen war es 750, wo man vor der Frühmesse in der Dämmerung schon Spiele treiben konnte, natürlich Sommer. Die Mette begegnet noch (11) 1189, 4, wo es von Kriemhild heißt: *diu ir vil lichten ougen getruckenten nie, unz si aber den*

morgen ze mettîne gie. Und hier wird diese Frühmesse
noch ausdrücklich von der gewöhnlichen missa diei, die
ungefähr zwischen 9 und 11 Uhr fällt, (als eine missa
minor) unterschieden, denn es heißt in der folgenden
Strophe *1190, 1: ze rchter messezîte die künege wâren
komen.* Der Ausdruck wird noch einmal gebraucht (9)
1002, 1, wo Siegfrieds Bestattung vorgenommen wird:
an dem dritten morgen ze rchter messezît. — Es kommen
auch Messen mit bestimmten Zwecken vor. So wird eine
feierliche bei Siegfrieds Schwertnahme celebriert (1) *34, 1:
gote man dô zen êren eine messe sanc.* Deßgleichen wird
die Vermählung Gunthers mit Brünhild, Siegfrieds mit
Kriemhild bei einer Messe feierlich vollzogen: (5) 594, 3:
si giengen zuo dem münster, dâ man die messe sanc. Kettner
(Zeitschr. f. d. Philol. 16, 49) faßt den ganzen Vorgang
als Königsweihe auf. Was ist das: 'Königsweihe'? Doch
nur die feierliche Königskrönung, welche die Kirche
als einen Akt ihrer Autorität vollzieht. Davon aber kann
hier nicht die Rede sein: Gunther ist längst König,
Brünhild dürfte als Königin nur dann gekrönt werden,
wenn sie selbständig regierte, was nicht der Fall ist;
Siegfried und Kriemhild können aber doch unmöglich
zu Worms als König und Königin der Niederlande gekrönt werden. Die Worte 595, 3 *dô wurden si gewîhet*
beziehen sich also nur auf die feierliche Einsegnung der
königlichen Ehepaare in der Kirche, die der an sich rechts-
kräftigen Verlobung folgt. Und was 595,1 f. steht: *nâch künik-
lichen êren was in dâ bereit swaz si haben solden, ir króne und
ouch ir kleit,* beschreibt nur den königlichen Prunk, der dabei entfaltet wurde. An die Vermählung schließt sich dann
die *swertleite* von mehr als 600 jungen Rittern; reichliche
Beispiele für diese Verbindung gewährt die deutsche
Geschichte, besonders bei den Babenbergern war solche

Häufung von Festen üblich. (5) *607, 2* lautet: *der vrouen islîche fuorte ein bischof,* nämlich vom Turnier zu Tisch, eine Bemerkung, die aus dem Ceremoniell der Vermählung, das der Bischöfe bedurfte, abgeleitet ist.

Sehr ausführlich wird die Bestattung Siegfrieds beschrieben. (9) 967 wird die Leiche entkleidet, gewaschen und auf eine Bahre (feretrum, *ré*) gelegt, da treten zunächst König Siegmund und seine Mannen hinzu, die auch durch die erste Nacht Totenwache halten, bis der Sarg hergestellt ist 976, 1—3. Das geschieht dann 979. Aber zunächst wird noch die Leiche zur Kirche getragen und zwar aller Wahrscheinlichkeit nach sofort in die Kirche hinein 980, 2 f. Der Gesang *981, 2: dô hôrt man allenthalben manges phaphen sanc,* das sind, wie schon erwähnt wurde, die Psalmen, welche bei dem Transport in die Kirche recitiert werden, vielleicht schon das Lied 'Subvenite sancti'. *989, 2* wird mitgeteilt: *man wolde messe singen: zuo dem münster dan giengen allenthalben man unde wîp;* es versammelt sich also das Volk bei der Kirche, um der Totenmesse beizuwohnen. *991: sîn sarc was bereitet wol umb mitten tac. man huop in von der bâre, dâ er ûfe lac. in wolde noch diu frouwe lâzen niht begraben. des muosen al die liute michel arbeite- haben.* Die Leiche wird in den Sarg gelegt, und jetzt könnte das Begräbniß alsbald stattfinden, denn das Mittelalter kannte (wie heute noch der Orient) dabei keine gesetzliche Frist. Allein Kriemhild will dem Verstorbenen die Totenvigilien halten lassen und das bringt die Geistlichen und das wartende Volk in Bedrängniß. *993: dô man gehôrte daz man zem münster sanc und in besarket hête, dô huop sich grôz gedranc;* es soll also nun die Missa pro defuncto abgehalten werden, und zwar, wie es scheint, als ein Ausnahmsfall cadavere praesente (vgl. mein Buch, Über Hart-

mann v. Aue S. 45; Kirchenlexicon ² 2, 196 Thalhofer). —
993, 3: *durch willen siner sêle waz man opfers truoc!* Darunter sind die Almosen verstanden, welche zu Gunsten der
Seele des Verstorbenen der Kirche übergeben werden. Es
wird besonderer Wert darauf gelegt, daß diese Oblationen
von möglichst vielen dargebracht werden, weil sie als der
Ausdruck einer Fürbitte und religiösen Wolmeinung dem
Verstorbenen zu gute kommen. Deßhalb heißt es 994:

> *Kriemhilt diu arme zir kameræren sprach:*
> *'ir sult durch mine liebe liden ungemach:*
> *die im guotes günnen und mir wesen holt,*
> *durch Sifrides sêle sol man teilen sin golt'.*

Die Kämmerer müssen sich plagen, aber nicht um Siegfrieds Gold als Geschenk unmittelbar an die Armen zu
verteilen, sondern um es an alle Leute zu geben, damit
sie es dann als Totenopfer der Kirche darbringen.
Deßhalb 995, 1: *dehein kint was sô kleine, daz witze mohte*
haben, ez muose gên ze opher. Und die ganze Strophe 1000
dient zur Erklärung dieses Vorgehens: *swaz man vant*
der armen, die es niht mohten hân, die hiez man doch zem
opher mit golde gân ûz sin selbes kamere. dô er niht solde
leben, umbe sine sêle wart manic tûsent marc gegeben. Auch
die eingeschaltete Strophe des gemeinen Textes und C
faßt die Sache so, denn sie sagt von den Priestern, die
Messe lesen 999, 7: *waz man in ophers truoc!* *di vil arme*
wâren, di wurden riche genuoc. An diese Totenopfer schließen
sich sehr passend die übrigen frommen Stiftungen und
Gaben Kriemhildens. Zunächst Verleihungen von Ländereien und Landrenten an geistliche Häuser 1001, 1: *urbor*
ûf der erden teiltes in diu lant, swâ sô man klôster und
guote liute vant. Darnach bedeuten *guote liute* hier ebenso
fromme Leute, insbesondere Geistliche, wie bei Hartmann
und Wolfram (vgl. Über Hartm. v. A., S. 104 f.). — 3 f.:

silbcr gap man unde wât den armen dá genuoc. si tet dem
wol geliche daz sim holden willen truoc. Den Totenopfern
folgten somit die Almosenspenden im engeren Sinne des
Wortes (vgl. Über Hartm. v. A., S. 44 f.), das wird noch
1003, 1—3 ausgeführt. — Von den Bestattungsfeierlichkeiten wird nun zunächst erwähnt 995, 2: *ê er wurde be-*
graben, wol hundert messe man des tages sanc. Während
also der Leichnam noch in offenem Sarge aufgebahrt
liegt, werden die Totenmessen celebriert. 'Gut hundert
Messen', das ist eine starke Behauptung, selbst dann,
wenn man zugesteht, daß um die Wende des 12. und
13. Jahrhunderts noch ein Priester gelegentlich zwei bis
drei Messen (besonders 'trockene') tagsüber lesen durfte.
Aber das gehört zu der übertreibenden Ausmalung im
Gedichte. Ob die Messen in verschiedenen Kirchen oder
gar in dem einzigen genannten Münster (an wie vielen
Altären?) celebriert wurden, bleibt ungesagt. Siegfrieds
Freunde drängen sich bei der Feier. Als nun die Messen
vorüber sind, 996, 1: *dô man het gesungen, daz volc sich*
huop dan. Kriemhild, ihre Diener, die Niederländer, die
Priester und Mönche bleiben zurück, und Kriemhild sagt:
ir sult niht eine lân hinte mich bewachen den ûz erwelten
degen, d. h. sie fordert nun auf, sie nicht allein bei der
Leiche zu lassen (vgl. Über H. v. A. S. 45), dem Verstorbenen die eigentlichen Totenvigilien in der Kirche
zu halten, die ganz wol so lange dauern konnten, *997, 1:*
dri naht und dri tage wil ich in lâzen stân. Dabei wird das
liturgische Officium defunctorum durch Nacht und Tag
abwechselnd gebetet und recitiert. Das wird ausgeführt 998:

Ze herbergen giengen die liute von der stat.
pfaffen und müniche si beliben bat,
und allez sin gesinde, daz des heldes phlac.
si heten naht vil arge und vil müelichen tac.

Und in der That war das keine geringe Leistung, die
da verlangt wurde. Die nächste Strophe *999* verschärft
das noch, indem sie beifügt: *ân ezzen und ân trinken*
beleib dâ manic man. Lachmann hat bereits angemerkt,
daß damit vorweg genommen wird, was 1012 eingehend
berichtet:

> *Dô was etelîcher der drîer tage lanc*
> *vor dem grôzen leide niht az noch entranc.*
> *dô mohten si dem lîbe sô geswîchen niht:*
> *si nerten sich nâch sorgen, sô noch genuogen geschiht.*

Daß hier, wol mit der üblichen mhd. Verkleinerung, nur
etelîche sich diese Entbehrung von Speise und Trank
auferlegen, deutet auch *999, 2* an: *die ez nemen wolden,*
den wart daz kunt getân daz man ins den vollen gæbe: daz
schuof er Sigmunt. dô was den Niblungen vil michel arebeite
kunt. Beide Stellen sind gewiß abgefaßt mit Hinblick auf
die gemeinsamen Mahlzeiten, die damals bei den Leichen-
wachen üblich waren; um dieses Mißbrauches willen war
es ja überhaupt von der Kirche angeordnet worden, daß
die Leiche nicht im Hause aufgebahrt werde. Übrigens
sind die drei Tage einschließlich der Bestattung zur
Erde zu nehmen: sie beginnen mit der Übertragung der
Leiche in den Sarg um Mittag und schließen mit dem
Mittag, der auf das in alter Zeit und heute noch auf
dem Lande gebräuchliche Begräbniß in den Morgen-
stunden folgt, 1002:

> *An dem dritten morgen ze rehter messezît*
> *sô was bî dem münster ein kirchhof alsô wît*
> *von den lantliuten weinens alsô vol:*
> *si dienten im nâch tôde, als man lieben vriunden sol.*

Das sind also die Totenklagen des Volkes, sie steigern
sich in den Augenblicken, da die Leiche in die Erde
gesenkt wird, 1004:

Dô gote wart gedienet und man col gesanc, (etwa das Libera)
mit ungefüegem leide vil des volkes ranc.
man hiez in ûz dem münster zuo dem grabe tragen.
man vant dâ niht anders wan ein weinen unde klagen.
1005 *Lûte scrîende daz liut gie mit im dan:*
vrô enwas dâ niemen, weder wîp noch man.

1006—1010 wird dann sehr schön Kriemhildens letzte
Klage beschrieben, 1011 und 1012 die Trauer des Ge-
folges aus den Niederlanden. 1005, 3. 4 steht nun: *é
man in begrüebe, man sanc unde las: hey waz guoter phaffen
ze sîner pevilde was!* Man hat das, so viel ich sehe, ziemlich allgemein (nur nicht Piper), auf den Unterschied
gesungener und gelesener Messen vor dem Begräbnisse
Siegfrieds gedeutet; es sind aber die gesungenen Anti-
phonen (In paradisum etc.), die recitierten Psalmen (113.
117. 131. 137 u. s. w.) und die gesprochenen oder gelesenen Segengebete verstanden. Das ergibt sich auch
aus dem Worte *pevilde*, die große Menge des geistlichen
Geleites zum Grabe bezeichnet die Pracht der Bestattung.
— Nach (10) *1042*, 43 findet Kriemhildens fortwährende
Trauer um Siegfried auch religiösen Ausdruck: zu Worms
in der Nähe der Grabstätte beim Münster läßt sie sich
ein Haus bauen, das sie mit ihrem Gesinde bewohnt, und
besucht fleißig die Kirche und den Friedhof: *dâ man be-
gruop ir vriedel (wie selten si daz lie!) mit trûrigem muote
si alle zît dar gie und bat got den guoten sîner sêle phlegen.*
Die Übersiedlung von Ute und Kriemhild nach Lorsch,
sowie die Übertragung von Siegfrieds Leiche dahin 1082,
5—36 ist Eigentum der Handschrift C. Nach (11) *1221,
2. 3* wird ein nachträgliches Totenopfer Kriemhildens
für Siegfried erwähnt: *si het ir ophergoldes noch wol tûsent
marc: si teiltez sîner sêle, ir vil lieben man,* bevor sie zu
Etzel sich begibt.

Drei Taufen kommen in dem Gedichte vor. Kriemhild gebiert dem Siegfried im zehnten Jahre ihrer Ehe einen Sohn (5) *660, 1: den ilte man dó toufen und gap im einen namen, Gunther, nâch sinem œheim: des dorft er sich niht schamen. geriet er nâch den mâgen, daz wær im wol ergân.* Zur selben Zeit, scheint es, genas auch Brünhild eines Sohnes *662, 1: nu hete ouch dort bi Rine, só wir hœren sagen, bi Gunther dem richen einen sun getragen Prünhilt diu schœne in Burgonden lant: durch des heldes liebe wart er Sifrit genant.* In diesen beiden Fällen werden bei der Taufe den Knaben die Namen angesehener Verwanter gegeben, bei Siegfrieds Sohn mit einer Begründung (660, 3), die schon deutlich auf den Brauch der Kirche hinweist, den Taufnamen aus den Heiligennamen zu wählen. Aber noch heute ist das nur ein Wunsch der Kirche, kein Gebot. Daß die gegenseitige Liebesbezeugung der Elternpaare zu Xanten und Worms im wechselweisen Verleihen der Namen dem Geiste der alten Heldensage nicht entspricht, bedarf keines Erweises. Doch ist es nicht ohne Interesse zu sehen, daß bei der Taufe des Sohnes, den Kriemhild nach siebenjähriger Ehe mit Etzel bekommt, der Dichter soche Rücksichten nicht mehr walten läßt; es heißt dort (12) *1328, 1: sin wolde niht erwinden, sine wurbe sint daz getoufet wurde daz Etzelen kint nâch kristenlichem rehte: Ortliep wart ez genant.* Ob bei der Wahl dieses Namens schon das spätere Schicksal des Knaben mitwirkte, mag dahingestellt bleiben.

Besondere Beachtung verdienen die beiden Strophen (17) *1793. 4.* Nach dem Hagen des morgens die Burgunden geweckt und sie ermahnt hat, statt der Prachtkleider für (den Kirchgang und) das Hoffest lieber Helm, Halsberg, Schild und Waffen zu tragen, fährt er fort:

1793 *Mine vil lieben hêrren, dar zuo mâge und man,*
ir sult vil willeclîchen zuo der kirchen gân,
und klaget gote dem rîchen sorge und iwer nôt,
und wizzet sicherlîchen daz uns nâhet der tôt.
1794 *Irn sult ouch niht vergezzen swaz ir habet getân,*
und sult vil vlîzeclîchen dâ gein gote stân.
des wil ich iuch warnen, recken vil hêr.
ez enwelle got von himele, ir vernemet messe nimmer mêr.

Lachmann sagt (Anm. S. 226): 'Zwei innere Reime in
dreien übrigens guten Strophen, 1793. 1794. 1796, zeigen,
daß Hagens Frömmigkeit hier von dem nachmalenden
Dichter hervorgehoben ist, der vorher Heiden und
Christen einander entgegenstellte'. Das kann sich jedesfalls nicht auf *1796* beziehen, denn der '*Hagnen rât*', ver-
letzenden Gruß oder Beleidigungen mit tiefen schweren
Wunden zu vergelten, ist durchaus nicht fromm. Wilmanns (Beitr. S. 22) meint: 'Str. 1793. 1794, in denen
Hagen in frommem Beterton seine Herren ermahnt, Gott
ihr Leid zu klagen und in Andacht Messe zu hören,
setzen sich zu deutlich von den umstehenden ab, als
daß man ihre von Lachmann bemerkte Unechtheit weit-
läufiger begründen müßte'. Henning handelt, wenn ich
nichts übersehe, in seinen 'Nibelungenstudien' nicht von
diesen Strophen. Ich lasse mich hier auf die Besprechung
einzelner Athetesen nicht ein, will aber nur anmerken,
daß meiner Empfindung nach 1795, 1 unmöglich gesagt
werden kann: *sus giengen zuo dem münster die fürsten und*
ir man, wenn nach der Tilgung von 1788. 89. 93. 94
vorher von dem Kirchgange gar nicht die Rede war.
Die Äußerungen der Forscher führte ich hier an, weil
sie zwar den religiösen Charakter der Worte Hagens in
den Strophen *1793. 4* erkennen lassen, nicht aber die
besondere Absicht, die Hagen in ihnen beigelegt wird.
Näher kommt der Sache Piper in seiner Anmerkung:

'Er (Hagen) mahnt sie, ihrer Sündenschuld, besonders der
Ermordung Siegfrieds, zu gedenken und ihr Gewissen
vor Gott zu entlasten, denn er meint, ihre Stunde habe
jetzt geschlagen'. Freilich, wie die Burgunden sich hier
an Siegfrieds Ermordung erinnern sollen, eine Sünde,
die Hagen vollbracht hat und an der höchstens noch
Gunther und Gernot Anteil haben, das sehe ich nicht
ein. Richtig aber ist, daß Hagen mit den Worten *1793, 3.
1794, 1—3* die Burgunden auffordert, bei dem bevor-
stehenden Gottesdienste ihre Sünden zu bekennen. Das
wäre auf dreierlei Weise ausführbar gewesen. Es kann
gemeint sein, daß jeder Einzelne beichten und dann
kommunizieren sollte; das ist aber nach der Beschaffenheit der Lage der Burgunden ganz unwahrscheinlich,
fast unmöglich. Oder das Sündenbekenntniß aller Einzelnen kann in einer lauten confessio generalis zusammengefaßt werden, der dann die Kommunion folgte: solches
ist vor Schlachten im Mittelalter oftmals geschehen, aber
hier ist auch dawider einzuwenden, daß von der Kommunion gar nicht die Rede ist, auch die Situation im
Allgemeinen paßt nicht dazu. Endlich drittens könnte
Hagen nur dazu ermahnt haben, das bei jeder Messe
vorkommende öffentliche Schuldbekenntniß (das Confiteor)
andächtig abzulegen, wie es in gefährlicher Lage besonders geraten war; und das, glaube ich, ist hier gemeint. Es bildeten demnach die Worte der beiden Strophen
1793, 4 nur ein für die Hörer eindrucksvolles und wichtiges
Moment mehr in der Darstellung der Gefahren, denen
die Burgunden in der feindseligen Umgebung der Hunnen
preisgegeben waren.

Endlich darf ich nicht unerwähnt lassen, daß viele
Forscher (vgl. Hartung, Die deutschen Altertümer des
Nibelungenliedes und der Kudrun [1894] S. 194 f.) der

Ansicht sind, die furchtbaren, der alten Überlieferung der Lieder angehörigen Worte Hagens, bevor er an Etzels Tafel dem jungen Ortlieb das Haupt abschlägt (18) 1897, 3: *nu trinken wir die minne und gelten sküneges win* bezögen sich auf das Gedächtniß Siegfrieds. Hartung stellt das mit Recht in Abrede; ich habe vor Allem einzuwenden, daß dieser Bezug weder den Tafelgenossen noch den Hörern des Gedichtes verständlich und begründet schiene. Hartung selbst denkt an die 'Johannesminne'. Das geht aber noch weniger an (vgl. Über Hartmann v. Aue S. 16 f.) und schickt sich gar nicht zu der Gelegenheit, auch wenn man eine grasse Ironie darin finden wollte. Ich meine, der Trunk gilt der Ehre des Wirtes und *des küneges* ist von *win* auch schon auf *minne* zu ziehen.

Damit sind meine Beobachtungen über das dem engeren Sinne nach Christliche in dem Wortlaute der uns vorliegenden Nibelungendichtung abgeschlossen. Die verzeichneten Stellen lassen sich meines Erachtens in zwei Gruppen sondern. Die erste von ihnen befaßt in sich die Formeln des Lebensverkehres. Sie erstrecken sich über alle Theile des Epos, wenn auch nicht gleichmäßig, und bezeugen so, daß durch das ganze Werk hin die einfachsten Wendungen im Austausch der Reden bereits christlich gefärbt sind. Es scheint mir nun sehr bemerkenswert, daß diese Formeln, soweit ich sehe, mit denen der geistlichen Erzählungspoesie des zwölften Jahrhunderts gar nicht mehr oder nur ganz wenig zusammenhängen. Freilich hat es noch Niemand versucht, den Formelvorrat des Volksepos mit dem jener älteren Gruppe von Dichtungen genauer zu vergleichen. Nur unter sich hat man einerseits die Dichtwerke aus der Heldensage zusammengestellt, z. B. Radke, Die epische Formel im Nibelungenliede (dabei Kudrun und Spielmannsepen), Kieler Dissertation 1890; Schmedes, Untersuchungen über den Stil der Epen Rother, Nibelungenlied und Kudrun, Kieler Dissertation 1893. Anderesteils gibt es bekanntlich schon eine ziemlich umfangreiche Litteratur, besonders von Ausgaben der Dichtungen des 12. Jhs., in der die Formeln dieses Kreises poetischen Schaffens zusammengetragen sind; von Diemers Arbeiten an bis zur jüngsten Gegenwart geschieht das in stetem Fortschritt methodischer Betrachtung, vielleicht am sorgfältigsten und einsichtsvollsten in dem Buche von Carl Kraus, Deutsche Gedichte des XII. Jhs. (1894). Immerhin gewähren schon diese Sammlungen einige Sicherheit und es ist nicht unwichtig, zu sehen, daß die Nibelungen nicht an diese Überlieferung poetischer Sprache sich unmittelbar anschließen, sondern durchaus im Bannkreise des höfischen Epos stehen. Es wird genügen, wenn ich für diesen Zweck hier auf mein Buch, Über Hartmann von Aue, S. 3—47 verweise; es ergibt sich schon daraus, daß die ritterlich-christliche Auffassung und Gestaltung der Lebensformen sich auch durch die Nibelungen zieht. Bedeutsam scheint, daß in Bezug auf die Sprechenden kein Unterschied gemacht wird: Siegfried gebraucht diese Verkehrsformeln ebensogut wie Gunther, Hagen wie Rüedeger, Dietrich und sogar Etzel sind darauf eingeübt.

Einer zweiten Gruppe rechne ich diejenigen Erwähnungen christlicher Dinge zu, in denen etwas Stoffliches berichtet wird, die also einen Theil der Darstellung selbst bilden. Über eine größere Partie erstrecken sie sich nur in Lachmanns 9. Liede: die Bestattungsfeier Siegfrieds ist mit den christlichen Zuständen

der zweiten Hälfte des 12. Jhs. in Deutschland untrenn-
bar verbunden. Aber auch sonst greift das christliche
Wesen ziemlich tief in die Erzählung ein: Siegfrieds
erstes Zusammentreffen mit Kriemhild, der Streit der
Königinnen, Hagens Mordlist, die Auffindung von Siegfrieds Leiche, die Schicksalsprobe mit dem Kapellan in
der Donau, Hagens Übermut beim Kirchgang, Rüedegers
Seelenkämpfe sind in der uns vorliegenden Gestalt des
Epos ganz unlösbar mit christlichen Vorstellungen ver-
woben. Ich kann daher die Ansicht Lachmanns nicht
mehr für richtig halten, der sich (Anmerk. S. 3) dahin
aussprach: 'Die Rache, das Kind der Treue, folgt der
Blutschuld, und der Freude folgt das Leid (oder wie
das Sprichwort lautet, nach Liebe Leid), das sind die
Grundgedanken der Sage in unserem Gedichte; als Sätze
einer beklagenswerten Erfahrung gefaßt, nicht aus einer
heidnischen Lehre vom Zwang blindes Schicksals abgeleitet, eben so wenig aber durch eine christliche Ansicht von göttlicher Weltregierung gemildert. So ist die
Sage mit dem Heidentum verwittert, aber sie hat nichts
christliches aufgenommen, als die gewöhnlichen Lebens-
gebräuche, die für die Fabel ohne Bedeutung sind'. Ich
sehe davon ab, daß hier 'Sage' und die uns überlieferte
Gestalt des Epos in einer Weise für einander gesetzt
werden, die mir nicht richtig scheint. Mich dünkt
auch, daß die vorhin verzeichneten Stellen über die Beschränkung hinausgehen, die Lachmann hier gelten läßt.
Ferner: woher wissen wir denn, daß Rache nach Blutschuld und Lauf des Schicksals im Grunde Gedanken
heidnischen Ursprunges sind? Doch nur daher, weil
wir die ältesten Überlieferungen unserer Nibelungensage
für heidnisch halten. Denn an sich sind Blutrache und
Schicksalsfügung zwar Ideen, die nicht aus dem Christen-

tum aufsteigen konnten, sie sind jedoch ganz allgemein
menschlich und finden sich in allen christlichen Zeiten
und Ländern; aus der unübersehbaren Masse der Beispiele
braucht nur an die altitalienische Novellenlitteratur erinnert zu werden. Wie viel aber von jenen beiden Haupt-
gedanken in den ältesten nordischen Fassungen der Sage
steckt, das ist nicht leicht auszumachen. Wilhelm Grimm
hielt die Habgier für ein stärkeres Motiv in jener Überlieferung, Blutrache für das spätere, und jedesfalls ist die
Gewalt des Schicksals ein Begriff, der auch der christlichen Poesie des 12. Jhs. nicht fremd ist, man denke an
die *wilsælde* der Kaiserchronik. Allerdings, wie tief man die
angeführten christlichen Gestaltungen einzelner Motive
in den Körper der Sage eingewachsen sein läßt, das
kann erst durch besondere Untersuchungen festgestellt
werden. Diesen greife ich nicht vor, wenn ich hier er-
wähne, daß die Zahl der Formeln und Stellen christlichen Inhaltes (eine genaue Begrenzung nach ihrem Um-
fange ist unmöglich) in der ganzen Nibelungendichtung
173 beträgt, davon entfallen 136 auf Lachmanns Lieder
1—19, dagegen 37 auf sein 20. Lied allein. Die Nibelungen
enthalten 2316 Strophen, das 20. Lied 294, es sollten somit, wofern die Verteilung der christlichen Stellen gleichmäßig stattfände, auf dieses nur 20·19 entfallen: das
20. Lied weist, da es 37 enthält, einen sehr erheblichen
Überschuß auf. Wie dieser zu deuten ist, erhellt aus
einer genaueren Betrachtung des Bestandes. Es zeigt
sich nämlich, daß von diesen 37 Stellen 34 zu den von
mir unter *b—h* aufgezählten Formeln gehören, das sind
eben diejenigen, welche hauptsächlich auf den höfischen
Verkehr sich beziehen. Man kann daher aus diesem
Zahlenverhältniß keinen anderen Schluß ziehen, als daß
Lachmanns 20. Lied diesen Formeln besonders leicht

Eingang verstattet hat; es tritt ergänzend hinzu, daß
die Zahl der Formeln $b—h$ aus allen übrigen Liedern
zusammen 38 beträgt, also nur um 4 mehr, denn das
20. Lied allein vorbringt. Nun muß man sich freilich sofort fragen, ob nicht der Stoff des 20. Liedes stärkeren
Anlaß zur Verwendung solcher Formeln darbiete. Das
ist der Fall: die Kampfszenen bedürfen ganz insbesondere der Redewendungen, in denen man dankt, be-
teuert, wünscht, Gottes Hilfe und Wirksamkeit herbei-
sehnt und also seinen Namen anruft. Dadurch wird die
Bedeutung des wahrgenommenen Unterschiedes zwischen
Lachmanns 20. und seinen übrigen Liedern erheblich
abgeschwächt.

Wie verhalten sich nun die hier vorgebrachten Beobachtungen zu den verschiedenen Ansichten über die
Entstehung der Nibelungen? Ich schicke der Prüfung
dieser Bezüge die Bemerkung voraus, daß ich nach wie
vor davon überzeugt bin, Lachmanns Beurteilung des
Handschriftenverhältnisses sei richtig: für mich bietet A
den ältesten Text dar, aus dem B und nachmals C abgeleitet sind. Es scheint mir, wie schon vor vielen Jahren
(Zeitschr. f. österr. Gymn. 1877, S. 383), auch heute nicht
notwendig, diese Frage neuerdings aufzurollen und im
Einzelnen zu erörtern. Für mich sind die Beobachtungen
und Schlüsse Lachmanns, sowie die v. Liliencrons in
seiner Schrift über die Handschrift C entscheidend. Was
die Verteidiger von B und C seither eingewendet haben,
scheint mir die Sachlage gar nicht zu ihren Gunsten
zu verändern; dagegen haben meines Erachtens die
Arbeit von Ludwig Laistner vor seiner Ausgabe der

Photographie von A (1886) und hauptsächlich die Untersuchungen von Emil Kettner in der Zeitschrift f. d.
Philol. (1883—91) die Stellung von A sehr wesentlich
verstärkt. C tritt wol überhaupt ganz zurück, seit Zarncke
selbst, der wissenschaftliche Vertreter ihrer Ansprüche,
sie aufgegeben hat; sicher läßt sich hoffen, daß die
Verehrung für B deßgleichen nachlassen wird. Jedesfalls
steht auch diese Frage heute nicht mehr im Vorder-
grunde der Interessen der deutschen Philologie, und
kann ohne jede persönliche Erhitzung besprochen werden.

Lachmann hat aus den 2316 Strophen der Handschrift A 741 als unechte, spätere Zusätze verschiedenen Ursprunges ausgeschieden, 1575 gelten ihm als echt
und gruppieren sich in zwanzig Lieder. Diese Stücke
stellen ihm 'die schönsten Volkslieder aus den Jahren
1190—1210 in möglichst gereinigter Form dar' (Anm.
S. 6). Sie sind mündlich verbreitet gewesen, 'schon vor
der Aufzeichnung mit großen Vermehrungen umher gesungen' worden, ein letzter Ordner hat das Ganze dann
zusammengefügt und durch eigene Zusätze verbunden.
S. 162 f. seiner 'Anmerkungen' begründet Lachmann, indem er die Überlieferung anderer mhd. Dichtungen heranzieht, an einer Stelle, die er mittelst Kartons hat
einschalten lassen, die erst 1830 gewonnene Einsicht,
daß Nibelungen und Klage in Abschnitte von 28 Langzeilen zerfallen. Das sind seine 'Heptaden', die also nicht
eigentlich von Jacob Grimm zuerst bekannt gemacht
wurden: nur daß Lachmanns Lieder selbst wiederum in
Abschnitte zu je 28 Langzeilen = 7 Strophen sich ordnen,
hat Jacob Grimm wahrgenommen.

Das ist also, im Groben gegeben, Lachmanns Hypothese oder 'Liedertheorie'. Wie er zu ihr gelangt ist,
kann durch eine Analyse seiner Abhandlung 'Über die

ursprüngliche Gestalt des Gedichtes von der Nibelungen
Noth' (1816, jetzt Kl. Schr. 1, 1—80) leicht erkannt werden,
vgl. meine Darlegung, Zeitschr. f. österr. Gymnas. 1878,
S. 37—41. Die Widersprüche und Unebenheiten, die er in
der Darstellung des mhd. Volksepos fand, haben ihm den
Anstoß zur Untersuchung gegeben: indem er aussonderte,
was ihm als unpassend aufgefallen war, gewann er zwei
Strophenmassen, die er in eine ältere und jüngere teilte,
echte und unechte. Indem er die ältere echte dann neuerdings prüfte, zwangen ihn die auch dort zu beobachten-
den Verschiedenheiten in der Auffassung wichtiger Vorgänge, eine weitere Scheidung in kleinere Dichtungen
verschiedener Verfasser (aber keineswegs so vieler, als
er Lieder zählte) anzunehmen. Dann erst untersuchte er
die einzelnen, durch Differenzen des Inhaltes ihm auf-
genötigten Stücke für sich, und fand in ihnen oder in
ihren Gruppen einen Stil und eine Sprache, die er für
eine ursprüngliche Schönheit der Volksdichtung bean-
spruchte. Nach dieser Richtung ist seine Arbeit später
durch Müllenhoff (Zur Geschichte der Nibelunge Not 1855),
Hans Hoffmann (De Nibelungiadis altera parte 1871)
und besonders durch Rudolf Hennings eindringende
Sorgfalt (Nibelungenstudien 1883, vgl. meine Rezension,
Anz. f. d. Altert. 10, 312 ff.) fortgesetzt und gefördert
worden. Auch Wilhelm Müllers Versuch (1845), der ohne
Lachmanns Lehre nicht denkbar ist, wäre hier noch zu
nennen.

Jacob Grimm hat in seiner akademischen Rede auf
Lachmann (jetzt kleine Schriften 1, 145—162) über dessen
Nibelungenkritik gesagt, S. 156): 'Hauptsächlich muß ich
das wider sie einwenden, daß mit Unrecht von einer zu
großen Vollkommenheit des ursprünglichen Epos ausgegangen werde, die wahrscheinlich nie vorhanden war,

und in ihm alle Flecken zu tilgen, alle wirklichen oder scheinbaren Widersprüche aus ihm zu entfernen seien. Gleich anderm dem edelsten Menschenwerk wird auch die epische Dichtung ihre Mängel an sich tragen und bei der gewaltigen Wirkung, die sie im ganzen erzeugt, um einige Unebenheiten, die sich in ihr eingefunden haben, unbekümmert sein dürfen'. Kein Zweifel, daß Jacob Grimm hier die Sache etwas zu leicht nahm, wenn er von 'einigen Unebenheiten' in den Nibelungen sprach: damit ist die Fülle großer und kleiner Widersprüche im Epos nicht zutreffend bezeichnet. Müllenhoff wendete (Gesch. d. N. N. S. 4) wider die Sätze Jacob Grimms ein: 'Doch wird es erlaubt sein zu fragen, wie und woher sonst Lachmann seine Resultate gewonnen hat, als aus dem Gedicht und durch dessen methodisch-kritische Betrachtung? Konnte er etwas dafür, wenn diese vollkommen wol erhaltene Überreste der edelsten Poesie ergab? Oder hat er etwa, um diese zu gewinnen, Gewalt gebraucht und sich irgendwo kühnere Änderungen erlaubt, als sonst Herausgebern alter Gedichte gestattet sind? Wie will man denn die Unvollkommenheit des ursprünglichen Epos beweisen? Doch wol nur, indem man auf Kritik und Unterscheidung verzichtet, und unbesehens etwa den Zustand später Volkspoesie auf die Nibelungen überträgt?' Dadurch ist aber der Kern von Jacob Grimms Auffassung nicht widerlegt. Denn allerdings muß der Forscher, der einzelne Widersprüche in einer Dichtung wahrnimmt, ihre Bedeutung erwägen will und sie auf seinen Begriff von der Entstehung des Epos einwirken läßt, eine bestimmte Vorstellung davon haben, was innerhalb eines einheitlichen Werkes an Differenzen der Darstellung vorkommen kann. Diese Vorstellung kann sehr verschieden beschaffen sein; die freilich unge-

ordnete Sammlung von Widersprüchen aus sehr verschiedenen Dichtwerken, die Kraus und Jellinek (Zeitschr. f.
österr. Gymn. 1893 S. 673 ff.) vorgelegt haben, öffnet
dem kritischen Urteil weite Bahnen. Und die sachlichen
Diskrepanzen des Gedichtes verlieren ein Theil ihres Ge-
wichtes, wenn man erwägt, daß der Bearbeiter vielleicht
bei dem stückweisen Vorschreiten seiner Thätigkeit selbst
auf die Abschnitte rechnete, in denen das Ganze vorzu-
lesen war, und somit nachsichtiger gegen seine Unacht-
samkeit wurde. Jedesfalls hat Lachmann, dessen Anschauung von altdeutscher Poesie, ebenso wie die Jacob
Grimms und aller großen Meister der deutschen Philologie bis auf Karl Müllenhoff herauf, im Boden der Romantik wurzelte, sein ungemeines logisches Vermögen
mit aller Schärfe auf die Kritik der Darstellung in den
Nibelungen gewant: die Unterschiede der Auffassung, die
Widersprüche, die er wahrgenommen hat, sind alle wirklich vorhanden, und es fragt sich nur, wie hoch sie eingeschätzt werden müssen, sobald man die Entstehung
des Epos mit ihnen ausgleichen will.

Lachmann wünscht (Anm. S. 6), daß der nach-
prüfende Leser, 'der sich über diese Kritik ein Urteil
zutraut', zuerst seine 'Lieder' in gereinigter Gestalt ge-
nieße: 'zuerst lese man von jedem Liede nur, was ich
für echt erkläre, um sich in den eigentümlichen Ton
desselben hinein zu finden, und dann zu versuchen, ob
ich dem eingeschalteten oder dem nachfolgenden das
Fremdartige richtig angefühlt habe. Denn die Beweise
lassen sich zwar, wo es nötig ist, aussprechen, aber sie
können nicht immer gleich zwingend sein, und das Gefühl, das sie unterstützen muß, kann man dem Prüfen-
den nicht geben. Wer aber das Ganze der Untersuchungen nicht auffaßt, der wird entweder die genaue

Wahrheit als kleinlich verachten, oder mit kleinlichem
Tadel das Zusammenhangende zu widerlegen meinen,
oder mit unüberlegten Einfällen mir meinen Bau verderben'. Das scheint mir sachgemäß und nicht zu viel
verlangt, sobald man voraussetzen darf, daß der Nach-
prüfende Lachmanns Grundansicht von der Entstehung
der Nibelungen teilt, sei sie als theoretisches Postulat
angesehen oder als schließendes Ergebniß der Untersuchung; wer jedoch die ganze Methode der Arbeit an
dem Material auf ihre Richtigkeit prüfen will, der wird
vom Beginn des Gedichtes ab Strophe für Strophe lesen,
selbständig und im Geleite von Lachmanns Anmerkungen
überlegen und auf diese Weise seiner Forschung zu
folgen suchen. Wie es nicht anders sein kann, wird, wer
das heute unternimmt, nicht überall das Maß Lachmanns
anlegen, er wird die Entwicklung der deutschen Philologie während der beiden letzten Menschenalter in sich
aufgenommen haben und deßhalb das gesammte Problem
im Großen und in allen Einzelnheiten nicht mit denselben Augen ansehen, wie Lachmann 1836 getan hatte.
Da mag es denn wol sein, daß auch die Ergebnisse des
nachlernenden Jüngers nicht mehr völlig mit denen des
Meisters übereinstimmen.

In zwei Hauptpunkten sind für mich heute die
Resultate von Lachmanns Untersuchung der Nibelungen
nicht mehr annehmbar. *Erstens:* reichen meiner Ansicht
nach die von Lachmann und Anderen wahrgenommenen
Ungleichheiten und Widersprüche innerhalb des Epos
nicht hin, um von da aus verschiedene Verfasser bestimmt
zu scheidender Theile zu erschließen. Oder, anders gewendet, diese Unterschiede, deren Vorhandensein ich
unbedingt zugebe, scheinen mir mit der Annahme wol
vereinbar, daß ein Dichter aus verschiedenen Bear-

beitungen der volkstümlichen Sage, vollständigen oder
stückweisen, ein seiner Meinung und auch der Empfindung
seiner Zeitgenossen nach einheitliches Ganze gestaltet
habe. *Zweitens:* die von Lachmann aus der Überlieferung
der Handschrift A gewonnenen Lieder unterscheiden sich,
wie ich denke, weder unter sich noch von der Masse
der als unecht verworfenen Strophen in ausreichender
Weise. Die Forschungen über die Geschichte der altdeutschen Dichtung während der beiden letzten Jahrzehnte, insbesondere die von Wilhelm Scherer ange-
regten auf dem Gebiete der Lyrik und die gleichfalls
von Scherer geförderten über die geistliche Poesie des
zwölften Jahrhunderts, haben die Forderungen sehr verschärft, die heute an den gestellt werden müssen, der aus
einer äußerlich gleichartigen Masse von Überlieferung
verschiedene Individualitäten von Dichtern sondern und
erweisen will. Die Unterschiede der Form überhaupt,
der Sprache und des Reimgebrauches, welche bei den
Nibelungen beobachtet werden, können die Sonderung
in echt und unecht, in Lieder und Interpolationen
oder Zusätze nicht hinlänglich begründen; sie müßten
nach dem, was wir jetzt von der Poesie des 12. und 13.
Jahrhunderts wissen, unverhältnißmäßig größer sein als
sie wirklich sind. Deßgleichen die Unterschiede des Stiles,
bei deren Festlegung man überdieß zu sehr von dem
engen Verhältniß abgesehen hat, in welchem der Dichter
zu der jedesmal ihm vorliegenden poetischen Aufgabe
steht. Fast überall, wo Lachmann an einer Strophe Anstoß nimmt, kann ich ihm das nachempfinden, aber ich
glaube mich weder durch diese einzelnen Beobachtungen
noch durch ihre Gesammtheit berechtigt, in dem gegenwärtigen Stande der Überlieferung genaue Scheidungen
unter den Strophen festzustellen.

Lachmann schreibt (Anm. S. 2): 'Wer nun behaupten
will, das Buch von den Nibelungen habe Einer nach
einem oder mehreren Liedern gedichtet, der darf nicht
sagen: 'ich glaube das, weil es doch möglich ist, und
weil wir so auf eine großartige Weise die innerliche
Einheit und die äußere Vielheit retten', sondern er
muß mit Gefühl und Fleiß sich in das Innere des Werks
vertiefen und das Eigentümliche seines einen Dichters,
wie es sich durch das Ganze ziehe, vorweisen, da-
neben aber das Besondere und Bezeichnende des einen
ursprünglichen oder jedes der mehreren zu grunde ge-
legten oder eingefügten Lieder'. Ein Punkt dieser Be-
gehren entfällt für meine Auffassung, weil ich eben die
Überarbeitung, welche der ursprünglichen Dichtung oder
den Stücken von Dichtungen in unseren Nibelungen zu
teil wurde, für so durchgreifend halte, daß ein 'Besonderes und Bezeichnendes' in dem Wortlaute der uns
bekannten Überlieferung nicht mehr ausgehoben werden
kann. Einem anderen Theile dieser Lachmannschen Forderungen ist meines Erachtens durch die schon genannten
Untersuchungen von Emil Kettner genügt worden, vgl.
besonders Zeitschr. f. d. Philol. 17, 410 — 421; ich
komme auf sie noch zurück. Selbst die von mir beigebrachten Beobachtungen, so geringfügig sie an sich sind,
bezeugen doch eine ziemlich gleichmäßige Verbreitung
über die von Lachmann in echte und unechte geschiede-
nen Strophenmassen. In dem gesammten Bestande von
2316 Strophen fanden sich 173 Stellen, darnach sollten
davon 55·3 den von Lachmann als unecht bezeichneten
741 Strophen gehören; in Wirklichkeit sind es nicht um
viel weniger, nämlich 47, wie man leicht nachzählen
kann, da ich die angeführten Ziffern der unechten Strophen
kursiv gedruckt habe. Es erübrigt sogar ein kleiner Über-

schuß für die echten Strophen, d. h. zum mindesten, die
Christianisierung und Verritterung des Stiles erstreckt
sich alle Theile der uns bekannten Überlieferung der
Nibelungen. Ich will diesem Verhältniß gar nicht zu viel
Gewicht beimessen, beachtenswert scheint es mir.
Auf andere, litterarhistorische Schwierigkeiten der
Lachmannschen Kritik der Nibelungen komme ich noch
zu sprechen. Zunächst soll zu den übrigen Hypothesen
über die Entstehung dieses Epos Einiges bemerkt werden.
Das ganze Gedicht als ein einheitliches Werk eines
Dichters aufzufassen, das frei aus der mündlichen, pro-
saischen Überlieferung der Sage geschöpft sei, dünkt mich
ganz unmöglich. Einmal widerspricht das den tatsäch-
lich vorhandenen Zeugnissen über die Entwicklung der
Sage und ihre poetische Form, dann aber wären für eine
solche Ansicht gerade die von Lachmann klargestellten
Unebenheiten und Widersprüche gar nicht zu überwinden
und zu erklären. Noch weniger vermag ich mich mit der
Hypothese von Bartsch zu befreunden, nach welcher die
selbständigen Bearbeitungen der Handschriften B und C
zurückgehen vorerst auf eine um 1170—80 entstandene
Rezension, die ihrerseits wider Bearbeitung eines um
1140—50 entstandenen Werkes ist. In Bezug auf die Erklärung der Widersprüche wird bei dieser Hypothese
die Schwierigkeit um eine Instanz zurückgeschoben,
ohne etwas zu helfen. Dagegen werden für die Erklärung
des Überlieferten durch sie so viele Schwierigkeiten neu
geschaffen, daß sie gänzlich unbrauchbar wird. Das hatte
schon Lachmann gesehen, der (Anm. S. 5) sagt: 'Aber
nirgend ist zu der Vermutung Raum, daß etwa ungenaue
Reime von der Art des zwölften Jahrhunderts erst bei
fernerer Überarbeitung verbessert sein möchten, und
überall sind sie weit entfernt von der Freiheit der Volks-

lieder in derselben Gesangweise, die uns unter Küren-
bergs Namen überliefert sind. Wissenschaftlich widerlegt wurde Bartschens Hypothese in der Hauptsache
durch Paul, Zur Nibelungenfrage (1877).

Die Untersuchungen Lachmanns fortzubilden und
für die letzte Partie der Nibelungen (von da aus für
das ganze Gedicht) durch Verschärfung der Methode
neue Ergebnisse zu gewinnen, hat Wilhelm Wilmanns
versucht (Beiträge zur Erklärung und Geschichte des
Nibelungenliedes, 1877). Da er jedoch vor Kurzem die
Forschungsweise dieser Schrift verworfen und ihre Resultate zurückgenommen hat (Anz. f. d. Altert. 18, 69 f.)
so schiene es mir ungerecht, darauf zu verweilen, und
ich begnüge mich, auf meine Besprechung (Zeitschr. f.
österr. Gymn. 1878, 374—383) zu verweisen.

Sehr beachtenswert scheinen mir die schon mehrmals genannten Untersuchungen von Emil Kettner. Es
werden darin (Zeitschr. f. d. Philol. 15. 16. 17. 19. 20. 23)
diejenigen Partien zusammengestellt und auf ihre Technik
hin verglichen, die Gegenstände von möglichst allge-
meinem Charakter behandeln, also: Empfang der Gäste,
Hoffeste, Abreise und Abschied. Es zeigt sich, daß in
der Darstellung dieser Dinge durch das ganze Epos hin
eine merkwürdige Übereinstimmung obwaltet. Kettner
sieht sie als das Zeichen der Abfassung dieser Partien
durch einen einzigen Autor an und nennt diesen 'den
mittleren Dichter' (Zeitschr. f. d. Philol. 17, 416 ff.), der
eine ältere Dichtung, die vielleicht eine Aufzeichnung
von einzelnen Liedern war, nach dem Geschmacke seiner
Zeit umgestaltet' habe. Außerdem aber nimmt er noch
'eine jüngere Dichtung' an, die ungefähr Lachmanns
'Interpolationen' entspricht (Zeitschr. f. d. Philol. 17,
139. 419 f.), und findet weiters (Zeitschr. f. d. Philol. 19,

111), daß sie von zwei jüngeren Verfassern herrührt,
'welche das von dem mittleren Dichter zu einem einheitlichen Kunstepos ausgestaltete Nibelungenlied erweitert'
haben. Auch dieses Resultat gewinnt er durch die Vergleichung der Technik innerhalb der jüngeren Zusätze,
und zwar hauptsächlich in Bezug auf einen Punkt: Bewaffnung und Kleidung. Kettner bemüht sich also, den
eben erwähnten Forderungen Lachmanns an denjenigen,
der die Einheit der uns vorliegenden Fassung des Nibelungenliedes nachweisen wolle, wirklich zu entsprechen,
wenigstens für die das Ganze des Werkes durchziehende
Reihe gleichartiger Situationen oder, wie ich sagen möchte,
der Rahmenerzählung. Das methodische Mittel, dessen
er sich bei seinen Untersuchungen bedient, besteht im
wesentlichen darin, daß er durch die Vergleichung der
Strophen verwanten Inhaltes Widerholungen von einer
Stärke und Häufigkeit aufzeigt, die nur bei der Annahme eines Dichters sich befriedigend erklären läßt.
Im Eingange seiner Darlegungen (Zeitschr. f. d. Philol.
15, 231 f.) spricht Kettner sehr verständig über die
Schwierigkeiten, die sich der Voraussetzung einer Mehrheit von Dichtern für die Rahmenerzählung, einer förmlichen Dichterschule, entgegenstellen. Ich halte die von
Kettner nachgewiesenen Widerholungen und Variationen
der Darstellung für sehr wichtig und den daraus ge-
zogenen Schluß auf die Einheit der Rahmendichtung
für gesichert. Die von mir vorgelegten Beobachtungen
stimmen damit im Allgemeinen überein. In Anderem hingegen kann ich mich mit Kettners Folgerungen nicht
einverstanden erklären. So scheinen mir die Gründe,
welche er für die weitere Abscheidung einer jüngeren
Dichtung, gar von zwei Verfassern, vorbringt, nicht aus-
zureichen: weder der Unterschied dieser Strophen unter

sich noch vom mittleren Dichter ist für meine Einsicht
hinlänglich erwiesen; auch hier müßten meines Erachtens
die Differenzen größer sein, sollten sie Kettners Annahmen rechtfertigen. Ähnlich verhält es sich mit meinen
Einwänden wider das Verhältniß von Kettners Ansätzen
zu Lachmanns Hypothese. Kettner sagt selbst darüber
(Zeitschr. f. d. Philol. 17, 420 f.): 'Die Existenz von selbst-
ständigen, verschiedenen Verfassern angehörigen Liedern
stelle ich nicht in Abrede, nur behaupte ich, daß diese
schon in früherer Zeit, als Lachmann annimmt, zu einem
Liede zusammengefügt wurden, der sogenannten mittleren Dichtung. Bei dieser Zusammenfügung wurden sie
aber nicht einfach zusammengesetzt, sondern durch eine
zum Theil sehr starke Bearbeitung verbunden und erweitert, und nicht bloß formell, sondern auch zuweilen
in ihrem Inhalt geändert. Die Möglichkeit, daß ein Lach-
mannsches Lied einem älteren Liede entspricht, gebe ich
durchaus zu, bestreite aber, daß aus einem der zwanzig
Lieder durch Athetesen jemals ein älteres widerhergestellt
werden kann'. Die letzten Worte entsprechen durchaus
meiner Ansicht. Sind sie aber richtig und ist ferner die
Einheit der Rahmendichtung erwiesen, woher wollen wir
dann den Unterschied zwichen dieser und der älteren
Dichtung erkennen, oder, welche Gründe ermächtigen
uns, die Existenz einer älteren Dichtung in dem Bestande
unseres Nibelungenliedes festzustellen? Die Technik des
Rahmendichters in den von Kettner untersuchten Partien
kennen wir; die Technik, mit welcher er die Hauptpunkte der Sage erzählt haben würde, kennen wir nicht;
was berechtigt uns, anzunehmen, sie sei anders beschaffen
gewesen als die unserer Überlieferung der Nibelungen?
Wo sind die Unterschiede in Sprache und Form zwischen
der mittleren und der älteren Dichtung? Vermögen wir sie

nicht nachzuweisen, dann verzichten wir lieber von vorneherein auf das Postulat einer älteren Dichtung und begnügen uns zu sagen: der Inhalt der Nibelungen ist voll von Widersprüchen des Inhaltes, diese lassen uns die Spuren älterer und jüngerer Sage, älterer und jüngerer Dichtung wahrnehmen; eine ältere Dichtung aber, und sei es auch nur ungefähr, aus unserem Strophenbestande abzugrenzen, das ist unmöglich, dazu reichen unsere Mittel derzeit nicht hin.

Sehr interessant sind die Untersuchungen, welche Wilhelm Wilmanns neuerdings als Einschaltung in eine Rezension (von Lichtenberger, Le poème et la légende des Nibelungen, Anz. f. d. Altert. 18, 70—111) vorgetragen hat. Er erklärt zunächst die Grundlage der Hypothese Lachmanns und seiner eigenen Arbeiten für unhaltbar, nämlich 'die Annahme einer überaus reichen Production', das Dasein vieler und mannigfaltiger Überlieferungen der Nibelungensage und ihrer Theile in poetischer Form gegen das Ende des zwölften Jahrhunderts. Dadurch schafft er sich theoretisch Raum für die Thätigkeit des einen Dichters, dem unsere Nibelungen zuzurechnen sind. Diese Thätigkeit sucht er in ganz anderer Weise zu bestimmen als bisher geschehen ist: nicht von der vorhandenen Überlieferung des Gedichtes aus sucht er dessen Entstehung zu erklären, sondern durch eine Vergleichung der Sage, wie unsere Nibelungen sie geben, mit den übrigen Fassungen, insbesondere mit der Thidrekssage, bemüht er sich den Sagenstand zu begrenzen, den der Dichter des Nibelungenliedes beim Beginne seiner Arbeit vorfand, und auf diese Weise zu ermitteln, was er selbst erfindend hinzugetan hat. In einer ungemein scharfsinnigen und lehrreichen Betrachtung verfolgt nun Wilmanns die Geschichte der Hauptpunkte der Sage, ihre

Veränderungen, Umstellungen, ihre Verknüpfung. Er gelangt zu dem Ergebniß, zunächst für den ersten Theil der Nibelungen, daß über ihn hin 'sich tiefgreifende und in sich eng zusammenhängende Änderungen erstrecken, und die Konsequenz, mit welcher die Umgestaltung des alten Stoffes durchgeführt ist, läßt keinen Zweifel darüber, daß sie das überlegte Werk eines Dichters ist. Wenn also das Nibelungenlied aus einzelnen Liedern zusammengesetzt wäre, so müßten diese Lieder doch auf einem einheitlichen Werk beruhen, und die verschiedenen Verfasser in seltsamer Übereinstimmung, mit Unkenntniß oder Mißachtung der älteren Sage sich ganz diesem Werk angeschlossen haben. Leistet man auf diese überaus unwahrscheinliche Annahme Verzicht, so bleibt nur die Möglichkeit, daß ein Dichter diesen Theil unseres Nibelungenliedes verfaßt hat, sei es, daß er die erwähnte Umformung des Stoffes selbst vornahm oder daß er sie in seiner Vorlage fand. Viel älter als unser Nibelungenlied war diese Umformung schwerlich; jedesfalls nicht, wenn die Szene, in der Siegfried durch den Anblick der Kriemhild belohnt wird, von Anfang an zu ihr gehörte; denn diese Wendung kann vor dem Zeitalter des Minnedienstes kaum ersonnen sein' (a. a. O. S. 88). Für den zweiten Theil der Nibelungen scheint Wilmanns 'eine reiche, wol zusammenhangende Überlieferung der Dichtung zu grunde zu liegen. Diese Ungleichheit setzt für die verschiedenen Theile der Sage eine verschiedene Art der Überlieferung voraus, und ich wüßte mir diese nicht anders vorzustellen als so, daß für den zweiten Theil, mittelbar oder unmittelbar, ein litterarisches Denkmal, eine schriftliche Aufzeichnung oder eine wol ausgeführte Dichtung zu grunde liegt, während der erste auf Sage in engerem Sinne, auf unge-

bundener, schwanker und unsicherer Überlieferung von
Mund zu Mund beruht, die nur Weniges treu erhalten
hatte. Bei dem Publikum des Verfassers im Allgemeinen
eine bessere Kenntniß vorauszusetzen, wäre ungereimt.
In dem Theile Deutschlands und in dem Theile der Gesellschaft, für den der Verfasser sein Werk ausführte,
hatte sich also keine lebendige und umfassende Kenntniß der Nibelungensage erhalten, und aus diesem Verhältniß erklärt sich denn auch die tiefgreifende Änderung,
welche sie erlitten hat. Die Unkenntniß gestattete und
forderte neue Erfindungen; das schöpferische Talent des
Dichters fand um so freieren Spielraum, je weniger es
durch Kenntniß der Überlieferung gehemmt und gezügelt
wurde' (a. a. O. S. 89). Dann untersucht Wilmanns die
Gestalt der Sage im zweiten Theil mit steter Vergleichung der übrigen Fassungen und gelangt zu einem
ähnlichen Ergebniß wie für den ersten. Ja der Einfluß
von vier 'jungen Szenen' (wie Kriemhild eine Schaar
Hunnen gegen Hagen und Volker führt, die Nachtwache
der beiden Helden, der Kirchgang und die Turnierspiele
am folgenden Morgen; Dankwarts Aristie) auf den ganzen
zweiten Theil bekundet ihm, 'daß er nicht aus einzelnen
Liedern verschiedener Verfasser zusammengesetzt ist. —
Die konsequente Durchführung eines Planes, der die alte
Überlieferung offenbar schwer schädigte, schließt die
Annahme mehrerer Verfasser sicherer aus, als die zweck-
mäßige Vorbereitung an und für sich guter Erfindungen'
(S. 111).

Diese Untersuchung hat den eigentümlichen Vorzug,
daß sie die ganze Frage von einem Punkte aus anfaßt
und aufrollt, der dem Ausgangspunkte der bisherigen
Betrachtungen gerade entgegengesetzt ist: unbekümmert
um den Wortlaut und Strophenbestand unserer Nibe-

lungendichtung wird der Zusammenhang der Sage geprüft, das Eigentum des Nibelungendichters daraus ab-
gesondert und zugleich durch die Operation selbst die
Einheit des Werkes erwiesen. Die Grundvoraussetzung,
daß nämlich nicht, wie es gewöhnlich geschieht, eine sehr
üppige Entfaltung von Volksliedern der Heldensage gegen
das Ende des zwölften Jahrhundertes angenommen wird,
teile ich mit Wilmanns; sie stimmt zu den Anschauungen,
die ich auch sonst über die Poesie dieser Zeit mir gebildet habe (vgl. Zeitschr. f. d. Altert. 33, 373), sie berührt sich auch ziemlich nahe mit dem früher dargelegten
Standpunkte Emil Kettners. Auch halte ich mehrere von
den Scheidungen, die Wilmanns zwischen altem und jungem
Gut der Sage vornimmt, für durchaus zutreffend, wie ich
mich denn auch in Übereinstimmung mit ihm befinde
betreffs der Polemik gegen Golthers Trennung von Sigur-
drifa und Brünhild. Wenn mir nun seine Folgerungen
doch nicht durchweg einleuchten und ich seine Schluß-
ergebnisse nicht annehmen kann, so hängt das von
mehreren Erwägungen ab, die ich hier nur in Kürze
vortrage. Erstens scheint mir Wilmanns bei seiner Kritik
der Sage den Kreis der zu verwertenden Zeugnisse zu
enge gezogen zu haben: ich werde an anderem Orte
auseinandersetzen, daß aus den mhd. Dichtungen der
Heldensage sich eine Vorstellung der Nibelungensage
kurz vor dem Gedicht gewinnen läßt, die etliche Ereignisse mehr befaßt, als Wilmanns zugibt. Zweitens,
glaube ich nicht, daß man der Sage mit solcher Schärfe
der Logik zu Leibe gehen und sie zerlegen darf, wie
Wilmanns tut: sie ist ein im Laufe von Jahrhunderten
und Geschlechtern Gewachsenes und Gewordenes, dem
die innere und äußere Folgerichtigkeit von Natur aus
fremd ist, die Wilmanns von ihr verlangt. Drittens bin ich

allerdings der Meinung, daß die Sage von den Nibelungen
durch alle Zeit ihres Bestandes wirklich volkstümlich,
weit verbreitet und deßhalb mit vielen Abweichungen
der einzelnen Gestalten unter einander ausgestattet war.
Mir scheint, daß diese Annahme nicht mehr bewiesen
zu werden braucht, weil Wilhelm Grimms 'Heldensage'
und Müllenhoff's 'Zeugnisse und Exkurse' die Belege dafür vorbringen. Was also Wilmanns aus der Nibelungensage, wie sie das Gedicht uns darbietet, als Eigentum
des Dichters anspricht, kann sehr wol von diesem nur
aus der vorepischen Überlieferung ausgewählt worden
sein. Denn, viertens, ich traue dem Dichter unserer Nibelungen nicht so weitgreifende Erfindungen zu wie Wilmanns. Das wäre, so weit ich sehe, ohne Analogie bei
altdeutschen Dichtungen, die auf volksmäßiger Sage beruhen. Die erzählenden Gedichte des zwölften Jahrhunderts, dann die Spielmannsepen, endlich und ganz
insbesondere die Dichtungen aus der Heldensage im
13. Jahrhundert, wie Ortnit, die Wolfdietriche, die Rosengärten, sie zeigen uns, und die Überlieferung gestattet
es uns, sie zu kontrollieren, was an Erfindungen innerhalb dieses Kreises den Poeten zugetraut werden kann:
das bleibt Alles hinter dem, was Wilmanns als solche
bei den Nibelungen ansetzt, weit zurück. Nur Dietrichs
Flucht, die Rabenschlacht, die Virginal entfalten sich
freier, aber auch sie nur, weil sie schon durch den
Motivenkreis des höfischen Epos beeinflußt sind; was
Biterolf und Dietleib anlangt, werde ich eine Nach-
prüfung versuchen. (Vielleicht gewährt uns einmal das genauere Erforschen der Vorgeschichte der altfranzösischen
Romane Aufklärung.) Ich glaube, daß die Erfindungen,
mit denen die Dichtung um 1200 die alten Sagenstoffe
ausschmückt, viel eher auf den Wegen gesucht werden

sollen, auf denen Heinzel sie findet: parallele, verwante
Motive anderer Kreise der Poesie wachsen an und ein.
Selbst die höfischen Epen zweiter Generationen, die
Werke z. B. des Stricker, des Pleier u. a., halten sich
viel mehr innerhalb einer herkömmlichen Auswahl poetischer Motive, als Wilmanns annimmt. Mir scheinen somit seine Schlüsse aus der Scheidung von Theilen der
Sage auf die Einheit des Planes in jüngeren Erfindungen
nicht zutreffend und deßhalb seine auf diesem Wege
gewonnene Hypothese von einem Hauptdichter unseres
Nibelungenliedes weder bewiesen noch in dieser Art überhaupt beweisbar.

Nach dieser kritischen Übersicht der bisher aufgestellten Theorien von der Entstehung des mhd. Nibelungenepos, bei der solche Arbeiten, die nur einzelne
Punkte oder Theile betreffen, unberücksichtigt bleiben
mußten, mag es erlaubt sein, daß ich auch die Vorstellung, welche ich jetzt von der Sache habe, in Kürze
auseinandersetze.

Ich nehme eine reiche und vielseitig entfaltete Vorgeschichte der Nibelungensage an und meine, diese Fülle
mündlicher Überlieferungen habe noch in der zweiten Hälfte
des zwölften Jahrhunderts fortgedauert. Dagegen glaube
ich (mit Kettner und Wilmanns) nicht mehr an eine eben-
solche üppig gediehene poetische Gestaltung dieser Sagenstoffe. Gewiß sind 'Lieder' von den Nibelungen vorhanden
gewesen, sie betrafen jedoch nur die Hauptpunkte der
Sage (noch das Zeugniß des Marner lehrt das), und können
nicht als Theile eines Epos gelten, sondern nur als selbst-
ständige Stücke. Unter Lachmanns Liedern finden sich
mehrere, die meines Erachtens für sich gar nicht denkbar sind, sondern nur in einem bereits hergestellten
größeren Zusammenhange bestanden haben können. Wer

4

von den Hörern wird haben wissen wollen, wie Siegfried Kriemhilden kennen lernte, oder wie der Held bestattet wurde, oder wie Rüedeger für Etzel um Kriemhilde warb? Solche Abschnitte, wenngleich sie ihrem Inhalte nach in der mündlichen Überlieferung wahrscheinlich vorhanden waren, sind doch nicht zum Vortrage oder Vorlesen poetisch gestaltet worden. Auf die Frage, in welcher Form diese Dichtungen über die wichtigsten Punkte der Nibelungensage vor der Entstehung unseres Epos bestanden haben, weiß ich keine bestimmte und sichere Antwort. (Lachmann hielt 1820 neben den Liedern noch Prosa für möglich: Brief an W. Grimm, Zeitschr. f. d. Philol. 2, 204.) Nur das Eine behaupte ich: daß diese Dichtungen in Nibelungenstrophen abgefaßt gewesen seien, scheint mir kaum anzunehmen. Den Zeitpunkt der Entstehung der Nibelungenstrophe kennen wir ungefähr. Nicht aus der Thatsache, daß die Lieder des sogenannten Kürenbergers in ihr verfaßt sind, sondern vielmehr aus der Verwantschaft, in welcher sich die Nibelungenstrophe mit verschiedenen anderen befindet; das hat Lachmann bereits gesehen (Anm. S. 5. 290), Müllenhoff hat es ausgeführt (vgl. Scherer, Zs. f. d. A. 17, 569). Die ganze zusammengehörige Gruppe von Strophen leitet in die Anfänge des Minnesanges, es sind lyrische Formen, die auf das Epos erst angewant wurden. Zwischen diesen Anfängen und der Entstehung unserer Nibelungen liegt nicht hinlänglich Zeit, daß ein Geschlecht von epischen Liedern in dieser Strophe hätte entstehen können oder eine Litteratur davon. Ferner: waren die unserem Epos voraufliegenden Lieder in dieser Strophe verfaßt, dann hätte es kaum vermieden werden können, daß nicht einzelne oder ganze Partien ihrem Wortlaute nach in das Nibelungenlied aufgenommen wurden; diese müßten wir

an Eigentümlichkeiten der Sprache und Form ebensogut
erkennen, wie wir die Kürenbergerstrophen in Minne-
sangs Frühling von unseren Nibelungenstrophen zu unterscheiden vermögen. Das ist aber nicht der Fall. Waren
jedoch in den Liedern Nibelungenstrophen nicht verwendet
— an eine andere Strophenart ist nicht zu denken —
so bleibt kaum eine weitere Vermutung übrig, als die,
sie seien in Reimpaaren abgefaßt gewesen, die nun freilich um 1170—80 nicht mehr ganz so ungenau gewesen zu
sein brauchen, als Lachmann (Anm. S. 5) annimmt. Denn
echte Volkspoesie wandelt auch ihre Form gemäß dem
Geschmacke und den Forderungen der Zeit, das lehrt
die Geschichte jedes einzelnen Volksliedes, das wir (z. B.
Tannhäuser, Frau Hasel, Liebesbotschaft u. a.) durch eine
Reihe von Jahrhunderten verfolgen können.

Es erhebt sich nun die Frage: wenn wir für die
Vorstufen des Epos Reimpaare annehmen, weßhalb sind
die Reimpaare nicht im Nibelungenliede geblieben? Das
wäre ja doch am nächsten gelegen gewesen. Der Versuch einer Antwort weist nun wider auf die Anfänge
des Minnesanges. Wir sind, glaube ich, Alle einig darüber, daß der Gedanke, die umlaufenden Stücke von Erzählungen aus der Heldensage zu Epen zu verbinden,
durch das mächtige Beispiel des höfischen Romanes angeregt worden ist. Dieselben Kreise übten aber auch
den Strophenbau der neuen höfischen Lyrik. Nur dort,
wo man beides kannte, Roman und Minnesang, kann
man auf den Einfall geraten sein, die Strophenform der
Lyrik auf das Epos zu übertragen. Der Adel, genauer
die ritterlichen Ministerialen, werden es gewesen sein,
denen dieser Vorgang anzurechnen ist. Vorher waren es
die Träger der Erzählungspoesie des 12. Jahrhunderts,
Spielleute und Geistliche, welche auch den Bedarf an

4*

Dichtungen aus der Heldensage besorgten; in zeitgemäßer Umwandlung reichten die Stücke hinauf bis in den Beginn der Blüte ritterlicher Gesellschaft, von dieser wurden sie dann übernommen, zur fortlaufenden Erzählung ausgestaltet und in die Strophenform dermaßen umgegossen, daß von dem ursprünglichen Wortlaute nur einige wenige Brocken aus der Darstellung der Hauptmomente übrig geblieben sind. — So weit ich zu urteilen vermag, steht diese Anschauung mit den bekannten litterarhistorischen Thatsachen nicht in Widerspruch, insbesondere stimmt sie mit den Zeugnissen überein, die Lachmann in seiner klassischen Abhandlung 'Über Singen und Sagen' (Kleine Schriften 1, 461—479) zusammengetragen und gedeutet hat.

Wenn es richtig ist, daß uns die Mittel fehlen, wie Lachmann tat, aus dem Strophenbestande unserer Überlieferung der Nibelungen Echtes und Unechtes zu scheiden, jenes in Lieder zu verbinden, bei diesem ältere und jüngere Zusätze zu sondern, soll darum überhaupt das Problem der Entstehung des mhd. Volksepos aufgegeben werden, der Erörterung entzogen bleiben? Keineswegs. Vielleicht gibt es noch andere Mittel und Wege, es anzugreifen. Als Lachmann seine Untersuchungen schuf, den Text der Nibelungen nach A gestaltete, in seinen 'Anmerkungen' den wissenschaftlichen Beweis für seine Athetesen antrat, da hat er, den Spuren Fr. A. Wolfs folgend, einen mächtigen Schritt nach vorwärts getan, erst später ist die Forschung über das homerische Epos der voraneilenden über die Entstehung der Nibelungen nachgekommen. Heute steht es anders. Die Arbeit an Homer ist von sehr verschiedenen Punkten aus in neuester Zeit rüstig gefördert worden: nach den Forschungen Wilhelm von Hartels 1884 schrieb v. Wila-

mowitz-Möllendorf seine' Homerischen Untersuchungen';
auf Albert Kirchhoff folgte Otto Seeck 1887 mit seinem
Buche 'Die Quellen der Odyssee'; aus den mythologischen
Studien trat E. H. Meyer 1887 im zweiten Bande der
'Indogermanischen Mythen' an das Homerproblem heran.
(Vgl. meinen Aufsatz: Homerische Mythen, Wiener Abend-
post, 1887, 8. und 9. April.) Neuen Anstoß und Förde-
rung gewährten die Funde Schliemanns, die Entdeckung
der mykenischen Kultur. Die Bücher von Helbig, vornehmlich das jüngste von Reichel 'Über homerische Realien und homerische Waffen (1894) spiegeln die Fort-
schritte der griechischen Altertumskunde wider. Und
neuestens versucht man mit sehr verschiedenen Mitteln,
indem man endgiltig darauf verzichtet, den Wortlaut
alter und junger Poesie bei Homer reinlich zu sondern,
die Schichten im Epos zu erkennen, die den historischen
Vorgängen und Kulturwandlungen innerhalb der Zeit
seines Werdens entsprechen. Ich verweise besonders
auf Louis Erhardt, 'Die Entstehung der homerischen
Gedichte' (1894), auf das vortreffliche Buch von Paul
Cauer, 'Grundfragen der Homerkritik' (1895) und auf
den zweiten Band von Eduard Meyers ausgezeichneter
'Geschichte des Altertums' (1893). So ist heute die Homer-
forschung um ein ansehnliches Stück der Nibelungen-
forschung vorangeeilt. Das darf nicht so bleiben. Von
den verschiedenen Möglichkeiten, die sich darbieten, die
Geschichte des altdeutschen Volksepos genauer zu er-
kunden, dem ja vor Homer der erhebliche Vorzug zu-
steht, daß Alles darauf Bezügliche im Lichte historischer
Zeiten vor sich geht, scheint mir die Methode besonders
verheißungsvoll, durch genaue Vergleichung der Darstellung in den Nibelungen mit den jetzt besser erkannten geschichtlichen Perioden in der Entwicklung von

Recht und Sitte, Zuständen in Heer und Haus, Realien aller Art, die Schichten der Überlieferung zu erkennen, die in unserem Epos sich abgelagert haben. Unterschiede der Bewaffnung sind schon Lachmann wichtig vorgekommen, über *gêr* und *sper*, die heldenmäßige und ritterliche Angriffswaffe, handelt er Anm. S. 3. Er hat darin aber keine Nachfolge gefunden, und selbst ein so fleißiges und nützliches Buch, wie Hartungs 'Deutsche Altertümer des Nibelungenliedes und der Kudrun' (1894) versucht es nicht einmal, solche Unterscheidungen festzulegen und zu verfolgen. Meinem Freunde Alfred von Siegenfeld verdanke ich die Kenntniß mancher nicht unwichtiger Beobachtungen, welche ihm die genaue Vertrautheit mit dem Waffen- und Wappenwesen des Mittelalters an den Nibelungen zu machen erlaubte. Auch das, was ich auf den vorangehenden Blättern zusammenstellte, mag als ein bescheidener Beitrag in einer Richtung des Forschens angesehen werden, von der ich mir reiche Früchte verspreche.

Ich glaube mit diesen Aufstellungen nicht wider den Geist Karl Lachmanns zu sündigen, in dessen durch Müllenhoff und Scherer begeistert festgehaltener Überlieferung ich erzogen worden bin. Lachmann selbst hat seine Ansichten über die Entstehung der Nibelungen keineswegs so dogmatisch gefaßt, als sie heute in der Litteratur aussehen. Das mag jeder aus seinen ältesten Untersuchungen darüber, aus den Anmerkungen, aus der 'Kritik der Sage' (Anm. S. 332 — 349, bes. S. 349) und aus dem Briefwechsel mit Wilhelm Grimm (Zeitschr. f. d. Philol. 2, 193. 343. 515) erfahren. Erst im Kampfe der Meinungen über seine Lehre, in der natürlichen Abkürzung und Verdichtung des Denkens darüber haben sie eine gewisse Starrheit und Unbeugsamkeit gewonnen.

Ist es doch ganz ähnlich mit seinen metrischen Arbeiten ergangen: die zweite Abhandlung über althochdeutsche Betonung und Verskunst', schon 1834 in der Berliner Akademie gelesen, aber erst in den Kleinen Schriften 1, 394 ff. gedruckt, mutet uns ganz modern an. Und wer die Entwicklung der germanischen Grammatik während der letzten 25 Jahre miterlebt hat, wird Ähnliches dabei zur genüge wahrnehmen: die Forscher, welche einzelne Thesen zuerst auf die Bahn brachten, sind sich der Schwierigkeiten, Hindernisse und Ausnahmen genau bewußt gewesen; aus ihren Abhandlungen sind sie in die Erörterungen Anderer und Jüngerer schon in viel präciserer Form übergegangen und haben nachmals als fertige, nicht zu bezweifelnde Thatsachen Aufnahme in die Hand- und Lehrbücher gefunden. Ein nachwachsendes Geschlecht operiert ganz voraussetzungslos mit ihnen. Das währt so lange, bis wider Jemand auf die Grundwahrnehmungen zurückgeht, das Material der Denkmäler und Überlieferungen neu und exakt aufnimmt: wie Vieles kommt dann bei der strengen Durchprüfung ins Wanken, muß neu und anders aufgebaut werden!

Ich schließe diese Darlegungen, die erst anderweit aus dem Vollen begründet werden müssen, mit ein paar Sätzen aus dem schon citierten Buche Louis Erhardts, Die Entstehung der homerischen Gedichte (dessen Ansichten ich sonst nur zum kleinsten Theile zustimme) S. LIX: 'Das mythische Element ist in den Nibelungen ganz in den Hintergrund getreten. Siegfrieds Jugend, seine Kämpfe mit dem Drachen und den Dämonen, den Nibelungen, seine Brautfahrt zu Brunhild, Alles das wird im deutschen Epos nur nebenher berührt in zum Theil kaum noch verständlicher Darstellung, und nur aus Andeutungen können wir schließen, daß diese Momente einst im Volks-

gesange eine größere Rolle spielten. Auf das Zurück-
drängen dieser mythischen Elemente ist offenbar das
Christentum vor allem von Einfluß gewesen, und man
mag darin eine Beeinträchtigung der epischen Dichtung,
die aus den heidnischen Mythen erwachsen war, erkennen.
Aber andererseits sah sich das deutsche Epos nur um so
mehr zur Herausbildung des rein Menschlichen in Handlung und Charakteren und zur Verinnerlichung des Stoffes
gedrängt, und so ist aus dem Nachteil fast ein Vorzug
geworden.'

Das scheint sich mir zu den Ergebnissen meiner
Betrachtung des christlichen Wesens in den Nibelungen
nicht übel zu schicken und leitet passend zu den Beobachtungen an der 'Klage' über, denen ich mich nunmehr zuwende.

II.

DIE KLAGE.

Im Folgenden zähle ich zunächst die formelhaften Wendungen auf, in denen der Einfluß Gottes auf die menschlichen Handlungen ausgedrückt wird. Dabei citiere ich das Gedicht nach Lachmanns Ausgabe, womit ich freilich auch seine fatale Bezifferung nach Langzeilen in den Kauf nehmen muß, die nur seinem Glauben an die Bedeutung der Abschnitte zu 28 Zeilen entspricht (Anm. S. 163) und bei den einfachen Reimpaaren sich wunderlich ausnimmt.

a. 'Um Gottes Willen' wird etwas unterlassen, Dietrich bei Kriemhildens Leiche, 381[b]: *er bat die liute zehant, daz sie durch got ir weinen liezen.* Man dankt mit Gottes Anrufung, Brünhilde dem Sindolt, 1881[a]: *nu lône iu Krist.* Gott selbst wird gedankt, Hildebrand über Volker, 687[b]: *got wil ich des danc sagen, daz er langer niht genas;* durch Lob, die Jungfrauen Gotlindens, 1410[c]: *lob sî dir, herre trähtin!* Das übersetzt uns den aus der Liturgie, und besonders den Litaneien, wolbekannten (auch schon in der Vulgata begründeten) Ruf: Laus tibi, Domine (Deo). Es wird Gott geklagt, von Kriemhild: *daz mücze got geklagt sîn* 103[b], Hildebrand über Wolfhart 832[b]. Dietrich 1263[b]: *got wil ichz imer klagen, daz ich sô manegen werden man muoz tôten hie beliben lân.* Bischof Piligrim über Hagen 1708[b]: *daz in sin muoter ie getruoc, daz mücze got sîn gekleit.* Gott wird angerufen, von Rumolt, 2011[b]: *herre got der rîche, daz ich ie wart geborn!* Bischof Piligrim 1672[b]: *himelischer degen, wie hâstu zuo mir alsô getân?* Darunter ist zuvörderst Christus verstanden, wie schon Lachmann Anm. S. 324 gesehen hat (vgl. den Tobiassegen V. 40 und MSD.[3] 2, 295 Anm.) die Übersetzung von Piper 'Gott im Himmel' trifft daher nicht zu. Besonders wird Gottes Barmherzigkeit angerufen, Dietrich bei Sigestap, 756[a]: *deiz got erbarme.* Rumolt 2034[b]: *nu müeze ez got erbarmen, daz kunde helfen niht min rât.* Etzel 645[a]: *daz mehte got erbarmen und lieze mich vil armen leben nu niht mêre in disem grôzem sêre, daz mich næme der tôt.* Sehr nahe stehen die Ausdrücke Dietrichs 754[b]: *daz ich erstorben wære! sô het got wol ze mir getân;* vgl. über Rüedeger 1018[b]: *got der hete wol getân, het er dich leben lâzen.* Dietrich bei Giselher 915[b]: *nune weiz ich anders waz ich tuo, ich enbitte ez got verenden.* Daran schließen sich die Ausdrücke, welche Gottes Macht bekunden, wie wenn Gotlinde bei etwas Unmöglichem sagt 1503[b]: *daz wolte got, meht daz geschehen!* 1439[b]: *ruocht es got, so sol si sîn in alln unschedelich ergân.* Swemmelin von Etzel 1607[b]: *der künk giht, alle die tage die in got noch leben lât.* Von Gernot heißt es 245[b]: *got im niht engunde beliben in der schulde.* Dietrich über Wolfhart 861[b]: *got hât übel mich bedâht, daz er dich leben niht enlie.* Von Gernot wird gesagt 971[b]: *got der woltes in niht geben daz in daz lieb geschæhe daz in deheiniu sæhe bî gesundem sinem lîbe.* Von den Überlebenden 271[b]: *die swære het in got gegeben.* Wie von Hiob sagt Dietrich zu Etzel 1224[b]: *got mag iuch wol ergetzen genædiclîch der leide.* Brünhild nennt 1881[b]: *Krist, der aller dinge gewaltic ist.* Swemmelin sagt 1605[a]: *wan got der weisen vater ist* (pater orphanorum Psalm. 67, 6; vgl. 10, 14). Gott nimmt die Seele in seinen Schutz, wie von ihm erbeten wird 1168[b]: *durch ir heil ze mêren* (vgl. 1693[b]) *si bâten got der sêle phlegen.* 1178[a]: *die bâten alle gelîche got von himelrîche — genâden ir aller sêle.* Gott bestimmt das Schicksal der

Menschen nach dem Tode 290[b] ff., eine Stelle, die später noch erörtert wird. Etzel bekennt 477[b]: *wan ez ist der gotes slac über mich ergangen: nu ligent si gevangen, die sin gewalt betwungen hât.* Und noch genauer, was später zu besprechen ist, 485[b] ff. Dietrich sagt von sich 517[b]: *mich hât mit unminne der gotes haz bestanden.* Gotlinde spricht über Rüedeger 1481[b] ff. einen förmlichen Segen, der sich wörtlich mit weitverbreiteten Stücken berührt: *nu müeze in got bewarn und allez himelische her. er var lant oder mer, swelhen ende er kêre, durch sîns gewaltes êre müeze in Krist behüeten.* Daß die Formeln der Klage reicher und voller sind als die der Nibelungen, ist schon bei dieser Gruppe zu ersehen.

b. Nur die Seelen Verstorbener werden begreiflicher Weise in dem Gedichte erwähnt. Hildebrand sagt über Volker 668[b]: *daz ich der sêle immer holt wol werden niene mak.* Ferner 923[a]. 1169[a]. Engel werden genannt bei den toten Christen 922[b]: *ir engel vil wol wisten war ir sêle solten komen;* darunter sind also Schutzengel zu verstehen. Von den Geistlichen werden bei den Exequien für die gefallenen Helden ihre Seelen besonders dem *guoten sande Michahêle* 1179[a] empfohlen, vgl. Über Hartm. v. Aue, S. 17 f. Der Teufel wird erwähnt als der Urheber alles Bösen 657[b]: *ez was alsô gebrouwen von des tievels schulden.* Das geschieht auch, wenn die Schuld an dem Unheil Hagen zugeschrieben wird 625[b]: *nu seht wâ der vâlant ligt, der ez allez riet.* Diese biblische Anschauung ist im 12. und 13. Jh. allgemein, vgl. Über Hartm. v. Aue S. 84 ff. Christen und Heiden werden formelhaft mehrmals genannt: 27[a] *under heiden und under kristen. heiden unde kristen* 277[a]. Des leichteren Reimes willen häufiger in der Stellung: 1090[a] *kristen unde heiden.* 925[a] *die kristen unt die heiden.* 138[a] *den kristen zuo den heiden.* 1212[b] *von*

kristen und von heiden. 424[b] *under kristen und under heiden.*
Christen allein werden erwähnt 922[a]: *durch daz si wâren
kristen.* In dem Berichte Swemmelins über der Untergang
der Burgunden heißt es 1959: *vor den Hiunen wærens wol
genesen, wærn die kristen niht gewesen.* Hier gelten die
Hunnen schlechtweg als Heiden. Es ist übrigens sehr
möglich, daß dem Dichter bei diesem Satze die Zustände
des heiligen Landes (oder die Schicksale der Kreuzfahrer
auf den Zügen durch Ungarn und das byzantinische
Reich) vorschwebten, wo mehrmals die dort ansäßigen
Christen sich den abendländischen Heeren schädlicher
erwiesen als die Sarrazenen selbst. Kostbare Stoffe
werden, wie im höfischen Epos, aus Heidenländern gebracht 1164[b]: *ein phelle von golde tiwer unde riche, geworht
vil spæhliche, verre brâht ûz heiden lant.* Zu der Bestattung
Blödelins (Kriemhild und Ortlieb waren Christen) werden
christliche Priester geholt 1173[b]: *er* (Dietrich) *gewan die
phaffen den heiden, der och die gezam;* die Vorstellung davon
kann nur sehr undeutlich gewesen sein. Wahrscheinlich
ist diese Stelle so zu beurteilen wie der Satz 437[b]: *swie
si wâren heiden, och was zerbarmen umbe sie;* sie weisen
auf die mittlere Zeit der späteren Kreuzzüge, wo die
Waffentüchtigkeit und der Charakter der Sarrazenen sich
schon Achtung erworben hatten. Ich glaube kaum, daß
diese Stellen vor der Kreuzfahrt Kaiser Rotbarts (1190)
abgefaßt sein können (vgl. Bieger, Zeitschr. f. d. Philol.
25, 154 f.). Lehrreich ist der größere Passus, in dem
Etzel über seinen Glaubenswechsel spricht. Nachdem er
seine Verluste beklagt hat, heißt es 477[b]: *wan ez ist der
gotes slac über mich ergangen: nu ligent si gevangen, die sin
gewalt betwungen hât. ich wolte des ie haben rât* (480) *daz
ich in niht ensolte fürhten noch enwolte: nu schilte ich
mîniu abgot, sît des gewaltigen gebot gezürnet hât sô sêre.*

*wa ist nu diu michel êre, die Machmet und Machazên só
lange liezen her gestên? swaz ich erreiten kunde, daz was
bî mîner stunde (485) allez gar von mir bediet. der mir ze
lebene geriet, dar zuo juden und kristen mit gotlîchen listen
hiez erschînen den tac, mit den sînen er mîn phlac, sam ich
sîn eigen wære. nu riet mir mîn swærc, ob er mîn ruochen
wolde, daz ich mich aber bekêren solde, (490) ob er mir
helfen wolt dâ zuo: nu fürhte ich daz erz niht entuo, wan
ich och in ê betrouc. mîniu apgot schuofen daz ich louc sîner
starken gotheit, daz ich lie die kristenheit. daz ist âne zwîfel
wâr, ich was kristen fümf jâr: doch geschuofen si daz sider
daz ich mich vernoijierte wider (495) und wart in als ê
undertân. ob ich nu gerne wolt enpfân Kristen leben unt die
rehten ê, daz enwirt mir wider nimmer mê: wan ich hân
mich unervorht só sêre wider in verworht, daz er mîn leider
niht enwil. tûsent künge heten vil an mîn eines swærc. ich
west wol daz er wære (500) von dem aller hôsten luft unz
in die nideristen gruft gewaltic swes er wolte, dem ich dâ
dienen solte, für den getrow ich nimer komen.* Etzel berichtet hier, er sei durch fünf Jahre Christ gewesen,
habe sich jedoch durch den Einfluß seiner alten Götter
bestimmen lassen, zum Heidentume zurückzukehren;
darum sei auch sein jetzt erneuter Wunsch, wider Christ
zu werden aussichtslos: der Abtrünnige könne nicht auf
widerholte Aufnahme rechnen. W. Grimm meint HS.[2]
116: 'Es sieht wie ein absichtlicher Zusatz aus, um die
Ehe der Kriemhild mit einem Heiden zu rechtfertigen,
wenigstens zu entschuldigen. Der Überarbeiter hat ihn
in die Nibelunge Not aufgenommen.' Allein, wie könnte
durch die von Etzel erzählten Vorgänge Kriemhildens
Ehe mit ihm entschuldigt werden? Er war darnach Heide,
war aber schon vorher Christ gewesen; für eine Christin
war die Ehe mit einem Abtrünnigen sehr viel schwieriger

als mit einem ungetauften Heiden. Betätigt denn Etzel
irgendwie christliche Gesinnung? Er spricht nur jetzt,
da maßloses Unglück über ihn hereingebrochen ist, sein
Bedauern darüber aus, daß er den allmächtigen Christengott wider gegen seine schwachen Abgötter eingetauscht
habe; vermag das Kriemhildens Ehebund mit ihm zu
rechtfertigen? In der Zusatzstrophe der Handschrift C
und des gemeinen Textes, Nibel. 1201, 5 ff., sagt Rüedeger:

Ern ist niht gar ein heiden: des sult ir sicher sîn.
er was vil wol bekêret, der liebe herre mîn,
wan daz er sich widere vernoijieret hât.
welt ir in, frowe, minnen, sô mac sîn noch werden rât.

Dasselbe Bedenken, welches wider die Stelle der Klage
eingewant werden muß, läßt sich auch gegen diese
Strophe geltend machen. Schwanken zwischen Heidentum und Christentum kann Aussicht auf Bekehrung ver-
statten, aber Rückfall ins Heidentum verschlimmert die
Vorbedingungen der Ehe für eine Christin um ein Bedeutendes. Es fragt sich nun, zu welchem Behufe ist
dieses ganze Motiv (wol zuerst in der Klage, dann in den
Zusätzen der Nibelungen) überhaupt angebracht worden?
Aus der zeitgenössischen Geschichte der Kämpfe zwischen
Christen und Heiden in Orient und Occident stammt es
gewiß nicht, denn da kommen solche Fälle des Rene-
gatentums wie der Etzels nicht vor. Man könnte nur
denken, daß österreichischen Dichtern das benachbarte
Ungarn, in dem die Vorgänge sich doch abspielen, vielleicht in seiner historischen Überlieferung Verhältnisse
dargeboten hat, die zu solcher Erfindung reizten. Hat
Zarncke in seiner Abhandlung über die Örtlichkeiten
des Nibelungenliedes (Berichte der k. sächs. Gesellsch. d.
Wissensch. 1856 S. 168—194) deutlich gezeigt, daß die Lage
der Grenzen zwischen Ungarn und Niederösterreich im

deutschen Volksepos die Zustände des zehnten Jahrhunderts abspiegeln, so scheint es mir nicht uneben, zu vermuten, vielleicht habe ein berühmter älterer Arpade einige Züge zu dem Bilde geliehen, unter dem die Nibelungen den König Attila sich vorstellen. Keiner lockt dazu mehr als der letzte heidnische Ungarnfürst Gejsa (972—997?), der sich zwar taufen ließ, aber auch darnach durchaus im Unklaren blieb, ob er den Christengott oder seine Heidengötzen anbeten solle. Thietmar von Merseburg erzählt über diesen, in Deutschland wol bekannten Herrscher (IX, 4 ed. Kurze 1889, S. 241 zum Jahre 1018): qui cum christianus efficeretur, ad corroborandam hanc fidem contra reluctantes subditos sevit et antiquum facinus zelo exestuans abluit. hic Deo omnipotenti variisque deorum inlusionibus immolans, cum ab antistite suo ab hoc accusaretur, divitem se et ad haec facienda satis potentem affirmavit. Es soll nicht unerwähnt bleiben, daß auch dieser Gejsa zwei Gemahlinnen hatte, eine, Sarolta, heimischer Abstammung; nach deren Tode eine zweite, die 'schöne Königin' *(bela Knegina),* Adelheid, die Tochter des Piasten Mieczislaw I. Von dieser ward ihm sein Sohn Wajk, der h. Stephan, geboren, der jedoch erst getauft wurde, als man für ihn um die Hand der bairischen Herzogstochter Gisela warb. Ich verdanke der bewährten Freundlichkeit Franz von Krones' eine umfassende Zusammenstellung der Quellen sowie der gelehrten Litteratur über diese Frage, aus der aber nur hervorgeht, daß auch heute noch nicht völlige Klarheit herrscht und der von Einzelnen verfochtenen Annahme, es habe nur eine Gemahlin Gejsa's, nämlich Sarolta, gegeben, ziemliche Schwierigkeiten entgegenstehen. Uns kommt es hier darauf an, ob man im Volke an zwei Frauen eines Herrschers glauben konnte, und das scheint

doch der Fall zu sein. Es wäre demnach nicht unmöglich, daß in Etzels Wechsel zwischen Heidentum und
Christentum eine Erinnerung an das Fürstenhaus der
für Österreich so wichtigen östlichen Nachbarn festgehalten wäre. Hat doch das zehnte Jahrhundert außer
der Beschaffenheit der Grenzen gegen Ungarn noch den
Markgrafen Gero zur Sage gesteuert (Lachmann, Anm.
S. 336) und sind doch Namen und Stellung der von Etzel
abhängigen Fürsten slavischer und halbbarbarischer
Völker des Ostens aus den historischen Zuständen des
elften und zwölften Jahrhunderts geschöpft.

c. Aus dem Inhalte der Klage begreift sich, daß
fast sämmtliche Stellen des Gedichtes, die vom Gottesdienste handeln, sich auf Bestattungsfeierlichkeiten beziehen. So gleich 1171[b] ff., wo beschrieben wird, wie die
drei Burgundenkönige, Kriemhild, Ortlieb und Blödel
begraben werden: — *swaz man der vinden mohte, die messe*
solden singen, die hiez er balde bringen: also kund erz dá
schaffen: er gewan die phaffen den heiden, der ouch die ge-
zam. Darunter ist also die *missa pro defunctis* gemeint,
von der schon im ersten Abschnitt bei Siegfrieds Bestattung die Rede war. Daran schließt sich die Mitteilung
über Rüedegers Begräbniß und die Verse 1176[b]: *dó*
sach man manegen kriuzstap dá den pfaffen an der hant:
swaz man ir under stóle vant, die báten alle geliche got von
himelriche und den guoten sande Michahéle genáden ir aller
séle. In diesem Passus ist aber nicht die Totenmesse
gemeint, sondern die (gleichfalls schon bei Siegfrieds Tod
erwähnten) Gebete für das Seelenheil der Verstorbenen,
die feierlich von den Priestern recitiert werden. Darauf
hin weist schon der *kriuzstap*, das Prozessionskreuz,
welches (wie heute) seit dem 5. Jahrhundert dem Geleite der Gläubigen bei der Bestattung eines Christen

vorangetragen wird. Wenn es hier heißt, daß man *manegen kriuzstap* in der Hand der Geistlichen (in diesem Falle Diakone) sah, so bezeichnet das einesteils die Pracht des Begräbnisses, kann aber ebensogut auf die Zahl der zu Bestattenden bezogen werden, da man jedem Einzelnen ein Kreuz vortrug. Ebendeßhalb ist 1177[b] *under stôle* nicht, wie Piper meint, das Meßgewand der Geistlichen zu verstehen; dieses tragen die Priester nie bei Begräbnissen, sondern nur die Stola, das Symbol der priesterlichen Amtsgewalt, über dem Rochet oder Chorrock. — Ein eigentliches *officium pro defunctis* veranstaltet Bischof Piligrim von Passau für die gefallenen Helden 1687[b] ff.: *dô sant er allenthalben sider nâch münchen und nâch phaffen: der herre begunde ez schaffen nach kristenlichem orden. den die dâ wârn für worden,* (1690) *hiez er messe singen: die gloggen hôrt man klingen allenthalben in der stat ze den münstern, als er bat: ze dem opfer was dâ grôz gedranc. der bischof och selbe sanc got von himel ze êren, der kristen heil ze mêren, unt ze helfe ir sêle die dâ wârn tôt.* Das ist also ein feierliches Requiem (nach dem ersten Worte des Introitus der Messe so genannt), das in einer großen Bischofsstadt wie Passau, nicht aber im Hunnenlande möglich war. Der Bischof selbst hält das Hochamt und die drei Verse 1693[a]—94[b] geben sehr gut die drei Hauptabsichten der *missa pro defunctis* wider, welche die Liturgie, besonders vom Offertorium bis zur Postcommunio, darlegt. Die Glocken läuten *ze den münstern,* das ist, bei der bischöflichen Hauptkirche und den verschiedenen Klosterkirchen der Stadt. — Von geistlichen Personen werden, außer den bereits erwähnten, ein *kappellân* des Bischofs von Passau 1697[a] genannt, der im Auftrage seines Herrn *(dô dâ got gedienet wart)* Swemmel aufhalten will, und Bischof Piligrim selbst 1644[b] ff.: *zwischen Tuonowe unt*

dem In dâ saz ein riche bischof: sîn lob, sîn êre, sîn hof,
wâren wîten bekant. der was Piligrim genant. In Passau
war der Dichter gewesen, denn die Lage diese Stadt auf
der spitzen Landzunge zwischen den zusammenfließenden
Strömen Inn und Donau ist mit V. 1644[b] genau bezeichnet. 1694[b] nach dem Requiem heißt es: *der bischof*
leit vor jâmer nôt. 1741[b] läßt der Bischof den Spielmann
durch Baiern geleiten, 1816[b] ff. durch ihn eine Mahnung
an Frau Brünhild gelangen. Dreimal 1652[b]. 1701[a]. 1816[b]
heißt Piligrim *der guote bischof,* das Beiwort bezeichnet
ihn als einen heilig gehaltenen, einen frommen Mann
der Vorzeit, dessen Gedächtniß im Volke fortlebt. Vgl.
MSD[3] (Anm. zu XLVII, 4, 1) 2, 295. — Von Frau Ute
zu Lorsch wird erzählt 1839[b]: *Uote diu vrowe hêre ze Lôrse*
in ir hûse was, dâ si venjete unde las an ir salter alle ir tage-
zit, in einem münster (daz ist wît) des si von êrste dâ began.
Das Wort *venjen* (mlat. *veniare*) bedeutet: beim Gebete
Kniebeugungen verrichten. So geschah es beim einsamen,
hauptsächlich aber beim gemeinschaftlichen Chorgebet.
Insbesondere beim Abbeten der Psalmen, wobei eine
strengere Form mit Venjen und eine leichtere ohne
diese unterschieden ward (vgl. Du Cange 8, 270 f.). Die
Vorstellung des Dichters vom Leben der Frau Ute zu
Lorsch ist, wie diese Angabe und die weitere vom kanonischen Stundengebete bezeugt, aus der Anschauung des
zwölften Jahrhunderts (aber auch frühere Zeiten kannten
das schon) geschöpft, wo vornehmlich Witwen unter Ab-
legung leichterer, lösbarer Gelübde, aber bei Annahme
des Schleiers und einer besonderen Tracht, in Häusern
zusammen eine Art halbklösterlichen Daseins führten.
Viele Urkunden über Stiftungen zu Gunsten solcher
Witwenhäuser sind bis ins 15. Jh. vorhanden. 1990[b]: *diu*
edel Uote wart begraben ze Lôrse bî ir aptei. Die Hand-

schrift C sagt: — *ze Lórse in dem münster wit, dâ diu frowe noch hiute lît, diu guote unt diu vil reine in eime sarchsteine.* Dieser Zusatz stimmt mit dem von C den Nibelungen 1082, 5—36 angefügten. Die *aptei* wird mit der *richen fürsten aptei* dort identificiert. Das ist nach dem Wortlaute von A in der Klage 1991[a] nicht notwendig, wo *aptei* auch die religiöse Gemeinschaft bezeichnen kann (vgl. *abbatia* bei Du Cange), der sie selbst angehört. *bi* bezeichnet wol die unmittelbare Nähe: *bî dem münster* begraben werden, kann sowol meinen innerhalb als außerhalb der Kirche, dem entspricht dann die Lage oder Aufstellung der Grabsteine. —

Diese drei Gruppen von Ausdrücken und Wendungen religiösen Inhaltes entsprechen in der Klage den im ersten Abschnitte aus den Nibelungen gesammelten. Viel wichtiger für die Charakteristik des Gedichtes sind aber die jetzt zu behandelnden Stellen, welche die Klage allein enthält. Zuerst einige, an denen von dem Schicksale des Menschen nach dem Tode gesprochen wird. Die wichtigste ist folgende, in der gegenüber der Meinung, Kriemhild sei um ihrer Schuld willen zur Hölle verdammt, der Dichter die Ansicht vertritt, sie habe wegen ihrer Treue den Himmel verdient, und davor warnt, daß man voreilig über das Geschick Verstorbener im Jenseits abspreche. Die Verse lauten:

276   *ez wart den namen beiden,*
 heiden unde kristen, von ir einer listen
 alsó leide getân, daz beidiu wîp unde man
 gelouben wil der mære, daz si der helle swære
280 *habe von solhen schulden, daz si gein gotes hulden*
 geworben hab sô verre daz got unser herre
 ir sêle niht enwolte. der daz ervarn solte,
 der müese zuo der helle varn: daz hiez och ich vil wol bewarn
 daz ich nach dem mære zer helle der bote wære.

285 *des buoches meister sprach daz ê: dem getriwen tuot untriwe wê.*
sit si in triwe tôt gelac, an gotes hulden manegen tac
sol si ze himel noch geleben. got hât uns allen daz gegeben,
swes lip mit triwen ende nimt, daz der dem himelrîche gezimt.
diu wârheit uns daz kündet. vor got er sich versündet,
290 *swer den andern durch haz verteilt. wie mag er wizzen daz*
waz got mit im getuot? niemen dunke sich sô guot
und sô gar vor sünden vrî, ern bedürfe wol daz im got sî
genædic an der lesten zit, sô man uns allen lôn gît.

Die religiösen Ansichten, auf denen diese Erörterung beruht, sind durchaus die wol ausgebildeten der katholischen Kirche am Ende des zwölften Jahrhunderts. Kriemhild hat so viele Menschen ins Verderben gebracht, hat dadurch so sehr wider Gottes Huld gefrevelt, daß sie das Leid der Höllenstrafen erdulden muß, die über sie im Einzelngericht sofort nach dem Tode durch Gott verhängt wurde: der Herr hat ihre Seele nicht in sein Reich aufnehmen wollen. Der Dichter glaubt nicht an dieses Schicksal der Kriemhild. Er hält es zunächst für unmöglich, daß man das wissen (*ervarn* A, beweisen = *bewærn, bewârn* BCJh, D) könne; wer es erfahren wollte, müßte sich selbst zur Hölle begeben, er aber wolle sich hüten, nach solcher Kundschaft (so übersetze ich *nâch dem mære* 284ᵃ, Piper gibt *nâch* durch 'infolge von, entsprechend' wider) zur Hölle als Bote zu gehen. Die Hölle wird also hier bereits als der furchtbare und gefährliche Ort vorgestellt, wie ihn die Visionenlitteratur des frühen Mittelalters beschrieben hatte: als Bote sich dahin zu begeben, ist ein Wagniß; man könnte leicht dort bleiben müssen. Das Sprichwort, welches 285ᵇ anführt, kann nach zwei Seiten hin gedeutet werden: Untreue schädigt den Treuen, aber auch: der Treue erfährt Schaden, sobald er untreu wird (*infidelis homo mortuus est corpore vivente,* Sixt. Phil., Sent. 6), d. h. er leidet Gottes Strafe, wie

das schon die Bibel lehrt Psalm. 5, 9 ff. 7, 15 ff., Rom. 1, 31 f.
Kriemhild nun ist um der Treue gegen Siegfried willen ge-
storben, sie hat daher Anwartschaft auf Gottes Gnade und
das ewige Leben. Der Satz 287ᵇ — 288ᵇ kann sehr wol auf
die Parabel des Herrn gehen Matth. 25, 14 ff. Luc. 19, 12 ff.
denn die Worte Matth. 25, 21 (vgl. Luc. 19, 17): *ait illi
Dominus ejus: Euge serve bone et fidelis, quia super pauca
fuisti fidelis, super multa te constituam, intra in gaudium
Domini tui,* ist schon sehr früh in Lehre und Predigt
für die ewige Seligkeit als Lohn des frommen Christen
beansprucht worden. Es könnte also 289ᵃ sehr wol sich
darauf beziehen, denn *diu Wârheit* nehme ich als eine
Berufung auf die h. Schrift (vgl. Über Hartm. v. A.,
S. 192 f.). Lachmann läßt es durch seine Interpunktion
im Unklaren, wie weit der Satz sich erstreckt, so tut
auch Bartsch; Edzardi drückt durch den Strichpunkt
nach 289ᵇ aus, daß er 290ⁿ noch dazu zieht. Es könnte
nämlich mit der Berufung auf die h. Schrift ebensogut
auch 289ᵇ—290ⁿ gemeint sein, das bezöge sich dann auf
die Worte Jesu über Haß zwischen den Nächsten, Matth.
5, 22—26; vgl. 1. Joann. 3, 15. Ferner beruht die Frage
290ᵇ: *wie mag er wizzen daz waz got mit im getuot?* auf
christlicher Lehre: Matth. 7, 1 ff. Luc. 6, 37 ff., besonders
Rom. 2, 1—6. Und deßgleichen der Satz 291ᵇ—293ᵇ,
den insbesondere das Evangelium Johannis und die
Paulinischen Briefe vortragen, vgl. z. B. Ephes. 2, 8 f.:
*gratia enim estis salvati per fidem, et hoc non ex vobis, Dei
enim donum est; non ex operibus ut ne quis glorietur.* Beruht der Inhalt des ganzen Passus auf der kirchlichen
Lehre, so weist die besondere Fassung der Worte auch
auf die Zeit: 292ᵇ—293ᵇ ist ebenfalls das besondere Ge-
richt gemeint, welches über Jeden unmittelbar nach dem
Tode ergeht. Um das Schicksal, das den Verstorbenen

erwartet, weiß dessen Schutzengel, wie die schon früher (S. 61) citierte Stelle 921^b f. beweist. Zu 296^b ff. vgl. Jacob. 4, 13—15.

Sind wir schon durch diese Darlegung aufmerksam geworden, daß dem Dichter der Klage die christlichen Gedanken in biblischer Form sehr wol vertraut sind, so gibt es noch eine Anzahl von Stellen in dem Gedicht, die unter dem Einfluß der Bibelsprache zu stehen scheinen. Daß *(Machmet und) Machazên* 483^a aus Daniel 11, 33. 39 stammt, wußte schon Lachmann, Anm. S. 302; vgl. Müllenhoff, Zur Gesch. der Nibel. N. S. 75. Bei der folgenden Aufzählung ist Alles zusammengenommen, Wichtiges und Unwichtiges. *galle* wird tropisch gebraucht 150^b: *jâ muosen si der gallen und och ir herze volgen*, vgl. Jerem. Thren. 3, 5: *circumdat me felle et labore*; Act. 8, 23: *in felle enim amaritudinis.* — 263^b: *dem jâmer wart ze miete sîn hœhster stuol gesetzet.* Die Vorstellung, auf der dieser Ausdruck beruht, ist in der Bibel ungemein verbreitet, besonders gehört sie den Psalmen an, wo Gott den obersten Sitz einnimmt (z. B. 102, 19: *Dominus in coelo paravit sedem suam*), aber auch Sap. Eccli. Isai., die Evangelien (hauptsächlich die Parabel Luc. 14, 7—11), Apoc. — Etzel klagt 466^b: *wâfen, sprach der helt guot, taz ich ie wart geborn*, vgl. Job 3, 3: *pereat dies in qua natus sum.* Dazu Dietrichs Worte 987^b: *nu mêht ich als gerne sîn vor zwelf jâren tôt.* 1305^b: *jâ mohtens immer dem tage fluochen, daz diu wirtschaft alsô maneges heldes kraft mit tôde hæt geletzet.* — Die Erinnerung an Hiobs Geschick hat jedesfalls Äußerungen beeinflußt wie die Dietrichs 517^b: *mich hât mit unminne der gotes haz bestanden. ich was in mînen landen gewaltik unde rîche: nu stên ich jæmerlîche, reht als ein arm man der nie huobe gewan.* Vgl. Dietrich und Hildebrand über Giselher 900^b: *du bist von hôhen sachen komen*

unz an din ende. — Etzel preist Gottes Allmacht 499[h]:
*ich wess wol daz er wære von dem aller hósten luft unz in
die nideristen gruft gewaltic swes er wolte.* Dazu vgl. Psalm.
138, 7 ff: *quo ibo a spiritu tuo? et quo a facie tu fugiam?
si ascendero in coelum, tu illic es; si descendero in in-
fernum, ades. si sumpsero pennas meas diluculo et habi-
tavero in extremis maris, etenim illuc manus tua deducet
me et tenebit me dextera tua.* Ferner Isai. 66, 1 (Act. 7,
49). Jerem. 22, 23 f. Amos 9, 2 ff., besonders Job 9,
4—10. — Etzel sagt 533[a]: *(der künec sprach:)* ʿ*des wil
ich gehen, ich hân gehœrt und gesehen und sagen von vil
grôzer nôt, daz der gemeinlicher tôt den gewalt nie mê gewan*ʾ, das Beiwort ist (seit Jos. 23, 14: *ingredior viam
universae terrae [carnis])* in der kirchlichen Litteratur und
in der Liturgik durchstehend. — Hildebrand spricht
625[b] ff. zu Etzel über Hagens verhängnißvolles Wirken:
hätten nur sie (die Amelungen) davon gewußt, sie hätten
das Unheil verhütet. Blödel wollte das Leid Kriemhildens rächen, das hätte unterbleiben müssen. (632[a]) *hic
ist übel gebouwen.* Wer hätte das voraussehen mögen,
daß wegen Siegfrieds so viele Helden sterben sollten?
Piper übersetzt den Vers, in dem er *bûwen*, bauen als
ʿVertrauen schenkenʾ faßt: ʿhier hat man an unrechter
Stelle Vertrauen geschenktʾ. Das dünkt mich wenig wahrscheinlich. Es stehen meines Erachtens drei Bedeutungen
für *bûwen* zur Verfügung: bauen = arare; erbauen =
aedificare; wohnen = colere. Die erste schiene mir wol
möglich: hier ist übel gesät, üble Saat angebaut worden.
Ähnlich sagt Hildebrand, *dô er Wolfharten vant,* 828[a]:
*nu seht, vil edel Dietrich, wie der tôt umbe sich mit kreften
hât gebouwen.* Das erklärt sich dann recht gut durch den
Satz (beim Aufsuchen der Gefallenen) 1128[b]: *der tôt het
sînen sâmen gesæt vil wîten in diu lant.* Der Tod als Ackers-

mann, der die Toten, seinen Samen, der Erde anvertraut, das ist eine alte christliche Vorstellung (regelmäßig von den Märtyrern gebraucht, dem Samen der künftigen Kirche), die sich an verschiedene Fälle biblischen Sprachgebrauches lehnt, besonders an 1 Cor. 15, 34 ff.: *sed dicet aliquis: quomodo resurgent mortui? qualive corpore venient? insipiens, tu quod seminas non vivificatur, nisi prius moriatur. et quod seminas, non corpus, quod futurum est, seminas, sed nudum granum, ut puta tritici aut alicujus caeterorum. Deus autem dat illi corpus sicut vult, et unicuique seminum proprium corpus. — sic et resurrectio mortuorum. seminatur in corruptione, surget in incorruptione. — seminatur corpus animale, surget corpus spirituale.* Andererseits wäre für 632[a] auch die Bedeutung 'wohnen, leben' nicht unmöglich. Vgl. Petrus bei der Verklärung Christi, Matth. 17, 4: *Dominus, bonum est nos hic esse.* (Marc. 9, 4. Luc. 9, 33). Es muß übrigens aufmerksam gemacht werden, daß die Handschrift C in ihrer weitläufigen Umschreibung von 627—641 die Stelle gibt durch: *wir hôrten si des beide jehen, daz ir vil leit wære ob ieman dcheine swære von ir schulde solde hân niwan der einige man; daz hete si gerne geprouwen. wer mohte des getrouwen daz ez zuo der rede solde komen?* Darnach könnte man für 632[b] vermuten *hie ist übel gebrouwen,* hier ist Böses angestiftet worden, und das Mhd.Wtb., das 1, 260 eine Menge Belege für diese Bedeutung bringt, geht sogar soweit, Lachmanns *gebouwen* bloß für einen Druckfehler zu halten; das ist aber ein Irrtum. — Von Sigestaps Prachtgewand heißt es 744[b]: *licht alsó die sterne im lûhten steine durch die wât.* Der Vergleich der Edelsteine mit Sternen wird wol auf die Beschreibungen der Apocalypse zurückgehen (vielleicht auch auf Kunstwerke), besonders 12, 1: *corona stellarum duodecim,* die auf die zwölf Hauptedelsteine ausgelegt wurden. — 975ᵇ ff. wird die Klage beschrieben: *die tumben, daz wil ich iu sagen, klagten mit den wisen, die tóren mit den grisen klagten alle gemeine, daz sich die mûrsteine mohten klieben her dan.* Daß sich die Steine aus Mitgefühl spalten, wird man sich vielleicht am besten angeregt denken durch die Trauer der Erde beim Tode Christi, Matth. 27, 51: — *et terra mota est et petrae scissae sunt.* Denn an des Orpheus steinbewegende Klagen um Eurydike wird man sich nicht leicht erinnern mögen. Übrigens steht Ähnliches nochmals: da die Markgräfin Gotlind die Besinnung vor Schmerz verliert, heißt es 1621ᵇ: *daz volc dá anders niht enphlac in der burc überal: daz hûs allenthalben schal und och der stein dar under.* Lachmann bemerkt (Anm. S. 319, zur Klage 1402) gegen v. d. Hagen, er tadle, 'daß von dem Felsen geredet werde, auf dem die Burg zu Bechlaren stehe: denn Bechlaren liege in einer Ebene. Der Dichter sagt 'jeder Stein unter dem Hause': und ein steinernes Fundament wird es doch wol gehabt haben'. Piper nimmt das in seine Erklärung auf: '*der stein*, nicht der Felsen, auf dem es gebaut ist (denn Bechlaren liegt in einer Ebene), sondern der Grundstein.' Nun liegt allerdings das heutige Pöchlarn in der Ebene, andersfalls hätte es nicht so oft von den Hochwassern der Donau zu leiden; ob aber der Dichter die alte Herilungenburg sich gleichfalls dort dachte? Etwas höher gelegen haben muß die Burg, sonst hätte es der Markgräfin und ihrer Tochter wenig geholfen, von der Zinne aus nach den Kommenden zu schauen 1405ᵃ ff. vgl. Nib. 1582. 1649. Andererseits sitzt Rüedeger *bi der strâze* Nib. 1579, 1 und nirgends (Nib. 1583. 1631. 1647 ff. Klage 1455 ff.) wird erwähnt, daß die Burg auf einer Höhe gestanden habe. Aber das ist auch gar nicht notwendig, im Gegenteil, mir scheint der

Auffassung des Gedichtes eben eine ältere Vorstellung von einem befestigten Platze (a. 832 *antiquitus castrum*, v. Muth. Einleit. i. d. Nib. S. 77) zu grunde zu liegen als die spätere der ritterlichen Steinburgen auf Felskuppen. — Etzel sagt zu Dietrich über Wolfbrant 738[b]: *in swes helfe er solte wesen, der möhte guoten tröst hân:* vgl. Eccli. 6, 14: *amicus fidelis protectio fortis.* Proverb. 18, 19. — Dietrich über Rüedeger 1015[b]: *ôwê der mir dînen gruoz sô verre nu gefrumt hât, der hat mir allen mînen rât ûz mîner kamere genomen;* der Vergleich geht vielleicht hervor aus der tropischen Verwendung des Begriffes 'Schatz', wie sie die Bibel kennt, Sap. 7, 12 ff. Eccli. 1, 31 etc. Matth. 6, 20 f. — Als König Etzel des ohnmächtigen Hildebrand Haupt in seinem Arm hält, 1060[h]: *dem er dâ diente manegen tac, der dient im nu von schulden;* vgl. den Bericht über die Fußwaschung der Jünger durch Christum, Joann. 13, 1 f. — Etzel über Rüedeger 1023[b]: *sin triwe hât mich enbor getragen sam die veder* (Flaum) *tuot der wint.* Das Bild ist besonders in der Sprache Hiobs, der Psalmen und der Propheten häufig gebraucht, z. B. Job. 13, 25: *contra folium, quod vento rapitur, ostendis potentiam tuam;* 30, 22: *elevasti me et quasi super ventum ponens* —; Psalm. 17, 11: *et ascendit — et volavit super pennas ventorum.* — Ob die Stelle 1035[b]: *si ligent rehte als daz vihe daz enbizzen hânt die lewen* aus der Bibelsprache stammt oder aus irgendwie vermittelter eigener Kenntniß, kann ich nicht entscheiden. — Daß dagegen die Stelle, in der es bei der Klage über Rüedeger heißt 1071[a]: *si ruoften alle gelîche, beide arm und rîche, gar âne fröudehaften sin, daz diu erde under in sich mehte haben ûf getân,* auf den Untergang Dathans und Abirons zurückgeht, scheint mir nicht zweifelhaft; vgl. Num. 16, 1 ff. bes. 31 f.: *confestim — dirupta est terra sub pedibus eorum et aperiens os suum de-*

voravit illos (vgl. Deuter. 11, 6); Psalm. 105, 17: *aperta est terra et deglutivit Dathan, et operuit super congregationem Abiron;* Proverb. 1, 12. — Zu 1076[b] (vgl. 1630[a]): *der ougen gruntwalle von herzen dó den fluz truoc* vgl. die Zusammenstellungen, Über Hartm. v. A. S. 464. — Der Vergleich 1083[b] ff.: *die alten zuo den jungen wuoften alsó sêre, daz ez nimmer mêre wirt von liuten vernomen, als ob kranche wæren komen schriende in daz riche* wird auf eigener Naturbeobachtung beruhen; vgl. über den Klageruf der Kraniche Isidor bei Migne, Patrol. Lat. 82, 460. Rabanus Maurus 111, 244. — Von den Jungfrauen der Helche wird gesagt 1095[b]: *den é ûfen regenbogen mit fröuden was gebouwen:* der Regenbogen ist das Bild vergänglichen Glanzes auch Eccli. 50, 8: *quasi arcus refulgens inter nebulas gloriae.* Vgl. Job 30, 15: *velut nubes pertransiit salus;* Sap. 2, 3. Jud. 12. — Hierher wird man auch die besondere Vorliebe der Klage für die Zahl 'tausend' rechnen dürfen (vgl. darüber Edzardi in der Einleitung seiner Ausgabe S. 64 und Anm. zu V. 4714), die als typische Zahl auch in der Bibel häufig ist, besonders Psalm. Cant. Eccli., einzelne Propheten, (2. Petrusbrief), Apoc. — Mit einigen Worten muß ich noch auf den Anhang der Klage in den Handschriften B und C zu sprechen kommen. Etwas ernster als Lachmann getan hat (vgl. auch Henning, Anz. f. d. Altert. 1, 133), der darin nur 'die redselige Ausführung' (Anm. S. 332) des Verses 2100[a]: *daz hát uns nieman noch gescit* sah, wird die Stelle wol zu nehmen sein, obzwar hinwiderum nicht so ernst, wie von Edzardi geschah, der S. 246 seiner Ausgabe sie 'für einen nachträglichen Zusatz des Umdichters' hält. Es ist zunächst zu bemerken, daß der Text der Klage selbst das Ende Etzels als einen seltsamen Zustand zwischen Leben und Sterben beschreibt 2089 ff:

dô si zem wirte urloup genâmen und ê si ûz dem hove kâmen,
2290 *der künk viel nider für tôt. im gab der jâmer solhe nôt,*
daz er den sin niht behielt und sô kranker witze wielt
daz er unversunnen lac. lebt er sît deheinen tac,
des het er doch vil kleinen frumen: wan im was an sîn herze kumen
diu riwe alsô manicvalt, daz in daz leit nider schalt
2095 *und lie selten sît gesprechen wort. ern was weder hie noch dort,*
ern was tôt noch enlebte, in einem twalm er swebte
dar nâch in weiz wie manegen tac. swie grôzer hêrschefte er phlac,
dar zuo was er nu gedigen, daz si in eine liezen ligen
und niemen sîn gedâhte. wie erz sît bedâhte,
2100 *daz hât uns nieman noch geseit, dô her Dietrich danne gereit.*

Von dem Kindermörder Herodes, der mit dem Herodes zur Zeit des Todes Christi zusammengeworfen ward, findet sich Ähnliches berichtet. Daran knüpft nun der Zusatz, in welchem gesagt wird: ob Etzel erschlagen worden sei oder nicht, darüber bestünden verschiedene Meinungen, über deren Wahrheit man nichts Sicheres wisse: *wan dâ hanget zwîfel bî.*

        des wunders wird ich nimmer vrî,
2165 *weder er sich vergienge, oder in der luft enphienge,*
oder lebende würde begraben oder ze himel ûf erhaben,
oder ob er ûz der hiute trüffe, oder ob er sich verslüffe
in löcher der steinwende, oder mit welhem ende
er von dem lîbe quæme, oder waz in zuo zim genæme,
2170 *ob er füere in daz apgründe, oder ob in der tiuvel verslünde,*
oder ob er sus si verswunden, daz enhât niemen noh erfunden.

Der Dichter hätte Etzels Ausgang gerne mitgeteilt, wenn er davon etwas wüßte. Genau besehen, sind in diesen Versen acht verschiedene Möglichkeiten von Etzels wunderbarem Ende aufgezählt. Fast alle haben irgendwelchen Anhalt in legendarischen oder sagenhaften Überlieferungen. Zum Himmel fahren lebend Enoch und Elias empor (von Christi und Mariä Himmelfahrt abgesehen). In die *löcher der steinwende* begeben sich (außer den

Vätern der Thebaischen Wüste, den sieben Schläfern u. a.) die bösen Menschen in der Prophezeiung des Isaias 2, 19 ff.: *et introibunt in speluncas petrarum et in voragines terrae, a facie formidinis Domini et a gloria majestatis ejus, cum surrexerit percutere terram. in die illa homo — ingredietur scissuras petrarum et in cavernas saxorum —*. In den Abgrund des Ätna wird geschleudert Dietrich von Bern nach den Dialogen Gregors des Großen, oder reitet in die Unterwelt nach der Volksüberlieferung (W. Grimm HS. 38 f. 49. 206. 300. 303. 321.) Auch der große Verbrecher Pilatus wird in einen Berg entrückt. Viele Sünder zerreißt der Teufel lebend oder führt sie mit sich in den Vitae Patrum, Gregors Dialogen und der späteren Legendenlitteratur. 2165ᵇ wird ähnlich auf die Auflösung in Luft zu denken sein, wie sie bei Visionen von Dämonen vorkommt. 2164ᵃ bezieht sich auf Fortziehen ohne Widerkehren, wie bei König Artus, dem Schwanritter und mehrfach in nordischen Überlieferungen. 2166ᵘ kann in diesem Zusammenhange nur meinen, daß Etzel zur Strafe seiner Sünden lebendig begraben wird wie andere große Verbrecher. Das scheint mir überhaupt das Wesentliche an dem ganzen Zusatz von BC, daß König Etzel darin als ein übermenschlicher Frevler aufgefaßt wird, deßhalb auf eine absonderliche und unerhörte, wenngleich einer weitverstreuten Volkstradition entlehnten Weise zu grunde gehen muß. Daß in diesen Versen Spuren der Überlieferung von Attilas Ausgang in dem Färöischen Liede und in der Hvenschen Chronik enthalten seien, wie Symons (Paul, Grundr. 2, 31) vermutet, ist mir wenig wahrscheinlich.

Hier dürfen wol noch einige sprichwörtliche Ausdrücke erwähnt werden. 285ᵃ: *des buoches meister sprach daz ê: dem getriuwen tuot untriwe wê;* vgl. Psalm. 10 (sec.

Hebr.), 7—10. — 327ᵇ: *ez ist noch der liute site, swá einem leit ze herzen gât, daz der ander fröude bî im lât;* vgl. Rom. 12, 15 und die biblischen Beispiele des Mitleides. — 1756ᵇ: *swen der wolf richet, der ist errochen alsô wol, daz manz niht fürbaz rechen sol;* das geht gewiß auf die in der altdeutschen Litteratur so verbreitete Fabel vom Wolf und Lamm zurück, deren Zusammensein die Vulgata siebenmal erwähnt. Vgl. Freid. 137, 9 ff.—1862ᵇ: *ja was des landes êre bî stuole nider gesezzen;* vgl. Zeitschr. f. d. Philol. 5, 164 und Ulr. v. Liechtenst., Frauenbuch 602, 23 f. — 2012ᵇ: *(mîn herren hân ich verlorn niwan von Hagen übermuot;) diu dicke grôzen schaden tuot;* von diesem Satze sind Prov. Sap. Eccli. voll, vgl. Sap. 5, 8: quid nobis profuit superbia? Prov. 16, 5. Psalm. 30, 24. — Eine Gruppe für sich bilden die Stellen, in denen von übermäßiger Trauer durch Hinweis auf das allgemeine Geschick und durch Gemeinplätze abgemahnt wird. Dietrich zu Etzel 428ᵇ: *daz iuch niht vervâhen kan, daz lât: daz ist mîn lêre;* Hildebrand zu Dietrich 880ᵇ: *klage diu ist nieman guot;* 886ᵇ: *sol des ieman haben êre, der nâch tôde wirt gekleit ;* 889ᵇ: *klagt man tûsent jâr lanc, sô müest mans doch vergezzen.* Die übrigen Stellen gehören dem letzten Theile des Gedichtes an. 1572ᵃ wird Gotlinds Klage getadelt. Bischof Piligrim trägt dem Spielmann auf 1712ᵃ: *Swemmel, nu sagt der swester mîn daz si ir klage lâze sîn. si wærn doch dâ heime tôt.* Und der Schenke Sindolt rät gleichfalls Brünhilden 1872ᵃ: *vrowe, nu mâzet iwer klagen. jane kan nieman entsagen wol dem andern den tôt* (vgl. Psalm. 88, 49. Eccli. 8, 8). *ob nu wert immer disiu nôt, sin wurden doch niht lebhaft.* Widerum Piligrim 1720ᵇ: *man muoz die varn lazen, die uns der tôt tegelîch nimt; wan im anders niht enzimt wan scheiden liep mit sêre. ez enist niht anders mêre.* Swemmel entspricht dem Auftrage und sagt 1816[b]: *der guote bischof Pilgrîm heizet iu daz, vrowe, sagen daz man mæzlîchen klagen súl ein islîchez leit.* Nicht umsonst werden diese Lehren besonders dem Bischof in den Mund gelegt, denn die Kirchenlehrer, und nach ihnen die Kirche, sprechen sich nachdrücklich gegen ein Übermaß des Schmerzes und der Trauer bei Todesfällen aus, vgl. besonders Bernhard von Clairvaux, Sermo 70. Dabei werden viele Sätze Senecas gerne citiert, besonders aus den Trostschriften (z. B. De consolat. ad Helviam cap. 1. 2. Epist. 63 etc.). Indem der Dichter der Klage diese Sentenzen hauptsächlich gegen das Ende seines Werkes hin anbringt, gewinnt es fast den Anschein, als ob er sich selbst dadurch abhalten wollte, die schon übermäßig ausgedehnten Klagen noch zu widerholen. — Berührungen Freidanks mit der Klage erwähnt W. Grimm, Über Freidank, Kl. Schrift. 4, 11 f. und zählt auf Edzardi in seiner Ausgabe S. 263, Anm. zu 4714.

Bei dem Inhalt der Klage versteht es sich von selbst, daß dem Ausdruck des Schmerzes ein breiter Raum gegönnt wird. Trotzdem fällt die Heftigkeit der Ausdrücke auf, nur an einige der stärksten Beispiele will ich hier erinnern, Manches ist gelegentlich schon erwähnt worden. 786[b]: *sin* (Etzels) *wüefen gein dem lufte mit kraft erschal sô sêre, daz ob dem künge hêre von sîner klage der vesten daz hûs moht nider bresten,* vgl. 977[b]. 1622[b]: Von der Markgräfin Gotlinde heißt es 1567[b]: *ir lip begunde lougen ob si rehte sinne ie gewan;* wie Iwein nach Laudinens Absage. — Bekannt sind die Stellen, in denen der Schmerz körperlich herausbricht; so heißt es von Etzel 1153[b]: *vor jâmer wart im alsó wê daz er viel en unmaht. in het der jâmer dâ zuo brâht, daz im zuo der stunde ûz ôren und ûz munde begunde bresten daz bluot;* von der

Herzogin Isalde 1379[b]: *si wart só jámerk zehant und só trûric gemuot, daz ir von herzen daz bluot dræte ûz ir munde;* dem Knecht geschieht vor Gotlinden dasselbe 1540[b]: *dó brach ûz sinem munde daz schrîen mit dem bluote;* und auch Gotlinden selbst 1560[u]: *von dem jámer alsó vesten der marc- grâvinne bresten begund von munde daz bluot, und och ir edeln tohter guot: si vielen beide in unkraft, só daz ir zuht meisterschaft vergaz vil gar der sinne.* vgl. Klage 1973[b] (Iwein 1327 f.). W. Grimm hat schon 1809 (Kl. Schr. 1, 88) diese Stellen als ein Zeichen entartender Schwäche im Vergleich mit der alten Sage angesehen. Nicht unbe- merkt soll bleiben, daß dieses Blutbrechen bei großer Erregung ein häufiger Zug der Legendendichtung ist.

Aber auch außerdem wird in der Klage das Schmerz- gefühl breit und wortreich ausgedrückt. Ich führe einige Stellen an, bei denen es mir merkwürdig scheint, wie nahe sie verschiedenen Versen Hartmanns von Aue stehen, ja eine Anzahl von Wendungen und Reimen scheinen mir durchaus den Sprachwandel der ersten Zeit des Minne- sanges vorauszusetzen. Von Etzel wird gesagt 297[b]:

> *mit siuften veste het genomen*
> *in des fürsten herzen vil jæmerlîchez smerzen.*
> *an dem ie vil éren lac, getrüebet wart sîn liehter tac.*
> 300 *fröude was im zerunnen. ich wæne im sîne sunnen*
> *niht mêr schînen wolten. die fröude di dá solten*
> *im in sînem herzen wesen, der muoser âne nu genesen.*

Zu 297 f. (Klage 1560[a]) vgl. Iwein 1476 f. 3088 f., das Adj. und Adv. *jæmerlîch(e)* findet sich allein im Iwein acht mal. — 299[b] vgl. Iwein 1326: *der liehte tac wart ir ein naht,* bei Laudinens Schmerz über den Tod ihres Gemahls. — 300[a] vgl. 2. Büchl. 16 f. — 300[b] vgl. 2. Büchl. 18: *mîner freuden sunne diu ist leider bedaht mit tôtvinsterre naht.*

(Über Hartm. v. Aue S. 139). Arm. Heinr. 153 ff. Iwein 638 ff. — Und wider von Etzel 724^b:

sin trüebez herze erstôrte ditze wüefen unde klagen.

vgl. Erec 5615 f.: *hie verkêrte sich dem wibe ir herzen trüebe.* Iwein 7387: *wande si (diu naht) diu herze trücbet.* Der Geltar bei Bartsch, Liederd.³ S. 211: *elliu herze erstæret sint.* Klage 701^b. — 1220^b: *mir hât mîn ungelücke buoz aller fröuden getân,* vgl. Mhd. Wtb. 1, 282ª die Stellen besonders aus den Minnesängern. — 1240^b: *über in het gesworn sines libes unheil,* vgl. Gregor 2566: *Unsælde hât ûf mich gesworn und behaltet vaste an mir den eit.* — 1307^b: *si wurden gar entsetzet swaz si fröuden solten hân,* vgl. Arm. Heinr. 362. — 1630ª: (vgl. 1076^b) *daz manges herzen brunnen mit trehen ûz runnen,* vgl. Gottfrieds Tristan (ed. Golther) 4222: *daz ime der herzesmerze mit trâhenen ûz den ougen flôz,* auch im späteren Minnesang häufig. — 1798^b: *mîn herze deist mir sorgen vol,* vgl. Eccli. 1, 40. Psalm. 13, 3. Eccle. 2, 23. — 1991^b: *ir brach daz leit ir herze enzwei,* vgl. Iwein 4948. 4416 f. Arm. Hein. 636. — 1387^b: *diu klage ir helfe dâ gewan, daz si nu fuor mit breiten scharn,* wie Vergils Fama. — 1809^b: *mîn ougenweide diu wæn ze verre mirst enpharn,* vgl. Erec. 2905, Arm. Heinr. 1403, Iwein 403 f. — Zu 2079 f. vgl. Hartmanns Erec über den Sattel. — 2122ª: *mîn wol gehaben daz ist allez nu begraben an vater und en muoter,* vgl. Nib. 1849, 2. Parz. 461, 12. — Die Personification *vrowe Êre* 1575^b. 1579^b gehört sonst erst der zweiten Generation der höfischen Poesie an. — Die zufällig aufgelesenen Parallelen sollen nichts beweisen, sondern nur im Allgemeinen den Eindruck hervorbringen, daß die Klage den Einfluß höfischen Sprachgebrauches schon ziemlich erfahren hat. Übrigens ist der Stil der Klage, so weit ich weiß, noch gar nicht gründlich untersucht worden:

6*

die Bemerkungen Edzardis S. 60—68 seiner Ausgabe reichen bei weitem nicht aus, selbst das Verhältniß zur Sprache der Nibelungen ist in den vorhandenen Zusammenstellungen keineswegs erschöpfend behandelt. In einer Reihe von Stellen macht sich entschieden geistliche Auffassung geltend. Einmal schon in Bezug auf die Trauer, die durch Askese ausgedrückt wird. 1133[b]: *man sach von juncfrowen hant und von manegem edelm wibe gebrochen von ir libe manic wol gezieret kleit: sine wolten niht daz ir leit dem golde gezæme* (Vgl. Isai. 3, 18 ff.). Etzel spricht 1230[b] ff.: *waz sol mir nu min golt rôt oder deheiner slahte richtuom? gewalt, werltlicher ruom, daz ist an mir verdorben —. war zuo solte mir der lip, zepter oder krône, diu mir ê vil schône stuont in allen minen tagen? die enwil ich nimmer getragen: fröude ère und werdez leben daz wil ich allez ûf geben und wilz allez nider legen, des ich zer werlde solde phlegen, sit ez mir allez misczimt, ichen ruoch wenn mich der tôt nimt.* Diese Gesinnung ist durchaus nicht heldenmäßig und der Haltung geradezu entgegengesetzt, welche die Sage von ihren großen Königen fordert. Dagegen entspricht sie durchaus den Ansichten der kirchlichen Asketiker des Mittelalters (Matth. 19, 21 f.); ich nenne nur zwei Schriften, das Gedicht Anselms von Canterbury, De contemptu mundi (Migne, Patr. Lat. 158, 68 ff.), und das Werk Innocenz III. mit demselben Titel (Migne, Patr. Lat. 217, 701 ff.), vgl. Über Hartm. v. A. S. 134 ff. Vgl. noch 1322[b] ff. 1354[a] ff. Auch die Auffassung des Todes (seine *lâge* 1356[b]) 1581 ff. ist durchaus geistlich: *der tôt der hât die unzuht, daz er nieman deheine fluht zuo sinen friunden haben lât, swenne ez an die rede gât daz er entwiche gerne.* Die Träume Gotlindens und ihrer Tochter 1429—1454 unterscheiden sich in sehr bezeichnender Weise von den der echten Sage angehörigen Traumvorzeichen, sie enthalten durchweg Angaben (Ergrauen, Schnee und Regen, Kahlheit, Versperrtsein in einem Gemach, Versinken im Wasser), die sowol in der Legenden- und Visionenlitteratur vorkommen, als im Volksaberglauben bis zur Gegenwart für Ankündigungen des Todes gelten. — Besonders wichtig scheinen mir noch zwei Stellen. An der einen 954[b] ff. sagt Etzel zu Dietrich: *ez hæte wol gescheiden Crimhilt Hagen von in drin, niwan daz lützel wibes sin die lenge für die spanne gât. an ir tumben herzen rât so hânt si sinne mêre denne ie man der ûf êre sinne hurten kunde. daz ist an dirre stunde an mîner triutinne schin, daz si alsó wise wolde sin, daz mit sinne ein lihter man het ein bezzerz getân.* Das ist die unhöfliche und unhöfische Art, in der sich die Geistlichkeit des Mittelalters allerorts über die Frauen ausläßt. Dazu stimmt 695 ff., wo Hildebrand, der seinen toten Gegner Volker rühmt und beklagt, von ihm sagt: *durch daz er videln kunde, daz volk in ze aller stunde hiez einen spilman: als ich iu wol gesagen kan, er was von vrien liden komen und het sich daz angenomen daz er diente schœnen vrouwen.* Ich glaube nicht, daß ein Spielmann so geschrieben hätte. Die Entschuldigung, daß man Volker nur seines Geigenspiels halber einen Spielmann nannte (er war es also eigentlich nicht im gemeinen Sinne des Wortes nicht), daß er vielmehr von freier Abkunft war und mit seiner Kunst den Frauen diente, wäre einem Spielmann nicht eingefallen, konnte aber sehr wol einem Geistlichen einkommen, dem Angehörigen eines Standes, der während des 12. und 13. Jhs. in ungebrochener Feindseligkeit durch Schrift und Predigt wider die Spielleute kämpfte.

Geistlich sind auch die Ausdrücke, die auf das Ende des Lebens angewendet werden. Zwar nicht *veic-*

licher tac 155ª. 539ᵇ, wol aber die folgenden: *in was ir urteiles tac komen nu ze nâhen* 108ᵇ. *unz an die lesten stunde* 935ᵇ. *ôwê daz nieman sterben mac unz im kumt sin lester tac* 1033. *man iltes alle bringen, die kunden und die geste, zir langen bettereste* 1189ᵇ. *unz an den jungisten tac* 1214ᵇ. 1478ª. *daz von den êrsten zîten unz un den jungisten tac* 1597ᵇ. *unz an mînes endes tac* 1669ᵇ. vgl. 534ᵇ.

Damit hängt es nun auch zusammen, wenn die Klage die Ursachen des Unterganges der Helden sich ganz anders vorstellt, als es in den Nibelungen und sonst in der Sage geschieht. Schon W. Grimm hat das bemerkt, HS. 111 f. und Sommer, Zeitschr. f. d. Altert. 3, 195, 216 f. die Stellen zusammengetragen. Ich hebe nur die Hauptsachen heraus. Siegfried stirbt wegen seines Übermutes, 19ᵇ: *unt daz er selbe den tôt gewan von sîner* (Lachm. *einer*) *übermuot.* Kriemhild hegt ihren alten Zorn und übt mit Unrecht dafür furchtbare Rache 50. 117. 160. 605. 1595. 1890. 1966. Die große Stelle 276 ff., in welcher der Dichter es unternimmt, auf Gottes Gnade für Kriemhild zu hoffen, habe ich schon (S. 69 ff.) ausführlich besprochen. Der Hauptverbrecher ist Hagen 115. 131. 625ᵇ: *nu seht wâ der vâlant ligt, der ez allez riet.* 954 ff. 1708ᵇ: *daz in sîn muoter ie getruoc, daz müeze got sîn gekleit, daz sus lange werndez leit und alsô grimmiu mære und och sô vil der swære von im ist erstanden só witen in den landen.* 1713. 1888. 2012ᵇ: *min herren hân ich verlorn niwan von Hagen übermuot —. do er vrowen Kriemhilt nam ir man und ir ir guot an gewan in grôzen untriuwen, ich sach ez an ir riuwen, swie siz an getrüege, daz man si drumbe slüege, swenne ez och geschæhe. Hagen ir manege smæhe ze ir schaden ân ir schulde erbôt ze allen zîten âne nôt; des er niht tuon solde, ob manz merken wolde: wan des was im gar ze vil; dar umbe ichz ir niht wizen wil. waz het Sifrit, ir man, im ze leide*

*getán? der wart áne schult ermort: daz hán ich sider
wol gehórt.* So sagt der Burgunde Rumolt. Auch Brünhild ist schuldig, es heißt von ihr 1982[b]: *dô gedáhte si
dar an wie wol siz erholte, daz leit daz si nu dolte. was
Krimhilt iht leit ê, ir tet ditze leit nu als wê.* Und sie
sagt selbst 1987$\frac{b}{2}$: '— *des verlôs der helt guot daz leben,
Sifrit, ir man, dâ von ich nu den schaden hân. daz ir fröude
ir wart benomen, daz ist mir nu her heim komen.*' Gunther
hat an dem frevelhaften Morde Theil 51[b]: *dem (Sivride)
vil übel an gewan ir bruoder Gunthér den lîp.* 247[b]: *jâ
riet er daz ersterben Sifrit muose, ir êrster man; dâ von
er den schaden gewan sît von ir deste vaster. beide schade
und laster wurden beidiu dâ genomen.* Auch Gernot ist be-
teiligt 245[b]: *got im niht engunde belîben in der schulde.*
961: *dô hiez er Gêrnôten, den schuldchaften tôten, wegen úf
mit handen —.* 1704 ff. aber sagt Bischof Piligrim zu
Swemmel: *si möhte baz hán getân und het doch genesen lân
Giselhêr und Gêrnôt. die ir dâ Sivriden sluogen tôt, und
hetens die engolden, só wær sis unbescholden. wan in sluog
doch Hagene. des habe wir ze klagene nách friunden immer mêr
genuoc.* Hier scheint der Bischof Gernot von der Schuld an
Siegfrieds Tode auszunehmen, indem er ihn mit Giselher
verbindet, von dem das sonst in Nibelungen und Klage
immer behauptet wird. Aber er nennt auch Gunther
nicht, obschon er 1705[b] f. den Plural gebraucht und
häuft Alles auf Hagen, der die That wirklich vollbrachte.
Die Burgunden teilen überhaupt die Schuld ihrer Führer
113[b]: *dâ muose in misselingen von einen alten schulden;*
144[b]: *die von Burgonde lant liezenz durch ir übermuot;*
1715[b]: *von ir selber schulden und von ir starken übermuot
só hán wir die recken guot verlorn alle geliche in Etzeln
künecriche,* auch 2014 ff. und viele andere Stellen. Als
besondere Schuld wird noch der Raub des Schatzes her-

vorgehoben (vgl. Henning, Anz. f. d. Altert. 1, 136), 1713[b]:
der Nibelunge golt rôt, heten si daz vermiten, sô möhten si
wol sîn geriten zuo ir swester mit ir hulden; 96[b]: *Krim-*
hilte golt rôt heten si ze Rîne lâzen, diu zît si verwâzen, daz
sis ie gewunnen künde. Und anschließend wird 98[b] gesagt:
ich wæn si alter sünde engulten und niht mêre. Dieser Ge-
sichtspunkt wird dann mit Nachdruck in einer Rede
Hildebrands dargestellt 632[b]:

> *wer mohte des getrouwen*
> *daz alsô manic küene man hie den lîp solde lân*
> *umbe Sîfrides tôt, unt daz diu ungefüege nôt*
> 635 *in iwerm hove solde ergên? ich enkan michs anders niht verstên,*
> *wan daz die helde ûz erkorn den freislîchen gotes zorn*
> *nu lange her verdienet hân. do enkundez langer niht gestân*
> *über ir zil einen tac: dô muosen si den slac*
> *liden durch ir übermuot. des ligt hie manic helt guot,*
> 640 *der in manegem sturm herte sich dicke wol erwerte,*
> *und sint nu hie erstorben. daz hânt sie in selbe erworben.*

Es ist mir nicht zweifelhaft, daß von dieser Stelle aus
auch die übrigen angeführten verstanden werden müssen:
die Burgunden haben durch die Ermordung Siegfrieds
und den habgierigen Raub des Schatzes sich schwer ver-
sündigt, in ihrem Untergang vollzieht sich die Strafe
Gottes. Das ist die eine Seite der Sache. Etzel seinesteils faßt den Verlust seiner Mannen in der bereits (S. 62 ff.)
erörterten Stelle 477 ff. (vgl. Dietrich 517 ff.) gleichfalls
als eine Strafe Gottes auf und zwar für seinen Abfall
vom Christentume. Der Nibelungenkampf ist also eine
Züchtigung Gottes für begangene Frevel. Neben alledem
kann die einzige Äußerung (Etzels) 557[b]: *ez solde wesen*
nicht ins Gewicht fallen, zumal sie in der höfischen Poesie
überaus häufig vorkommt und da nur den göttlichen
Ratschluß als Fügung des Schicksals faßt.

Durch den Zusammenhang dieser Stellen scheint

mir klar gelegt, daß in der Klage das ganze Gefüge
der alten Sage von Schuld und Sühne, durch Rache ver-
kettet, ins Christliche gewant und gedeutet ist. Es hat
eine das ganze Gedicht durchdringende Umbildung der
Motive stattgefunden. Und wenn ich nun überblicke,
was an Zeugnissen für christliches Wissen und Gesinnung aus der Klage sich hat zusammenbringen lassen,
so zweifle ich durchaus nicht mehr, daß als Verfasser
dieses Gedichtes nur ein Geistlicher angenommen werden
darf. Von den ersten Zeilen ab, deren Gedanken mit
der geistlichen Dichtung des 12. Jhs. zusammenhängen,
geht derselbe Zug durch das ganze Werk.

Diese hier aufgestellte Behauptung ist durchaus
nicht völlig neu, sie ist nur vielleicht so bestimmt noch
nicht vorgetragen worden. Am rückhaltlosesten äußert
sich Goedeke, Grundriß 1², 177: 'Ein Geistlicher hat das
Gedicht verfaßt'; für ihn ist aber die lateinische Nieder-
schrift durch einen Geistlichen und ihre Bearbeitung
maßgebend gewesen. Müllenhoff (Kudrun S. 101) meint:
'der Dichter, vielleicht ein Geistlicher, wenn man die
geistlichen Betrachtungen der Klage anschlägt —'. Gervinus, Wackernagel, Koberstein, Scherer, Vogt sprechen
überhaupt nicht von dem Stande des Verfassers. Lachmann sagt (Anm. S. 287): 'Dies zusammen genommen
weist auf einen Mann aus der Schule fahrender Sänger
im letzten Zehend des zwölften Jahrhunderts.' Daß aber
auch Lachmann einmal der Ansicht war, der Autor der
Klage sei ein Geistlicher gewesen, entnehme ich mit Ge-
nugtuung aus einer Nachschrift seiner Vorlesungen über
'Geschichte der älteren deutschen poetischen Litteratur', in
meinem Besitze, die E. Fiedler im Winter 1839/40 hergestellt hat. Sommer hebt (Zeitschr. f. d. Altert. 3, 218)
'bestimmte christliche Ansichten' des Dichters hervor.

Oskar Jänicke erwähnt (Einl. z. Deutschen Heldenbuch 1, XXV. XXVII) die 'geistlichen Ausdrücke und Reflexionen' der Klage, erklärt aber dann (S. XXX): 'Für Biterolf und Klage ist, je nachdem man das geistliche Element in der Klage oder das ritterliche im Biterolf mehr urgierte, ein geistlicher oder ein ritterlicher Verfasser aus der Schule der fahrenden Sänger angenommen worden. Beide Annahmen, auch auf eines der Gedichte bezogen, wird man aufgeben. Geistliche Betrachtungen finden sich auch bei Laien; ein ritterlicher Dichter ist nicht wahrscheinlich, weil sich für den Anfang des 13. Jahrhunderts die dichterische Theilnahme der Ritter am deutschen Volksepos nicht nachweisen läßt. Die Klage wurde, wie später der Biterolf, von einem Meister (?), der vielleicht auch im Dienste eines Edeln stand, für Ritter gedichtet.' 'Spielmannsmanier' findet Henning in dem Werk (Anz. f. d. Altert. 1, 138). v. Muth weist (Einl. i. d. Nibl. S. 216) darauf hin, daß in der Klage 'eine altheidnische neben einer biblisch christlichen Anschauung zum Durchbruche gelangt ist.' Emil Kettner bezeichnet in seiner Arbeit (Zeitschr. f. d. Philol. 17, 390 ff.) den Stand des Verfassers der Klage überhaupt nicht näher. J. Bieger redet in der seinen (Zeitschr. f. d. Philol. 25, 145 — 163) nur von einem 'höfischen Dichter' und von dem 'höfischen Geschmacke' des Werkes. Von den letzten Herausgebern der Klage schweigen Edzardi und Bartsch über den Verfasser, Piper (S. 190) findet Lachmanns Vermutung richtig, daß er ein Fahrender gewesen sei.

Auch hier wird nun die Frage aufzuwerfen sein, ob aus der vorgelegten Sammlung von Zeugnissen über

christliche Dinge in der Klage etwas für die Geschichte
der Entstehung des Gedichtes gelernt werden kann, und
ferner, ob sich die litterarhistorische Stellung des Werkes
nunmehr genauer bestimmen läßt. Ich schicke voraus,
daß ich in Bezug auf die Überlieferung des Textes an
dem Vorzuge der Handschrift A mit aller Bestimmtheit
festhalte; nach meiner Ansicht wird es in nicht ferner
Zeit über die Autorität von A keine Zweifel unter den
Fachgenossen mehr geben.

Lachmann hat zweimal über die Entstehung der
Klage gehandelt. Zuerst in seiner Schrift 'Über die ursprüngliche Gestalt der Nibelungen Noth' (1816), Abschnitt 12—26, jetzt Kl. Schr. 1, 25—49. Damals ver-
glich er Klage und Nibelungen und faßte seine Ansicht
in den Sätzen zusammen S. 43: 'Aus der bisher ange-
stellten Vergleichung ergibt sich, wie es mir scheint,
sehr bestimmt, daß der Verfasser der Klage viele von
den Liedern der letzten Hälfte unserer Nibelungen in
einer, dem Inhalte nach wenigstens, im Ganzen nur selten
abweichenden, bald mehr, bald weniger vollständigen
Gestalt vor sich hatte, hingegen einige andere auch
wieder gar nicht kannte'; S. 46: '— es wird daraus klar
werden, daß der Dichter (der Klage) nicht den ersten
Theil unseres Liedes, sondern nur einen kurzen hin und
wider auch abweichenden Auszug der Geschichte desselben vor sich hatte'; S. 48: '— dieses Gedicht, das der
Verfasser der Klage vor sich hatte, war eine Sammlung
mehrerer Lieder.' Daran hielt Lachmann noch 1820 in
seinen Briefen an W. Grimm (Zeitschr. f. d. Philol. 2,
193 ff.) fest. Später aber hat er seine Ansicht fortgebildet
und verändert, so daß er 1836 (Anm. S. 253) sagen
konnte, er habe früher die 'falsche Voraussetzung' gehegt,
'daß die Klage unmittelbar nach Liedern vom Inhalte

unserer Sammlung gearbeitet sei.' Weßhalb er diese Annahme für falsch hielt, zeigt er in den Anmerkungen
zur Klage S. 287 ff. Er bespricht da zunächst die Angabe, welche der Dichter der Klage über seine Vorlage
macht, und sagt darnach S. 288: 'Die unfreie dürftige
Weise des Dichters läßt vermuten (und nichts wider-
streitet dieser Vermutung), daß das Buch, eine Quelle,
nur ungefähr ebensoviel in ähnlicher Ausführung enthalten hat als das vorliegende Gedicht, so daß die Umdichtung sich nicht weiter als auf das Äußerlichste der
Form wird erstreckt haben.' Das sucht er durch litterarhistorische Parallelen zu stützen und ebenso die weiteren
Vermutungen: 'Ich glaube daher, wie W. Grimm (HS. S. 119),
daß die Klage Umbildung nicht kurzer Verse sondern
strophischer ist.' Und weiter: 'das ältere Werk war nicht
die freie Dichtung eines Einzelnen, sondern eine Sammlung von Liedern verschiedener Verfasser, in der Art
unserer großen Liedersammlung von den Nibelungen.
Darauf führen die Widersprüche in der Erzählung.' Von
diesen verzeichnet nun Lachmann die wichtigsten und
handelt dann eingehend über die verschieden geordneten
'Verzeichnisse der gefallenen Fürsten, der Beklagten, der
Begrabenen, endlich in des Fiedlers Erzählung.' S. 290:
— die Form der von dem Dichter umgearbeiteten Lieder
und namentlich die Reimbindungen sind altertümlicher
gewesen als in unseren Nibelungenliedern: 'sonst wäre
gewiß bei der Vereinigung der Klage mit den Nibelungen
ein strophisches Gedicht einem in kurzen Reimen vorgezogen worden.' — 'Aber sehr alt, dürfen wir doch
wol sagen, sind diese Lieder in solcher Ausbildung nicht
gewesen, sondern etwa aus den achtzigern, höchstens
aus den siebzigern des zwölften Jahrhunderts'. — Lachmann bespricht dann die Spuren des Einflusses anderer

altdeutscher Dichtungen auf die Klage. 'Wie weit aber
diese unstreitig etwas dürftigen Lieder wirklich durch
Singen und Sagen verbreitet waren, ob sie mehr mit
dem zwanzigsten oder mit den übrigen Nibelungenliedern
zu vergleichen sein möchten, ist nicht zu entscheiden.
Dem edleren Ton und der gewissenhaften Treue solcher
gewiß auch zu Hof gern gehörten Lieder standen sie
aber im Ganzen wol näher —.' S. 291: 'Die Klage knüpft
nichts Bedeutendes an den Schluß der Nibelungensage
—: es ist nicht ein nachgewachsener Zweig, sondern
eine willkürlichere Fortsetzung, wo keine nötig war,
deren Einzelnheiten, die sich meistens von selbst verstehen, selten durch etwas anderes anmutig werden als
durch die stäten Beziehungen auf die vorhergehende
große Sage. Lieder von diesem Inhalte können weder
sich sehr weit verbreitet noch lange gedauert haben.'
Die Heimat der Klage findet Lachmann in Österreich.
Er führt die merkwürdige Übereinstimmung mit dem
letzten Drittel der Nibelungen an, so wie daß 'die
Dichter der Klagelieder offenbar von den ersten Theilen
der Sage keine genaue Kenntniß hatten.' 'Für die Sage
von den Nibelungen ist aber der Umdichter der Klage
auch selbst ein Zeuge, der Zeit nach zwischen den älteren
Liedern von der Klage und zwischen der Sammlung
unseres Nibelungenbuches, ungefähr gleichzeitig mit der
Abfassung der erhaltenen Nibelungenlieder.' Die Zeugnisse für benutzte mündliche Überlieferung werden aus
der Klage zusammengestellt und besprochen. — Ganz
bestimmt äußert sich Lachmann über das Verhältniß
zwischen Klage und Nibelungen in den schon erwähnten
Vorlesungen vom Winter 1830/40: 'Die Klage bezieht
sich nicht nur nicht auf unsere Nibelungen, sondern sie
ist auch älter, die Fabel selbst war dem Dichter im All-

gemeinen bekannt. Es ist ein Fortsetzung der Nibelungen, aber von unbedeutendem Inhalt, auch nicht auf sonderlicher Sage beruhend. Es muß dieses Gedicht auf einem strophischen Gedichte [also nicht unmittelbar auf 'Liedern'] beruhen, das nur bestimmt war, die Fabel völlig zu Ende zu führen. Dem Umarbeiter unserer Klage kann man sehr wenig Verdienst zuweisen'. Sonst glaubte Lachmann, der Dichter sei ein Geistlicher gewesen, 'er ist aber ohne Zweifel ein österrreichischer Dichter aus der Schule fahrender Sänger [Anm. S. 287], (nicht, wie Koberstein es verstanden hat: Schule der fahrenden Sänger), d. h. er hat den Inhalt nicht aus anderen Gedichten wie Hartmann von Aue, und ist den Darstellungen der Volkssänger gefolgt. Er ist genau und richtig im Versbau, wie überhaupt die Volksdichter, hat aber die Ungenauigkeit der Volkspoesie im Reime. Auch hat er eine Menge gemeiner, echt deutscher, aber bei den höfischen Dichtern verpönter Ausdrücke.' (11. 2. 40.)

Lachmanns Wunsch nach einer Darstellung der Nibelungensage aus der Klage (Anm. S. 291) ist durch Emil Sommer erfüllt worden, Zeitschr. f. d. Altert. 3, 193—218. Im Nibelungenstreite sonderten sich die beiden Heerlager auch in Bezug auf die Klage: Müllenhoff bekannte sich (Zur Gesch. d. Nib. N. S. 76—82) zu Lachmanns Ansicht, indeß Holtzmann und Zarncke die Lieder als Voraussetzung der Klage verwarfen, einen Dichter annahmen und auch das Verhältnis der Klage zu den Nibelungen anders beurteilten (z. B. Holtzmann, Untersuchungen S. 97—119). Auf Lachmann fortbauend hat Max Rieger, Zeitschr. f. d. Altert. 10, 241—255 des genaueren vier Lieder und Bruchstücke eines fünften in der Klage unterschieden, ja sogar versucht, den Bestand ihres Inhaltes nach Zeilen zu begrenzen. Er meinte

S. 254: 'Das Ergebniß dieser Betrachtung fällt im ganzen
dahin aus, daß die einzelnen Bestandteile der Klage
mit denjenigen Liedern der Not, mit denen sie wörtliche
Übereinstimmung zeigen, in keinen Widerspruch treten,
daß vielmehr mit der wörtlichen fast durchweg eine bedeutende Übereinstimmung in Thatsachen der Erzählung
verbunden ist. — Hierdurch wird die Ansicht Lachmanns
von 1816, daß der Verfasser der Klage einen großen
Theil der Nibelungenot vor sich hatte, die mit der Lieder-
einteilung von 1836 unvereinbar schien, in einer andern
Weise wider möglich, wenn man nur an die Stelle des
'Verfassers' mehrere Dichter und den Ordner des von
unserem Verfasser überarbeiteten Werkes setzt. Nichts
hindert die Annahme, daß der erste Klagedichter unser
XX. Nibelungenlied, daß der zweite die Fortsetzung
unseres XVII., vielleicht auch des XV., daß der Ordner
XII, XIII, XVIIb, XX gekannt habe; daß höchstens in
wenig abweichender Gestalt auch XVII dem ersten,
XIX dem zweiten unserer Dichter vorgelegen habe.
Und diese Annahme wird unter den für sie sprechenden
Umständen wol geratener sein als die von eben so viel
Doppelgängern jener Lieder. Damit wäre das Vorhandensein derselben in den achtziger, höchstens siebziger
Jahren des 12. Jhs. bezeugt; natürlich in einer der Kunst
dieser Zeit entsprechenden Form, die durch Überarbeitung
in die vorhandene umgesetzt sein müßte, nur ohne daß
ein Grund wäre, diese erst dem Ordner unserer Nibelungenot zuzuschreiben.' Auf diese Weise ward Lachmanns Auffassung bis zu den letzten Folgerungen hin
ausgebildet.

In engem Zusammenhange mit seiner Hypothese
von der Entstehung des Nibelungenliedes hat Karl
Bartsch auch seine Ansicht über die Klage aufgestellt:

dasselbe Verfahren wird hier und dort angewendet, aus den verschiedenen Lesarten der Handschriften wird auf ungenaue Reime (Assonanzen) eines älteren zu grunde liegenden Gedichtes geschlossen, die durch Kombination wider hergestellt werden können. Untersuchungen S. 334 liest man: 'Wir sehen also, daß auch hier ein älteres Gedicht, das wir um 1180 zu setzen durch die Art der erhaltenen Reimungenauigkeiten genötigt werden, ungefähr zu derselben Zeit wie die Nibelungen von zwei Bearbeitern umgedichtet wurde. Das Gemeinsame beider stellt den unverfälschten alten Text dar. Nun weist aber schon dies ältere Gedicht, das in ursprünglicher Gestalt uns nicht erhalten ist, — auf eine noch frühere Gestalt der Klage hin —. Diese Urgestalt der Klage muß also noch früher, wenigstens um 1170, fallen.' Bartsch nimmt an, daß diese 'Urgestalt' in Reimpaaren abgefaßt gewesen sei und sucht endlich durch eine umfassende Zusammenstellung übereinstimmender Verse (Untersuchungen S. 339—349) zu erweisen, daß der Dichter der Klage das Nibelungenlied kannte und 'eine Art Fortsetzung im Auge hatte' (S. 350). Von dieser Auffassung gehen die Ausgaben der Klage durch Bartsch (1875) und Edzardi (1875) aus, nur daß Edzardi das Original der Klage noch für älter hält als Bartsch; S. 40 sagt er: 'Der Dichter des Originales, welcher zwischen 1170 und 1180 ein älteres Werk umdichtete' — (er traut ihm Reime *lâzan : man* zu), vgl. S. 79. Es ist nun sehr lehrreich und für den Wert der angewanten kritischen Methode wichtig, die beiden hergestellten Texte von Bartsch und Edzardi genauer zu vergleichen; freilich kam es nach Edzardi S. VII beiden Herausgebern nur darauf an, 'zu zeigen, daß aus einem so oder ähnlich lautenden Texte des Originales der Text beider Bearbeitungen entstehen konnte,

ohne daß der Text genau so gelautet haben müßte.' Piper
stimmt in seiner Ausgabe den Aufstellungen von Bartsch
zu, ohne jedoch in seinem, wesentlich auf B beruhenden
Texte, die Reconstructionen des Originales zuzulassen.
Vgl. dagegen v. Muth, Einleitung i. d. Nibl., S. 212—223.
Emil Kettner hat in seine Untersuchungen 'Zur
Kritik des Nibelungenliedes' auch die Klage einbezogen,
Zeitschr. f. d. Philol. 17, 390—410. Auch er nimmt einen
ersten und zweiten Dichter der Klage an, ohne sie zeit-
lich genauer zu bestimmen: 'unsere Klage ist eine sehr
freie Umdichtung der alten Klage' (S. 399). 'Der zweite
Dichter ist wol der Urheber aller der mit Nibelungen-
stellen übereinstimmenden Verse der Klage' (S. 409),
'er hat unser Nibelungenlied benutzt, vielleicht eine
noch ältere Redaktion als A` (S. 399). Die Widersprüche
zwischen Nibelungen und Klage scheinen ihm teils unerheblich, teils wol erklärbar, die innerhalb der Klage
selbst führt er, indem er einen Gedanken von Bartsch
(Untersuchungen S. 351) aufnimmt, auf die Benutzung
eines Gedichtes aus der Dietrichsage zurück (S. 406 ff.). In
der Aufnahme und Verarbeitung dieses der älteren Klage
fremden Stoffes besteht hauptsächlich die Thätigkeit des
zweiten Dichters.

In dem Aufsatze 'Zur Klage' (Zeitschr. f. d. Philol.
25, 145—163) scheidet J. Bieger zunächst die Klage in
zwei Theile, deren erster (—1269) nach einer kurzen
Darstellung des Unterganges der Nibelungen die Bestattung und Beklagung der Toten erzählt. Dieser Grund-
stock des ganzen Gedichtes geht auf ein lateinisches
Werk vom Ende des 10. Jhs. zurück, das später (wann?)
ins Deutsche übertragen worden ist. Gegen Ende des
12. Jahrhunderts hat das alte Gedicht eine Fortsetzung
von einem höfischen Dichter erfahren, der die Fragen

7

beantworten will, welche der Schluß der Nibelungenlieder offen lässt, und der ganzen Tragödie einen befriedigenden Abschluß zu geben wünscht. Wahrscheinlich hat dieser Fortsetzer auch den ersten Theil über-
arbeitet und in bewußtem Gegensatze zu den Nibelungen
ein anderes Urteil über die Haupthelden, besonders über
Kriemhild, hineingetragen. Dadurch erklären sich auch
die Widersprüche in der Klage, sie bilden einen unver-
arbeiteten Rest des Unterschiedes zwischen dem ersten
und zweiten Theile. Bekanntschaft mit den Nibelungen
nimmt der Verfasser unter diesen Umständen natürlich
an, die Widersprüche zwischen der Klage und dem Liede
scheinen ihm unbedeutend im Vergleich zu den wörtlichen Übereinstimmungen beider Werke.

Soweit die bisherige Forschung. Fest steht vor
Allem, daß die Klage, wie sie uns jetzt vorliegt, keine
Originalarbeit ist, sondern daß ein älteres Werk ihr zu
Grunde lag. Dafür zeugen die von allen Forschern aus-
reichend erörterten Stellen, in denen sich der Bearbeiter
auf ein *buoch* (10[a]. 285[a]) beruft und es als Autorität
citiert. Da er den *meister* (800[b]) *des buoches* (285[a]) einen
tihtære nennt, so war das Werk poetisch; wenn er ihn
als *der rede meister* (22[b]) bezeichnet, so scheint mir das
darauf hinzuweisen, daß es in den gewöhnlichen erzählenden Reimpaaren abgefaßt war. Wie weit der Stoff
unserer Klage mit dem älteren Werke sich deckt, können
wir nicht wissen. Es ist unrichtig, daß die Erwähnungen
der Vorlage nur in dem ersten Theile der Klage sich
finden (noch 800 f.), zumal (vgl. Kettner, a. a. O. S. 393 f.)
wahrscheinlich auch die Stellen noch dazu gerechnet
werden müssen als mittelbare Zeugnisse, in denen der

Bearbeiter seine Auffassung oder Kenntniß von der Anderer ausdrücklich unterscheidet.

Diese Vorlage war schriftlich überliefert. Das ergibt sich aus denselben Stellen und ist schon von Lachmann (Anm. S. 388) festgelegt worden. Nimmt man mit mir an, daß der Bearbeiter ein Geistlicher gewesen sei, dann versteht sich die Bearbeitung einer schriftlichen Vorlage um so leichter.

W. Grimm und Lachmann vermuteten, die Vorlage sei in Strophen verfaßt gewesen. Daß die litterarhistorischen Zeugnisse zur Begründung dieser Ansicht nicht zureichen, hat schon Bartsch ermittelt (Unters. S. 339 ff.). Nach dem, was ich vorher (S. 50 f.) über die Nibelungen gemeint habe, hat diese Vermutung auch für mich wenig Wahrscheinliches. War ein Gedicht in so engem Zusammenhange des Inhaltes mit den strophischen Nibelungen in Strophen vorhanden, weshalb hätte man diese Übereinstimmung der Form nicht lieber belassen und die ungenauen Reime innerhalb der Strophen beseitigen sollen? Mir schiene es viel näher zu liegen, daß Jemand im Zeitalter der Nibelungen eine Erzählung in Reimpaaren, die den Stoff der Klage behandelte, zu Strophen umarbeitete, damit sie den Nibelungen auch der Form nach ähnlich werde, als daß das Umgekehrte sollte unternommen worden sein. Es fehlen in unserer Überlieferung der Klage alle und jede Spuren eines solchen Vorganges.

Ist das richtig, dann entfällt schon ein Umstand, der zu der weiteren Annahme verlocken könnte, daß diese Vorlage der Klage kein einheitliches Werk war, sondern mittelbar oder unmittelbar auf Lieder zurückgieng. (1840 sprach sich Lachmann nach dem Zeugniß der Nachschrift seiner Vorlesungen nicht mehr so sicher

7*

darüber aus.) Lachmann wurde zu dieser Vermutung durch die Widersprüche veranlasst, die er innerhalb der erzählenden Darstellung der Klage wahrnahm. Diese Widersprüche scheinen mir zum Theil unerheblich, weil sie nur auf ungenauer Ausdrucksweise beruhen und zeigen, daß der Dichter sich weder das eine noch das andere mal eine bestimmte Vorstellung von der Sachlage gebildet hatte; zum Theile erklären sie sich daraus, daß der Bearbeiter der älteren Vorlage eine anders geartete Sachkenntniß mitbrachte und nun mit wenig Achtsamkeit neben die Angaben seines Vorgängers die eigenen stellte. Lachmann verweist ferner mit Nachdruck auf die verschiedenen, kunstvoll geordneten Heldenverzeichnisse und meint offenbar, nur je eine solche Ordnung könne von einem Verfasser ausgegangen sein: es sei also unmöglich, daß derselbe Dichter einmal zu vier, einmal zu drei, einmal zu zwölf Helden gruppiert habe. Das scheint mir ganz unsicher, denn ich kann mir sehr wol denken (ebenso Kettner), daß die Verschiedenheit der Gruppenbildung von der Verschiedenheit der künstlerischen Zwecke abhieng. Ferner ist noch Eines zu erwägen: solche künstlich angeordnete Heldenverzeichnisse haben nur für eine poetische Technik Wert, welche auf mündliche Verbreitung der Gedichte berechnet ist; wie in aller echten Poesie wird dann eine notwendige Forderung aus der Sache selbst (in diesem Falle Sicherung des gedächtnißmäßig Überlieferten), künstlerisch gestaltet, zu einem Schönen ausgebildet. Sobald schriftlich gearbeitet wird, fällt die Notwendigkeit solcher Ordnungen dahin und sie werden zerstört oder aufgegeben. Bis zu einem Stadium mündlicher Überlieferung vermögen wir bei der Klage gar nicht vorzudringen, wir kennen nur schriftliche. Es liegt daher kein Grund vor, gemischte

Ordnungen in ihre ursprünglichen Theile zu sondern oder
aus der Verschiedenheit der Gruppen auf verschiedene
Dichter zu schließen. Vor Allem aber wird meines Erachtens bei der
Annahme von Liedern, die ursprünglich der Klage vor-
anliegen sollen, ein nicht unwichtiges Moment vernach-
lässigt: läßt sich denn ein Bedürfniß nach dem Vortrage
von Liedern des Inhalts der Klage mit irgend welcher
Wahrscheinlichkeit vermuten oder gar erweisen? Lachmann selbst spricht sich sehr unzweifelhaft über die Leere
und Armut der uns überlieferten Klage aus, und doch
soll dieses unbedeutende Gedicht auf einer unbedeutenden Vorlage beruhen, die ihrerseits aus unbedeutenden
Liedern zusammengewachsen ist. Lachmann bezweifelt
gewiß mit Recht die Sagenmäßigkeit des Hauptinhaltes
der Klage, er hält sie nicht für einen nachgewachsenen
Zweig, sondern für eine willkürliche Fortsetzung, 'wo
keine nötig war,' und da sollen wir uns dann noch eine
Reihe von Liedern denken, denen Lachmann selbst
weder weite Verbreitung noch lange Dauer zugesteht!
Wozu denn das Alles? Ich für meine Person gestehe,
daß ich mir von den hinter die Klage zurück zu pro-
jicierenden Liedern gar keine Vorstellung machen kann
und daß ich mir für die liedmäßigen Abschnitte, welche
man innerhalb unserer Überlieferung auszumitteln gestrebt hat, weder künstlerisch brauchbaren Inhalt noch
entsprechende Form zu denken vermag. Lachmann ist
nun allerdings, und widerum mit vollem Recht, gar
nicht darauf eingegangen, die vermuteten Lieder aus
dem überlieferten Bestande des Gedichtes auszuscheiden;
er hatte das bei der Annahme eines Überganges von
strophischer Form zu Reimpaaren gar nicht nötig, denn da
war ein solches Unternehmen von vorneherein aussichts-

los. Durch das in gutem Glauben gewagte Experiment Max Riegers ist die Unmöglichkeit der Sonderung erst wirklich bewiesen worden: es gebricht an allen und jeden Kriterien dafür, weder Inhalt noch Stil noch Sprachform oder gar der Versbau und Reimgebrauch bieten irgend welchen verlässlichen Anhalt. Viel leichter als bei den Nibelungen hatte es Bartsch (und nach ihm Edzardi) bei der Klage mit dem Versuche, das ältere Gedicht hinter unserer Klage nachzuweisen und seinen Versbestand wieder herzustellen, denn hier fehlte die litterarhistorische Schwierigkeit der Annahme alter strophischer Überlieferung, es handelt sich nur um die Umarbeitung eines Gedichtes in Reimpaaren zu einem andern. Sind die reconstruierten Texte der beiden Herausgeber mißglückt, so liegt das nur an der von ihnen gebrauchten Methode: mir fehlt es an Verständniß für dieses Zusammensetzspiel, dem ich wissenschaftlichen Charakter nicht zuzuerkennen vermag. Sollte ein Versuch, die Vorlage zu ermitteln, wirklich noch einmal gewagt werden, so müssten, meiner Meinung nach, erst sachliche Kriterien aufgestellt und mit ihnen analysiert werden. Aussichtsvoll scheint mir das Unternehmen aber auch dann nicht.

Ist es an sich schon (und selbst nach Lachmann) sehr zweifelhaft, ob das ältere Gedicht, das unserer Klage voraufliegt, eine echt volksmäßige Anschauung von der Nibelungensage besaß, so wird darnach auch seine Bedeutung für die Kritik des Nibelungenliedes nicht sehr hoch eingeschätzt werden dürfen. Ich halte Lachmanns ältere Ansicht, wornach der Verfasser der Klage (sowol der erste als der zweite) unsere Nibelungendichtung kannte, für erwiesen, und zwar insbesondere durch die Zusammenstellungen von Bartsch (Max Rieger

war mit dem Vergleich des Wortbestandes voran-
gegangen). Weßhalb diese Kenntniß auf den zweiten
Theil der Nibelungen beschränkt werden soll, ist mir
hingegen nie recht klar geworden. Natürlich hat es für
Lachmanns Hypothese von der Entstehung der Nibelungen großen Wert, wenn der Verfasser der Klage den
ersten Theil der Nibelungen nicht kannte, denn damit
war aus einem anscheinend älteren Gedichte der Beweis
erbracht, daß es wenigstens eine selbständige Darstellung des zweiten Theiles der Nibelungen (ohne den
ersten) gab, mithin ein Zeugniß für die Liedertheorie.
Noch günstiger stellte sich die Sache, sobald der Dichter
der Klage zwar Nibelungenlieder kannte, aber unser
Nibelungenlied gar nicht. Doch scheitert der Beweis, daß
der Klage auch nur der erste Theil der Nibelungen un-
bekannt gewesen sei, an der Unmöglichkeit, das Schweigen
der Klage über gewisse Punkte der Sage auf Unkenntniß zurückzuführen. Der Stoff der Klage berührte sich
sachgemäß sehr stark mit dem der Nibelunge Not und
da finden sich in der That die schlagendsten wörtlichen
Übereinstimmungen. Dagegen war von dem Dichter der
Klage überhaupt nicht zu fordern, daß er sich über den
ersten Theil der Nibelungensage äußerte. Seine poetische
Aufgabe nötigte ihn dazu gar nicht. Weßhalb hätte er
just, wie W. Grimm und Lachmann verlangen, bei jeder
vorkommenden möglichen Gelegenheit Alles berichten
müssen, was er von der Sage wusste? Wer das begehrt,
rechnet nicht mit der notwendigen Beschränkung, welche
die künstlerische Ökonomie dem Dichter der Klage auf-
erlegte. Das argumentum ex silentio, welches auch
Wackernagel auf die Beziehungen zwischen Klage und
Nibelungen anwante, ist somit hier überall nicht zulässig. Durfte überdieß die Klage nicht ebensogut wie

die Nibelungen selbst die Kenntniß der Sage bei Hörern und Lesern voraussetzen? Dabei ziehe ich noch gar nicht die Möglichkeit in Betracht, daß der Verfasser der Klage seine Kenntniß der Thatsachen der Sage bewußt der Überlieferung der Nibelungen entgegensetzen wollte. Das ist gar nicht so unwahrscheinlich, wenn man erwägt — und das scheint mir nun die Hauptsache — daß die gesammte Auffassung der Sage bei dem Dichter der Klage eine andere ist als in den Nibelungen. Mit voller Entschiedenheit stellt er sein Urteil über Kriemhild wider das ihm bekannte ungünstige, das die Nibelungen enthalten und das in der Hinrichtung der *vâlandinne* durch Hildebrand seinen schärfsten Ausdruck findet. Und diese veränderte Auffassung zeigt sich nicht etwa bloß an einzelnen Punkten, sie durchzieht, wie meine Beobachtungen lehren, das gesammte Gedicht, sie ist durchaus einheitlich. Keineswegs bin ich der erste, der das sieht. Dieselbe Wahrnehmung liegt den Worten von Gervinus zu grunde (Gesch. d. d. Dichtung 1⁵, 404): 'Der Dichter der Klage, die für uns von diesem Gesichtspunkte aus weit das meiste Interesse hat, empfand ganz im Großen, wie unnatürlich es ist, daß so ungeheuren Thaten und Leiden fast nirgends entsprechende Gefühlsausdrücke zur Seite gehen, an welchen die wälschen Dichtungen der Zeit, die er kennt, so überströmend waren. Es liegt eine poetische Anklage gegen die Nibelungen in der bloßen Entstehung der Klage, die nur in der Hinzudichtung des lyrischen Empfindungsteils in ein gegensätzliches Extrem der Einseitigkeit verfällt, das ihr wider eine stärkere Anklage verdient; so daß wir in der Zusammenfügung beider Gedichte eine ästhetische Urteilsurkunde der eigentümlichsten Art besitzen.' Die Angaben Sommers

(a. a. O., S. 217 f.) stimmen damit ebenso überein wie der Schlußsatz von Riegers Abhandlung (a. a. O., S. 255): 'In seiner Reflexion über die Sage beweist er (der Dichter der Klage) sich unabhängig von allen uns bekannten Liedern.' Und was von den späteren bis auf Rieger über die Sentimentalität der Klage vermerkt worden ist, bezieht sich auf dieselben Thatsachen.

Ich meine nun, dieser Stand der Sache wäre am einfachsten bei der Annahme zu verstehen, der Dichter der Klage sei ein Geistlicher gewesen. Dann erklärt sich leicht die schriftliche Umarbeitung eines vorgelegenen Buches, was bei der Annahme eines Spielmannes erhebliche Schwierigkeiten hat. Dann ist es klar, weßhalb das Gedicht in allen Theilen gleichermaßen dieselbe Gesinnung aufweist; nebenbei, ein unverwerfliches Zeugniß dafür, wie durchgreifend die Umarbeitung stattfand. Aber noch ein Anderes wird dadurch begreiflich. Die formalen Eigentümlichkeiten der Klage veranlassen zu der heute wol allgemeinen Ansicht, daß sie ihre gegenwärtige Gestalt noch vor der letzten Redaktion der Nibelungen von 1180 erhalten habe. Ich könnte mich nur sehr schwer zu dieser Meinung bekennen. Die ganze Haltung des Gedichtes, die Opposition wider die Nibelungen, die schon jetzt unläugbaren Einflüsse der höfischen Poesie, die sich wol noch genauer werden festlegen lassen, bestimmen mich dazu, unsere Überlieferung der Klage so weit in den Anfang des 13. Jhs. zu rücken, als unsere Handschriften überhaupt gestatten. Wie frei und persönlich stellt sich schon dieser Dichter zur Sage? Wol weiß ich, daß sich die Altertümlichkeiten der Sprache nicht einfach hinwegläugnen lassen, ich zähle auch nicht sehr darauf, daß man sie als Reste der älteren Überlieferung wird erklären dürfen; nehmen wir aber einen Geistlichen

als Verfasser an, dann scheint es mir viel leichter denkbar, ihn aus einer älteren Schule, aus einer älteren
Tradition poetischer Technik sich entwickeln zu lassen,
wie ja denn auch im 12. Jahrhundert und im selben
Jahrzehnt Dichter verschiedenen Alters, verschiedener
Vorbildung und in verschiedenen Zuständen der Gesellschaft oder Isoliertheit es zu Schöpfungen bringen, die
aus weit abstehenden Zeitaltern zu kommen scheinen.
Daß dieser Dichter der Klage aus Österreich stammte,
scheint mir sicher. Auch eines besonderen Umstandes
wegen. Man pflegt die Klage für ein ziemlich vereinzeltes
Denkmal ihrer Gattung zu halten. Zwar nimmt man an,
daß die Germanen Totenlieder gehabt haben (vgl. Koegel,
Literaturgesch. 1, 47—55), und man reiht die Klage
diesen großenteils erschlossenen Dichtungen an. Ich bekenne nun, daß ich sehr ungern solche Sprünge von
Zeugnissen des 7.—9. Jahrhunderts hin bis zu Werken
des 12. und 13. mitmache und einer vermittelnden
Brücke von Thatsachen nur widerwillig entbehre. Da
trifft es sich denn sehr gut, daß wir in Österreich selbst,
unfern von der Klage, Überlieferungen von Preisliedern
für Tote, Fürsten und vornehme Herren, besitzen. Ulrich
von Lichtenstein teilt uns mit (527, 3 f. ed. Lachmann),
daß es eine (uns verlorene) Klage über den Tod Herzog
Friedrich II., des Babenbergers, in der Leithaschlacht
gegeben habe. Der steirische Reimchronist und Hans des
Enikel Fürstenbuch enthalten wirklich kleinere Abschnitte,
die als solche Klagen aufgefaßt werden können. Und
von dem späteren Suchenwirt sind uns derartige Klagen
(Ehrenreden) wirklich überliefert. Wenn irgendwo also,
so ist in Österreich der Boden für ein Gedicht, wie
unsere Klage, vorhanden gewesen, ein Bedürfniß und
eine historische Tradition für die Gattung. Damit aber

ist jedesfalls eine unentbehrliche Vorbedingung für das Entstehen sowol des älteren Gedichtes als der jüngeren Bearbeitung erfüllt. Die Begabung des Dichters der uns überlieferten Klage schätze auch ich nicht sehr hoch ein. Wenn aber immer wider auf die eine schöne Szene im Burghofe zu Pöchlarn verwiesen und daraus geschlossen wird, dieses Stück müsse aus dem älteren Werke in das jüngere übergegangen sein, so verkennt man, glaube ich, die erhebende und anspannende Wirkung, welche ein bedeutsames überliefertes Motiv auch auf einen Poeten mit geringer natürlicher Anlage ausübt. Die Litteratur der Gegenwart bietet uns für solche Vorkommnisse die lehrreichsten Beispiele. Und endlich muß gesagt werden, daß eine geistige Kraft, welche einen ungünstigen Stoff auch nur zu der bescheidenen Wirkung unserer Klage umbildete, eine Energie, der es gelang, das ganze ältere Gedicht mit einer bewußt neuen Auffassung zu erfüllen und zu durchdringen, immerhin nicht allzu niedrig veranschlagt werden darf.

III.

KUDRUN.

Indem ich die Formeln religiösen Inhaltes aus dem Gedichte zusammenstelle, nehme ich vorläufig keine Rücksicht auf die vorhandenen Theorien über dessen Entstehung. Ich ordne das Verzeichniß gemäß dem über die Nibelungen vorgelegten, hauptsächlich, damit das Vergleichen zwischen beiden Epen erleichtert werde. Die Begrüßungsformel *a* der Nibelungen fehlt der Kudrun. Dagegen sind die Abschiedsformeln *b* mehrmals in direkter und indirekter Rede vorhanden: 282, 4 '*nú gebe iu got von himele sin geleite*' (vgl. sit Deus custos vester et conductor!), sagt Hetele. 1315, 4 *dó neic si Kúdrúnen unde bat got sin ir geleite* (Gerlint). 1115, 4 *den richen Krist von himele bat si diu schœne Hilde wol beleiten.* 727, 4 '*daz gebe got*', sprach *Kúdrún*, '*daz si unser vriunt gesunde wider bringen.*' Das erweitert sich dann zu allgemeinen Heilwünschen: 814, 4 '*got gebe, daz uns helden dâ heime niht geschehen si schade swære*', sagt Horant. 918, 1 *nû ruoche in got genâden, die dâ sint gelegen, und den in dem lande*, lautet der Wunsch des Dichters. 943, 1 '*daz lâze uns got geleben*', Hilde. 1204, 2 '*nû gebe ez got*', sprach *Kúdrún*—. 694, 1 *si sprâchen* '*got von himele lâze iuch lop unde êre erstriten*', Hilde und ihre Tochter. 1177, 1 '*got phlege iuwer êre*', sagt der Engel. 436, 2 '*got müeze iuwer êre und iuch selben hie bewarn*', Wate. Eine höfliche Form der Ablehnung wird (wie in den Nibelungen) aus dem Segenswunsch: 1225, 1 '*got lâze iu iuwer bouge beiden sælic sin*', Kudrun. 1233, 1 *dô sprach diu Hilden tohter* '*got lâze iu sælic sin iuwer beider mentel.*' — Gott wird mit dem Verbum *wellen* nur zweimal angerufen: 374, 4 *'daz wolte got von himele, daz si mine kamerære kunden'*, Hilde. 383, 4 *'daz wolte got von himele'*, sprach der künec, *'daz ich si selber kunde*, Hagen. — In der Verwünschung wird Gott genannt 614, 4 *'daz Hetelen got gehœne, daz er mir ie sô arges willen wære'*, Hartmuot. — Ein frommer Wunsch, dessen Gestalt wahrscheinlich der Minnepoesie entstammt, ist 944, 2: *'swer an mich gedenket, sælic sî sîn lip'*, Hilde.

c. Dankformeln finden sich 245, 3ᶜ *got lône iu helden beiden'*, Wate zu Horant und Fruote, vgl. Martins Anmerkung. 405, 1 *si sprach 'got müeze im lônen, daz er mir wæge sî'*, Hilde. 1067, 1 *'des lône dir Krist'*, Kudrun. 1703, 4 *'des lône dir got, Kûdrûn: des bin ich immer mêr diu sorgen vrîc'*, Ortrun.

Die Beteuerungsformel *d (got weiz)* fehlt der Kudrun. Dagegen wird erwähnt, daß etwas um Gottes willen geschehe: 1062, 1 *'ir solt durch got den rîchen si niht eine lâzen'*, Hildburg. 1502, 4 *'durch die gotes êre sô lât die armen weisen haben hulde*, Irolt zu Wate. 111, 2 *der ellende recke vüeren sich dô hiez durch die gotes güete von dem wilden sande. do erbaldet ir gemüete, dô er Krist sô vrevelliche nande.*

e. Sechsmal wird, also fast typisch, der Ausdruck *gotes arm* auf Kudrun angewendet: 1171, 1 und 1184, 2 *dô sprach diu gotes arme.* 1209, 1 *'ich vil gotes armiu, ja enweiz ich, waz ich tuo.*˙ 1297, 2 *'sol ich vil gotes armiu nû gebieten hie —'.* 1359, 3 *'owê ich gotes armiu, deich ie den lip gewan!'* 1477, 3 *daz er* (Hartmuot) *die gotes arme* (Kudrun) *durch sine triuwe trôste.* Nur einmal gebraucht ihn Hilde für sich: 929, 4 *'daz ich vil gotes armiu mine tohter Kûdrûn gesæhe.'*

f. Gott wird gelobt, ein Leid ihm geklagt: 81, 4 *si lobeten gotes güete und wâren in ir tumben jâren wîse*, vgl.

die drei Jünglinge im Feuerofen. 561, 1 *des lobte diu
schœne Hilde den waltenden Krist.* — 1060, 2 *'gote si ez
gekleit'*, Hildburg.

g. Gottes Wirken wird im allgemeinen erwähnt,
dann werden aber auch die besonderen einzelnen Vorgänge der Erzählung seinem Eingreifen zugeschrieben:
62, 4 *'ez muose sich verenden, als got von himele gebôt'*,
sagt die Königin, Sigebants Gemahlin. 68, 1 *ez* (das
Kind) *was noch unerstorben, wan ez got gebôt.* 1063, 2
'durch ir hôhen êre, die got an ir gebôt', Hildburg. 1134, 1
daz genibele zôch sich hôher, als ez got gebôt. Vgl. das
Abenteuer des Wigalois vor der Burg des Roaz und
manche Züge von Legenden. 1634, 4 *dô gedâhte im
Hartmuot 'nu gebiete ir got, daz siz mit triuwen meine'.* —
73, 1 *got tuot michel wunder.* 1130, 1 *got würket manec
werc.* 1135, 2 — *daz si diu gotes werc und ouch sîne helfe
bescheidenlîchen sâhen.* — 121, 1 *dô sprach der ritter edele
'got hât vil wol getân, sit er iuch bi den mâgen niht wolte
belîben lân'.* 838, 2 *'got tuot mit gewalte, als ez umbe in stât'*,
Wate. — 1692, 4 *ich wæn nâch arbeite got vil manegen dâ
beriet.* 1292, 3 *er wânde, daz in minne hæte got berâten*,
Hartmuot. — 74, 1 *wie si den lîp nerten ie sô manegen
tac: wan daz ir got von himele vil gnædiclîchen phlac.* Vgl.
die Raben des h. Meinrad, Gregor u. s. w. — 1170, 3
*'sô wol uns dirre êre, daz unser got ruochet, jâ sule wir
trûren nu niht mêre'*, Kudrun. — 125, 3 *daz wolte diu gotes
güete.* — 94, 4 *des half im got von himele: jâ mohte er
solher krefte niht gewalten* — vgl. David gegen Goliath;
der Greif wird übrigens (sehr unpassend für den Vogel)
hier so getötet, wie gewöhnlich im höfischen und Spielmannsepos die Riesen erschlagen werden. 69, 3 *daz er
ez niht verstant, dâ wart diu gotes güete vil verre an bekant.*
77, 1 *'wie getarst dû zuo uns gân, sit wir von gote von*

himele dise herberge hân?' 95, 3 *er sprach 'lât iu erschînen
den luft und ouch die sunnen, sît uns got von himele ete-
licher vreuden wil gunnen'.* 105, 2 *ouch kukten sich ir sinne
von gotes meisterschaft.* 1197, 2 *'ez ensî, daz ez got wende,
daz weter ist sô getân'*, Hildburg. — Gott kann auch an
Jemand vergessen: 1036, 3 *'sît mîn hât got vergezzen'*,
Kudrun. 1138, 3 *swes got wil vergezzen, wie sol sich der behüeten?* — 845, 4 *ich wæne, got von himele ræche an in
dâ selbe sînen anden;* diese Meinung des Dichters, Gott
selbst wollte sich an Hetele und den Seinen dafür rächen,
daß die Pilger durch Wegnahme der Schiffe an ihrer
Fahrt gehindert wurden, ist zwar den päpstlichen Kreuz-
zugsbullen gemäß, aber durchaus der Sage nicht entsprechend.

h. Die Seele wird in der Kudrun nicht erwähnt. —
Aus christlicher Ethik stammt, wie schon Martin an-
merkte, die Bitte Kudruns für Hartmuot 1595, 2 *'vil
liebiu muoter, gedenket an daz, daz nieman sol mit übele de-
heines hazzes lônen. ir sult iuwer tugende an dem künege
Hartmuoten schônen.'* Vgl. Matth. 5, 44: Ego autem dico
vobis: diligite inimicos vestros, benefacite his qui ode-
runt vos et orate pro persequentibus et calumniantibus
vos, ut sitis filii patris vestri qui in coelis est. Ferner
Luc. 6, 27. (Luc. 23, 34. Act. 7, 59.) Proverb. 25, 21 =
Rom. 12, 20. — 20, 3 *er rihte swem er solte und rach des
armen anden,* Sigebant von Irlant, vgl. 1502, 4. Job 5, 15 f.:
porro salvum faciet egenum a gladio oris eorum et de
manu violenti pauperem, et erit egeno spes, iniquitas
autem contrahet os suum. 36, 6: (Deus) non salvat impios,
et judicium pauperibus tribuit. Weiters viele Stellen der
Psalmen, Proverbien, Ecclesiasticus und der Propheten.
— 237, 1 *Wate im antwurte 'ensamet solten wesen gerne
guote vriunde: sô möhten si genesen vor ir starken vinden*

immer deste buz. 1157, 2 *sît vriunt vriunde dienen angest-líchen sol*, Herwig. Vgl. Proverb. 18, 19: frater qui adju-vatur a fratre quasi civitas firma. 25, 10: gratia et ami-citia liberant. Eccl. 4, 9 f.: melius est ergo duos esse simul, quam unum; habent enim emolumentum societatis suae. si unus ceciderit, ab altero fulcietur. — et si quis-piam praevaluerit contra unum, duo resistunt ei.

i. Nur an einer Stelle der Kudrun wird ein Engel erwähnt, da jedoch wird sein Erscheinen sehr eingehend berichtet, das ist in der bekannten Botschaft, die durch ein Wunder den beiden am Strande waschenden Frauen verkündigt wird, Strophe 1166—1186. Meines Erachtens ist es nicht zu verkennen, daß für den Rahmen und die Darstellung dieser Szene selbst, soweit ihr Inhalt nicht von dem Gange der Erzählung abhängt, die Botschaft des Erzengels Gabriel an Maria das poetische Vorbild abgegeben hat, Luc. 1, 26 — 38. Zunächst heißt es Str. 1167:

In menschlicher stimme antwürten ir began
der gotes engel hêre, sam ez wære ein man.
'ich bin ein bote von gote, und kanst dû mich gevrâgen,
vil hêre maget edele, sô sage ich dir von dînen mâgen'.

Es wird hervorgehoben, daß der Engel aussieht wie ein Mensch und mit menschlicher Stimme redet. Im Evan-lium Pseudo - Matthaei heißt es Cap. 9 (v. Tischendorf, Evang. Apocr.² S. 71; Schade, Liber de infantia Mariae et Christi Salvatoris S. 22 f.): iterum tertia die, dum operaretur purpuram digitis suis, ingressus est ad eam juvenis, cujus pulchritudo non potuit enarrari. (Als 'ju-venis' erscheint der Engel auch dem Joachim, Pseudo-Matth. Cap. 3.) Damit stimmt die Gestaltung Gabriels in der Kunst des Mittelalters überein, vgl. Menzel, Christl. Symbolik 1, 236 ff. Artikel 'Engel'; 2, 515 ff. Artikel

8*

ʹVerkündigungʼ; Cahier, Les caractéristiques des seints dans l'art populaire S. 32 ff. — ʹich bin ein bote von gotcʹ. So heißt es ausdrücklich vom Erzengel Gabriel bei der Sendung an Zacharias Luc. 1, 11: apparuit autem illi angelus Domini; 19: et respondens angelus dixit ei: ego sum Gabriel, qui asto ante Deum, et missus sum loqui ad te et haec tibi evangelizare. Ferner bei der Botschaft an Maria Luc. 1, 26: missus est angelus Gabriel a Deo. Im Evangelium Pseudo-Matthaei heißt es a. a. O.: apparuit ei angelus Domini. So auch, wo der Engel dem Joseph erscheint, Pseudo-Matth. Cap. 11, und bei Joachim sagt er: angelus Dei ego sum (Pseudo-Matthaei Cap. 3). — ʹvil hére maget edeleʹ. Das Adjectivum hêre (für Kudrun schon 1166, 4), das besonders für Heilige gebraucht wird, weist gleichfalls auf das Vorbild des englischen Grußes, der an die ʹbenedicta in mulieribusʹ gerichtet wird. Das apokryphe Buch De nativitate Mariae umschreibt die Begrüßung Cap. 9 (v. Tischendorf S. 119): ave Maria, virgo Domini gratissima, virgo gratia plena, Dominus tecum, benedicta tu prae omnibus mulieribus, benedicta prae omnibus hactenus natis hominibus. —

1168 Dô diu juncvrouwe die stimme dâ vernam,
    dô wolte si niht getrouwen, daz immer alsam
    der wilde vogel wurde daz er reden kunde.
    si hôrte sîne stimme, sam si gienge ûz eines menschen munde.

Die Gemütsbewegung bei der Ankündigung der Botschaft wird auch im Evangelium berichtet, Luc. 1, 29: quae cum audisset, turbata est in sermone ejus et cogitabat, qualis esset illa salutatio. Pseudo-Matthäus Cap. 9: quam videns Maria expavit et contremuit. Liber de nativitate Mariae, Cap. 9: virgo autem, quae jam angelicos bene noverat vultus et lumen coeleste insuetum non habebat, neque angelica visione territa neque luminis magnitudine stupefacta, sed in solo ejus sermone turbata est, et cogitare coepit, qualis ista salutatio tam insolita esse posset quidve portenderet vel quem finem esset habitura. Ähnlich heißt es auch bei der Botschaft an Zacharias, Luc. 1, 12: et Zacharias turbatus est videns, et timor irruit super eum.

> 1169 *Dô sprach der engel hêre 'dù maht dich wol versehen*
> *maget vil ellende: dir sol gróz liep geschehen.*
> *wilt dù mich vrâgen von diner mâge lande,*
> *ich bin ein bote der dine, wan got ze tróste mich dir here sande.'*

Wie der Engel hier die Besorgnisse Kudruns zerstreut und ihr Freudiges ankündigt, so im englischen Gruß, Luc. 1, 30 f.: et ait angelus ei: ʻne timeas, Maria, invenisti enim gratiam apud Deum: ecce concipies etc.' Liber de nativ. Mar. Cap. 9: huic cogitationi angelus divinitus inspira tusoccurrens: ʻne timeas', inquit, ʻMaria, quasi aliquid contrarium tuæ castitati hac salutatione prætexam. invenisti enim gratiam apud Dominum etc.' Und ebenso tröstet der Erzengel Gabriel den Zacharias, Luc. 1, 13 f.: ait autem ad illum angelus: ʻne timeas, Zacharia, quoniam exaudita est deprecatio tua — et erit gaudium tibi et exultatio'. Auch in verschiedenen Legenden erscheint den Märtyrern ein Engel, besonders im Kerker, und spendet ihnen Trost, wie hier der 8. Halbvers sagt, vgl. 1171, 1 f. Es gehört dazu noch der Vers 1185, 1: *Des antwurt ir der engel 'dir gêt vreude zuo.'*

> 1170 *Kûdrûn diu edele viel ûf den griez ze tal,*
> *alsô si tæte ir venje gên gote in kriuzestal.*
> *si sprach ze Hildeburge: 'so wol uns dirre êre,*
> *daz unser got ruochet. jâ sule wir trûren nû niht mére.'*

So ist auch Maria mit der Botschaft zufrieden, Luc.

1, 38: dixit autem Maria: 'ecce ancilla Domini, fiat mihi secundum verbum tuum.' Liber de nativitate Mariæ Cap. 9: 'ecce ancilla Domini, neque enim dominæ nomine digna sum, fiat mihi secundum verbum tuum.' Besonders zu beachten scheint mir, daß in diesem apokryphen Berichte den Worten Marias der Satz vorangeht: Tunc Maria manibus expansis et oculis ad caelum levatis dixit. Das ist dieselbe Stellung, die Kudrun hier einnimmt und die doch sehr auffällt. Es ist aber auch dieselbe Stellung, in der die Kunst des Mittelalters seit den frühesten Zeiten (das Fest der Annunciatio stammt aus dem Anfange des 5. Jhs., ist das älteste Marienfest und wurde von allen Predigern stets mit besonderer Auszeichnung behandelt) Maria bei der Verkündigung abbildete, vgl. Menzel und Cahier an den oben citierten Stellen.

Damit schließt die Übereinstimmung des Aufbaues zwischen dieser Szene und dem allbekannten täglich gebeteten englischen Gruß. Aber die religiöse Färbung der Szene dauert in der Kudrun noch fort. Wenn der Engel weiteren Fragen der Kudrun entgegnet, 1177, 1: *'ich wil scheiden hin — wan ich unmüezec bin. cz ist über mînen orden, ich sol niht reden mêre,* so ist sowol der Ausdruck *orden* wie die Weigerung, mehr zu sagen, als Gott befohlen hat, aus der allgemeinen Anschauung des Mittelalters über das Amt der Engel geschöpft. Auch Gabriel entzieht sich auf die Frage des Zacharias, Luc. 1, 18, der Antwort und Zacharias büßt seinen Fürwitz. Hier dagegen erzwingt sich Kudrun reichlichere Mitteilungen. Schon ist der Engel verschwunden (1177, 4: *er verswant in vor den ougen),* da sagt Kudrun 1178, 3: *'ich gebiute dir bî Kriste, ê daz dû scheidest hinnen, daz dû ûz den sorgen lœsest mich vil armen küniginne.'* Und er gehorcht wirklich 1179:

Er swebete ir vor den ougen aber alsam ê.
'ê daz unser scheiden min und dín ergê,
swaz ich dir mac gedienen, des sol mich nicht betrâgen.
sît duz bî Kriste gebiutest, só sage ich dir von allen dînen mágen.'

Man könnte darin noch eine Nachwirkung der Frage
Marias, Luc. 1, 34, und der Antwort des Erzengels, Luc.
1, 35—37, finden. Besser aber wird man sich an Marias
Haltung in den erzählenden Eingängen altdeutscher
Segensformeln erinnern, wo sie dem Dämon der Krank-
heit bei ihrem Sohne Christus befiehlt, zu schwinden.
Es gibt aber auch Beispiele aus der Legendenpoesie für
solche Vorgänge (vgl. Cahier a. a. O. unter *Ange* und
Démon), und mehrmals wird berichtet, daß der Teufel
von einem Heiligen gezwungen wurde, widerstrebend
Rede zu stehen. Eine Analogie dieser Art hat hier auf
diesen Abschnitt der Erzählung eingewirkt, den ich freilich nur für eine verunglückte Fortbildung der wirklichen
ersten Botschaft (1166—1177) halte. Er unterscheidet
sich davon auch stilistisch; wenigstens ist es merkwürdig, daß im ersten Theile des Gespräches (elf Strophen)
der Bote stets (neunmal) das Heiligenprädicat *hére* bekommt (vgl. Müllenhoff, S. 189): 1167, 2 *der gotes engel hêre*;
1169, 1 *dó sprach der engel hére; 1172, 1 dó sprach der vil
hére; 1173, 1 bote dú vil hêr; 1174, 1 dó sprach der engel
hére; 1175, 3 bote vil hére; 1176, 1 dó sprach der bote hére;
1177, 1 do sprach der engel hére.* Dagegen kommt im
zweiten Gespräch 1178—1185 weder erzählend noch in
den Reden Kudruns das Beiwort *hér* vor, dreimal nach-
einander steht bloß *der engel* 1183, 1. 1184, 1. 1185, 1,
sonst nur das Personalpronomen. Erst als die Erzählung
fortschreitet, erscheint das Adjectivum wieder, 1186, 1:
dó muoste von in scheiden der bote vil hér.

Im zweiten Gespräch erkundigt sich Kudrun nach
Horant und Wate und (das Ungeschick davon hat Martin
bereits angemerkt) nach den Boten ihrer Mutter. Die
Beschaffenheit des Inhaltes stimmt also mit diesem auf-
fallenden stilistischen Unterschiede überein. Ich meine
somit, es liegt hier ein ziemlich sicheres Beispiel dafür
vor, daß eine vorhandene Szene der Dichtung, die gefiel
und die man nachdrücklicher genießen wollte, durch einen
Zusatz fortgebildet worden ist.

Aber damit nicht genug: ich glaube, der Dichter
von 1166 ff. ist sich des Einflusses, den die Vorstellung
vom englischen Gruß auf seine Arbeit nahm, bewußt gewesen. Das scheint mir aus den genauen Zeitbestim-
mungen zu erschließen, die der Dichter vorlegt; es muß
deßhalb um Einiges in der Erzählung zurückgegriffen
werden. Zur Weihnachtszeit läßt Königin Hilde ihren
Mannen, Vasallen und Verbündeten ankündigen (1075, 1),
daß nunmehr der Rachezug gegen Ludwig und Hartmuot unternommen werden soll. Sie wendet sich zunächst
an Herwig von Seeland, der als Kudruns Verlobter das
stärkste Interesse daran hat, sie zu befreien. Aus demselben
Grunde steckt sich Herwig selbst für sein Erscheinen eine
sehr knappe Frist, 1081, 2: *daz ich nâch wihen nahten in sehs
und zwainzic tagen zen Hegelingen rite mit drî tûsent mannen.*
26 ist eine seltene epische Zahl, sie scheint sich innerhalb des Bereiches der altdeutschen Heldendichtung nur
in der Kudrun zu finden, und zwar viermal (J. Grimm,
Rechtsaltert. S. 218). v. Muth stellt dafür (Untersuchungen
und Excurse zur Geschichte und Kritik der deutschen
Heldensage und Volksepik, S. 33 f.) folgende Erklärung
auf: 'Sein (Herwig's) Termin ist also die Weihnachtszeit,
und wir werden die Zwölfzahl als Grundzahl, die doppelte
Sieben als Zugabe aufzufassen haben: eine Doppeloctav

nach den heiligen zwölf Nächten. Derartige Frist-
erstreckung mag die Phantasie ersonnen haben, weil
trotz der astronomischen Epoche und des Wachsens der
Tageslänge dem Einzelnen der Winter nach diesem
Termine eher empfindlicher als milder scheinen mochte.
So erhielt sich die Zahl in dieser Sage und fand dann
auch anderweitige Anwendung.' Das ist mir nicht sehr
wahrscheinlich. Dreißig Tage ist eine Heerbannsfrist (die
Stellen bei Waitz, Verfgesch. 8, 516 s. v. *heribannus*), das
ward zu 26 verkleinert, entweder weil eben Herwig es
dringender hatte als andere und das angedeutet werden
sollte, oder weil sein Reich näher lag und seine Mannen
leichter beschickt werden konnten. Unter den übrigen
Heerführern gibt nur Irolt für Morung von Waleis einen
Termin an 1088, 1: *'von mir ist wol erkant, daz ich in siben
wochen ze Hegelinge lant mit recken solte riten, swaz ich der
möhte bringen.'* Vierzig Tage sind ein häufiger Heerbanns-
termin (R. A. 219 f.), 45 Tage machen die sächsische Frist
aus, das wird zu der epischen Formel von sieben Wochen
abgerundet sein. Irolts Termin war jedesfalls der längste,
mit 45 Tagen nach Weihnachten kommt man mindestens
bis zur Mitte Februar, rechnet man dazu ferner die
weitere Frist des Sammelns und Vorbereitens, endlich
die Seefahrt selbst mit ihren Verzögerungen und Hindernissen, so gelangt man zu der Annahme, daß die Flotte
der Befreier gegen Ende März die Küste von Ormanie-
land erreichen mußte. Damit stimmt die Überlieferung
des Gedichtes: 1116 wird erwähnt, daß die Mädchen am
Strande frieren, *jâ wâten die kalten merzischen winde*, und
1218, 3 heißt es: *ir vals was in zervüeret von merzischen
winden* (vgl. 1064, 3).

Martin findet (S. 275 der großen Ausgabe) einen
Widerspruch zwischen diesen Worten und Str. 1217:

Ez was in den ziten, do der winter sich zerlie
und daz in widerstrite die vogele wolten hie
singen aber ir wise nâch des merzen stunden.
in snêwe und ouch in îse wurden die vil armen weisen vunden.

Diese Strophe besagt: es war um die Zeit, da der
Winter aufhörte und die Vögel wider singen wollten
(wollten!) nach den Märztagen. So kann man sich Ende
März sehr wol ausdrücken. Und wenn Martin meint:
'die Vögel werden doch wol nicht gesungen haben,
während noch Schnee und Eis lag', so antworte ich
darauf getrost: o ja! Denn unsere Standvögel, Amseln,
Finken, Meisen u. s. w. brüten sehr früh, ihre Liebes-
lieder beginnen sogar in der Regel Ende Februar.
Anfang März. War der Dichter ein Steiermärker, so hat
er diesen zeitlichen Vogelsang jedes Jahr erleben können,
Ende März ist aber in den Alpen auch noch immer die
Zeit, wo Regen mit Schnee wechselt (1218, 4: *ez regente
oder ez snite*), wo Schnee und Eis vorhanden sein können
(1217, 4: *in snêwe und ouch in îse wurden die vil armen
weisen vunden)*, wo aber jedesfalls beide bereits schmelzen
(1219, 1: *der sê allenthalben mit dem îse vlôz. daz hete sich
zerlâzen.* Vgl. 1217, 1). Der Dichter gibt nun noch eine
andere Zeitbestimmung, er sagt bei der Erscheinung des
Vogels vor den waschenden Mädchen 1166, 1: *ez was
in einer vasten umb einen mitten tach.* Wenn man so
schlechtweg von der Fastenzeit spricht, dann meint man
damit nur die Quadragesimalfasten, die mit Ostern ab-
schließen. Nimmt man das Alles zusammen und beachtet
gebührend den Einfluß der Vorstellung von der Botschaft
Gabriels an Maria auf die Darstellung der Szene in der
Kudrun, so fällt es nicht schwer zu vermuten, daß der
Dichter bei der Fixierung des Zeitpunktes Ende März an das
Fest Mariæ Annuntiatio am 25. März dachte. Dieses alte,

einmal höchste, Marienfest hieß einfach 'der *Frauentag in der Fasten*' (Grotefend, Zeitrechnung[2] 1, 65), es bedeutet das Ende des Winters, den Anfang des Frühlings (21. März), an dem die Schwalben widerkommen nach dem Volkssprichwort. Durch längere Zeit bezeichnete dieses Datum sogar den Anfang des neuen Jahres (vgl. Grotefend a. a. O., S. 7 ff. unter 'Annunciationsstil'), der Cisterzienserorden hatte sich diese Datierung besonders angelegen sein lassen, die zu seinem Bestreben vortrefflich paßte, die Verehrung Marias zu fördern. Sogar in der Kanzlei der deutschen Kaiser sind Urkunden mit dem Jahresanfange von Mariä Verkündigung datiert worden, und zwar unter Philipp von Schwaben häufiger, unter Otto IV. wenig, unter Friedrich II. vielfach. Das Fest war also wichtig genug, um damit eine entscheidende Wendung im Schicksale der Heldin eintreten zu lassen, und wenn im Anschluß daran der Dichter das Bild des englischen Grußes auf seine Erzählung wirken ließ, so liegt darin gar nichts verwunderliches. Auch ein späterer Zeitansatz schickt sich sehr wol zu diesem Datum. Gerlint mahnt und drängt die gefangenen Jungfrauen 1191:

> Dô sprach aber Gêrlint in übellichen zuo
> 'jâ sult ir iuch niht sûmen, swie duz weter tuo,
> irn waschet mîne sabene cruo unde spâte.
> als ez betaget morgen, sô sult ir gên von mîner kemenâte.
> 1192 Uns nâhent hôchzîte, duz habet ir wol vernomen.
> der palmetac ist nâhen, uns sulen geste komen.
> und gebet ir mînen helden wîz niht ir kleider,
> so geschach nie weschen mêre in küneges selden noch zer welte leider.'

Das Fest, welches kommt und zu dem Gäste erwartet werden, ist natürlich Ostern und Gerlints große Wäsche ist das große Scheuer- und Waschfest der deutschen

Hausfrauen vor Ostern. Wer mit seinen Gedanken spielen wollte, könnte noch meinen: *der palmentac ist nâhen*, möchte Gerlint nur an einem Tage sagen, der in der Woche vor dem Palmsonntag liegt, also in Jahren, die den Palmsonntag zwischen dem 31. März und 6. April, somit Ostern vom 6.—13. April haben; und wenn man dann annähme, der Dichter habe durch die Zeit seiner Arbeit die Angaben seines Werkes bestimmen lassen, dann fände sich bei Grotefend eine ziemliche Reihe von Jahren in der ersten Hälfte des dreizehnten Jahrhunderts, bei welchen die gewünschten Fälle eintreten. Doch dieß bei seite gelassen, ist es jedesfalls der Mühe wert, zu erwähnen, daß unter den 35 möglichen Kalendern nur vier (vom 22.—24. März) verhältnißmäßig seltene sind, an denen Mariä Verkündigung nach Ostern fällt, und sieben weitere, an denen es nach dem Palmsonntag liegt. Für die übergroße Mehrzahl der 24 anderen Kalendermöglichkeiten ist der vom Dichter gegebene Ansatz der Festfolge richtig.

Ich habe schon früher (S. 116) angeführt, daß mir die Anrede, mit welcher sich 1167, 4 der Engel an Kudrun wendet, *vil hêre magel edele*, durch die religiöse Vorstellung der Sachlage beeinflußt scheint. Um das nun genauer festzustellen, habe ich die formelhaften Ausdrücke des Epos gesammelt, durch die teils die Persönlichkeit Kudruns bezeichnet, teils sie selbst angesprochen wird. Es hat sich dabei herausgestellt, daß die erwähnte Verbindung 1167, 4 in der That nur dieses eine mal vorkommt. Die Sammlung der Formeln bietet jedoch in verschiedenem Betrachte so viel Interessantes, daß ich nicht anstehe, die Ergebnisse hier mitzuteilen und zu erörtern.

Kudrun wird durch beigesetzte epische Beiwörter (ohne Substantivum) ausgezeichnet oder umschrieben.

Kudrun heißt *diu schœne* 21 mal, und zwar steht 9 mal
das Adjectivum vor dem Namen: 726, 3. 756, 4. 826, 4.
C 881, 3 (durch vorgesetztes *C* kennzeichne ich die
Strophen mit Cäsurreimen, durch *N* die Nibelungen-
strophen). 964, 2. 995, 1. 1551, 3. 1574, 3. 1608, 4. Das
Beiwort steht 12 mal hinter dem Namen und zwar immer
in der Cäsur: 575, 2 (vgl. 576 ff. 587). 644, 3. 649, 1.
704, 3. C 992, 4. 1023, 3. 1034, 4. 1243, 4. 1626, 1.
C 1680, 1; zweimal bildet *schœne* selbst den Cäsurreim:
C 614, 3. C 665, 1. Die Schönheit der Heldin erscheint
demnach als ihr stehendes Prädikat ohne Rücksicht auf
Jahre und Leiden, auch sie ist eine κουριδίη ἄλοχος (nach
Müllenhoff'sVergleich). *diu wolgetâne* findet sich zweimal,
C 760, 4. C 852, 2, nur im Cäsurreim auf *Matelâne.*
diu minnicliche C 615, 2, im Cäsurreim; *diu vil minnicliche*
1617, 1, in der Cäsur. — *diu hêre* wird Kudrun nach-
setzend zubenannt: C 587, 3. 681, 3. C 765, 4. C 766, 3.
C 1038, 3, an allen fünf Stellen im Endreim; 1229, 1.
1358, 1. *diu maget hêre* heißt sie: 1166, 4. 1277, 1. 1279, 1.
1643, 1, mit Ausnahme der zweiten an allen drei Stellen
im Endreim. *vil hêre maget edele* 1167, 4. *diu vrouwe*
hêre C 1215, 4 im Cäsurreim. *küniginne hêr,* in der Anrede 1633, 1 im Endreim. *diu allerhêrste* C² (dadurch sind
Strophen mit zwei Cäsurreimen bezeichnet) 1331, 2, im
Cäsurreim. *schœne tohter hêre* 623, 3 im Reim. *ich weiz*
mich niht sô hêre, C 1056, 2, im Cäsurreim. 1309, 3 heißen
im Reime Kudrun und Ortrun *diu hêren.* — Frau Hilde
wird im Cäsurreim C 810, 1 *diu vil hêre* genannt, und
vrouwe hêre 1566, 4; *ein rîchiu küniginne unde hêre* im Reim
572, 4. Ortrun heißt *diu hêre* im Reim 1513, 3; *diu junge*
maget hêre im Reim 1478, 3; *dise maget hêre* im Reim
1579, 3. *Hildeburc diu hêre* C 1066, 1 im Cäsurreim. —
guote boten hêre werden angeredet im Reim 608, 3. —

Der Engel bekommt das Beiwort *hêre* 8 mal, darunter
1186, 1 im Endreim, sonst stets nur in der Cäsur:
1167, 2. 1169. 1. 1172, 1. 1174, 1. 1175, 3. 1176, 1.
C 1177, 1. Es steht also *hêre* unter 34 mal 21 mal im
Reim, und läßt man die Engelstellen weg, so bleiben
gar unter 26 Stellen 19 im Reim. — Kudrun wird *diu*
arme genannt 943, 3 (im Reim). 1056, 4. 1195, 1. 1200, 4.
1240, 3. 1263, 2. 1309, 1. *ich vil armiu* 1277, 2. *(mir vil*
armer vrouwen 943, 2.) *diu gotes arme* 1171, 1. 1184, 2.
1209, 1. 1297, 2. C 1359, 3. 1477, 3. Es steht also *arm*
unter 14 mal nur 1 mal im Reim und nur 1 mal in
einer Strophe mit Cäsurreim, 13 mal in der Cäsur. —
diu ellende 1067, 1. C 1197, 1 (im Cäsurreim). 1202, 1.
ich vil ellende 1184, 4. — *diu rîche* 1057, 4. 1207, 3. *diu*
jâmers rîche C 1208, 1; alle Fälle im Reim, der dritte
im Cäsurreim. — *K. diu edele* 1170, 1. 1300, 1. C² 1618, 4.
(im Cäsurreim). *K. vil edele* in der Anrede 1516, 2. *diu*
edele Kûdrûn 1065, 2. 1244, 4. 1647, 1. 1700, 1. 1703, 2.
— *diu edele und diu guote* C 766, 4 (im Cäsurreim).

Kudrun heißt *vrouwe* 649, 3. 653, 1. 657, 1. 762, 1.
763, 1. 1628, 1. 1702, 4; im Reim 654, 3. C² 778, 3.
C 920 4; im Cäsurreim C 656, 1; in der Anrede 652, 2.
956, 3. 1031, 2. 1048, 2. C N 1079, 4. — *edele vrouwe* im
Reim C 992, 3. (Plur. *den vil edelen vrouwen* C 1216, 2.)
schœne vrouwe in der Anrede 1013, 2. (Plur. 1224, 3.)
schœne vrouwen edele, Plur., C² 725, 2. — *die ellenden vrouwen*,
Plur., 1093, 1. 1186, 2. *die vil armen vrouwen*, Plur.,
C² 1203, 4. *ir minneclîchen vrouwen*, Plur., in der Anrede, 1214, 4.

Kudrun wird *maget* genannt C 755, 2. 762, 1; sie ist
unter dem Plur. *meide* mit inbegriffen: 1235, 2. C 1292, 4.
diu maget schœne 1027, 1. N 1287, 1; in der Anrede 1019,
3; *ein maget schœne* 1355, 2. *schœne meit* 681, 1. 685, 1.

996, 1. 1025, 2. C 1262, 1. 1505, 1, sämmtliche Fälle im Reim; *die schœnen meide* 1594, 4. — *diu maget wol getân* C 1201, 2. *m. vil wol getân,* in der Anrede 1296, 2; alle drei Fälle im Reim. — *diu maget edele:* 682, 2. C (?) 684, 1. 769, 1. 960, 4. C 987, 1. 997, 1. 1021, 2. 1028, 4. N 1042, 2. 1053, 1. 1055, 1. 1173, 1. 1291, 3. C (?) 1328, 1. C (?) 1356, 1. C N 1359, 2. 1480, 1. 1513, 1. Sämmtliche 18 Fälle stehen nur in der Cäsur. Plur. *edele meide* 1232, 4. *den vil edelen meiden* N 1204, 4. — *K. diu minnicliche meit* 1632, 1. *den minniclichen meiden* 1220, 4. — *vil edele maget riche,* C² 1026, 3 im Reim. — *diu maget guot* 1271, 2. 1312, 1 beide male im Reim. — *diu hêrliche meit:* C² 625, 2. 775, 2. 1251, 1. 1252, 1. 1304, 1. von Ortrun: 1555, 1. — *die stolzen meide richen* 1316, 3. — *diu maget ellende:* C 994, 4. 1244, 2. *vil e.* 1169, 2. *diu ellende meit* 989, 4. — *ich armiu meit:* C² 979, 1. C 1208, 1. *diu armem.* 1246, 1. *ich armiu maget* 1180, 4. — Es scheint bemerkenswert, daß (wenn man die vorher genannten Fälle mit *hêre* hinzunimmt) 44 mal für Kudrun *mayet* gesetzt wird, niemals im Reim; dagegen 17 mal *meit,* nur im Reim, und zwar meistens auf *leit; meide(n),* Plur., steht 6 mal außer dem Reim.

Kudrun heißt *magedin* 1225, 2. 1249, 1. 1311, 1. (Der Plural *magedin* wird gebraucht: C 968, 2. 1257, 2.) — *schœnez magedin* 1223, 1; *vil sich. m.:* C 661, 1; *daz edele magedin* 957, 1. 1104, 2. (Plur. *schœniu magedin* C 963, 1. 1228, 2. 1232, 1. An allen diesen 12 Stellen findet sich *magedin* nur im Reime, dann steht noch 1249, 4 *ich vil armez magedin* (besser *meidin)* und C 1188, 2 *diu magedin ellende,* beide male im ersten Halbvers. Nur an einer Stelle findet sich *magedin* im zweiten Halbvers und außer dem Reim 1187, 4: *der Kûdrûnen mâge, erbiten diu magedin angestliche;* die Hs. bietet nur *magen,* daraus ist *magedin* durch

Ziemann hergestellt und fast von allen Herausgebern angenommen worden. Nur Piper liest jetzt: *erbiten di magede dô vil angestliche;* ob seine ganze Fassung des Halbverses richtig ist, lasse ich unentschieden, die Form *magede* muß ich nach dem eben dargelegten für richtig halten.

Kudrun wird *juncvrouwe* genannt: C 660, 2. 666, 1. C. 757, 4. 791, 3. 978, 2. C 1168, 1 im Cäsurreim. 1234, 1. 1236, 1. 1297, 1. 1476, 2. 1484, 2. 1634, 1, darunter 7 mal im ersten Halbvers. Sie ist unter den *juncvrouwen* mit inbegriffen 1177, 4.

Sie wird *daz kint* genannt 1001, 2; *daz edele kint* 1301, 1. 1481, 1 (beidemale im Reim). Sie ist verstanden unter *diu kint:* C 1231 1. 1472 3; *diu hêrlichen kint* 1266, 1. 1293, 1 (beidemale im Reim); *ir minnicliche kint* 1214, 1 (im Reim); *den vil edelen kinden:* C 1218, 4 (im Reim); *den ellenden kinden* 1220, 2.

Kudrun wird durch Verwantschafts-Bezeichnungen umschrieben: *diu Hilden tohter* 1178, 1. 1199, 1. 1233, 1. 1268, 1. 1330, 1. 1473, 1. 1482, 1. 1509, 1. 1632, 3. 1651, 1. 1653, 1. *diu reine Hilden tohter* 1512, 2. *der schœnen Hilden tohter* 1289, 2. Diese 13 Fälle stehen nur im ersten Halbvers. Dagegen findet sich im Reime: *daz Hilden kint* 1508, 2; *der schœnen Hilden kint* 1094, 1. Insgesammt 15 Beispiele, unter denen keine Strophe Cäsurreim hat. — *daz Hagenen künne* = Kudrun steht C 1270, 1 im Cäsurreim; 1486, 3 im Endreim und 1281, 1 im ersten Halbvers. — *edelez vürsten kint* findet sich 1479, 1 im Reim, *daz küneges künne* 1485, 1 und *daz edele ingesinde* 1258, 2 im ersten Halbvers (der Zusatz *edele* ist notwendig, vgl. 1209, 4). — *Kûdrûn diu küniginne* 1321, 4 im Reim, die Anreden *edele küniginne* 1479, 4 und *vil edele küniginne* 1264, 2 im ersten Halbvers.

Kudrun nennt sich: *ich armin wesche* 1294, 3; sie
wird begriffen unter den *schœnen weschen* 1211, 3. 1212, 2.
1222, 4; den *vil edelen weschen* 1274, 4. 1308, 4. Fünf dieser
Fälle finden sich im ersten, nur einer (1222, 4) im zweiten
Halbvers. — *mich armer weise* sagt Kudrun von sich
1263, 3.

Überschaut man dieses Verzeichniß, so ergibt sich,
daß 85 verschiedene Ausdrücke in der Dichtung vorkommen, durch welche die Heldin benannt wird. Dieser
große Reichtum wird um so auffälliger, wenn man ihn
mit der Sparsamkeit, ja Dürftigkeit, der epischen Beiwörter und Formeln für die Helden des Nibelungenliedes vergleicht; der viel spätere Ursprung der Kudrun
wird sich auch in der bildsamen Mannigfaltigkeit der für
die Heldin gebrauchten Bezeichnungen ausprägen.

Die Sammlung reizt aber noch, Anderes zu erwägen;
die epischen Formeln verteilen sich ganz merkwürdig
über die verschiedenen Stellen der Strophen. Manches
erklärt sich sehr einfach: wenn *tohter* nicht im Reime
vorkommt, so ist das durch die Unmöglichkeit, ein entsprechendes Reimwort zu finden, ebenso begründet, wie
wenn *kint* des bequemen Reimes wegen häufig den
Vers schließt. Gebraucht die Dichtung *maget* nur im
Inneren des Verses, *meit* hingegen nur im Reim, so
scheint das zu beweisen, daß für den Dichter die Zu-
sammenziehung noch unfest war, daß *maget* seinem
Sprachgebrauche angehörte und daß er sich zu *meit*
nur wegen des Reimes entschloß. Gewiß ist ferner der
häufige Gebrauch zusammengesetzter, mehrwortiger
Formeln im ersten Halbverse leicht aus dem Umstande
zu begreifen, daß dadurch die Einleitung der Rede passend ausgedrückt wird; sie finden sich denn auch am
meisten in der ersten Hälfte des ersten Langverses der

Strophe. Ganz wird jedoch diese Erklärung nicht zureichen, dafür sind die Fälle zu zahlreich und zu verschieden. Wenn z. B. *diu maget edele* 18 mal und nur in der Cäsur vorkommt, so muß das doch auf einem anderen Grunde beruhen. Den finde ich natürlich in dem Zwange, welchen der Bau des Verses und der Strophe auf die Technik des Dichters ausübt: *diu maget edele* z. B. war als Anrede und an der Spitze eines Satzes gemäß der altdeutschen epischen Syntax nur in der Cäsur zu brauchen. Aber das ist ja gerade das Merkwürdige (vielmehr das Selbstverständliche), daß Syntax und Stil des Dichters sich den Forderungen des Versbaues ganz anbequemen, in ihnen sich ausdrücken müssen. Jeder besonderen Versgattung entspricht ein besonderer Stil, der für sie paßt und für keine andere. Das sind sehr einfache und am Tage liegende Wahrheiten, trotzdem hat man in der deutschen Philologie noch gar wenig Gebrauch davon gemacht. Es sind umfassende und eingehende Zählungen notwendig, damit das Verhältniß zwischen den epischen Formeln und ihren Plätzen im Verse ermittelt, dadurch einerseits der Stil der Dichtungen, andererseits die poetische Potenz der Verse wissenschaftlich beschrieben werden können. Dieses Verhältniß zwischen Vers und Sprache macht einen Hauptteil dessen aus, wofür der an sich ziemlich unklare Name 'Ethos der Metren' gefunden worden ist (von Bernhard ten Brink: Über die Aufgabe der Litteraturgeschichte [1891] S. 11, vgl. E. Sievers, Zu Wernhers Marienliedern in der Festgabe für Rudolf Hildebrand S. 11). Es liegen schon Anfänge von Beobachtungsreihen vor: dazu rechne ich die verschiedenen Angaben von Eduard Sievers über die Beziehung der Formeln zum Verse in der altenglischen und altsächsischen Poesie, Wilhelm Wilmanns' Bemer-

kungen über Otfrids Metrik und die der mhd. Lyriker,
von anderer Seite her greifen Steinmeyers auf ausge-
breitetem Studium beruhende Mitteilungen über die
Technik des höfischen Epos und H. Wunderlich's Forderungen an die historische Syntax (Zeitschr. f. d. Philol. 26,
416 f.) ein. Doch muß das Alles eindringlich und syste-
matisch angefaßt werden. Bei der Kudrun läuft man
keine Gefahr, daß die Beobachtungen am falschen Ende
beginnen, denn der metrische Bau dieses Gedichtes
stammt aus einer Zeit, wo schon alles auf bewußte
Überlegung und Vorbild zurückgeht. Bei der allitte-
rierenden Epik wird man vorsichtig sein müssen, in
ihren ältesten Stücken durchdringen sich noch Vers und
Sprache mit gleichem lebendigen Rechte: der Vers steht
da dem Zeitraume noch ganz nahe, wo er nichts war als
das geordnete Abbild feierlicher Rede, wo eine Abstraktion
rhythmischer und metrischer Gesetze nicht zum Bewußtsein
kam. Was dort von den Variationen epischer Formeln
der älteren Eingebung der gehobenen Sprache, was bereits den Forderungen des zu Typen gefestigten Versbaues zuzurechnen ist, wird nur mit äußerster Behut-
samkeit festgestellt werden können.

Ich kehre noch für einen Augenblick zu der Gruppe
von Strophen zurück, von der ich in diesem Abschnitte
ausgegangen bin, und denke einstweilen nicht daran, die
angeführten epischen Formeln und ihre Verteilung über
die Kudrun zu Schlüssen auf die Geschichte dieses Epos
zu verwerten; dieses Material möchte dafür auch nicht
entfernt ausreichen. In dieses Gebiet schlägt es aber doch,
was ich oben S. 119 f. angemerkt habe. Dazu kommt
noch Eines. Die Forscher, welche sich mit der Ent-
stehungsgeschichte der Kudrun beschäftigen, haben fast
alle die Erscheinung des Vogels Str. 1166 von der des

9*

Engels in den Strophen 1167—1186 gesondert (so Müllenhoff, Kudrun S. 25, Martin in seiner Ausgabe; dagegen
Wilmanns, Die Entwickelung der Kudrundichtung S. 184),
den Vogel für die ältere, der Heldensage angemessene
Gestalt erklärt (Müllenhoff setzt mehrmals *vogel* für *engel*
in den Text) und, da es keine Kudrunsage vor der Kudrundichtung gibt, Belege aus anderen Sagen gesammelt
(vgl. Fécamp, Le Poème de Gudrun [1892], S. 155 ff.).
Wie das in der alten Sage gestanden hat, weiß ich
nicht und ich zweifle auch, ob man das je wird wissen
können. Aber daß in dem uns vorliegenden Gedichte
der Vogel und der Engel nicht als zwei Stufen der Entwicklung des Gedichtes geschieden zu werden brauchen,
davon bin ich überzeugt. Man lese die Strophe 1166:

> *Ez was in einer vasten umb einen mitten tach.*
> *ein vogel kam gevlozzen, Kûdrûn dô sprach*
> *'owê vogel schœne, du erbarmest mir sô sêre,*
> *daz dû sô vil gevliuzest ûf disem vluote' sprach diu maget hêre.*

Zur Fastenzeit eines Mittags (wol weil da die Wäscher-
innen ihr dürftiges Mal einnahmen und in der Pause
auf das Meer hinausblickten) kam ein Vogel geschwommen. Kudrun redet ihn an, so lange sie ihn für
einen Vogel hält (er war also noch nicht ganz nahe),
bewundert seine Schönheit (wahrscheinlich die weißen
glänzenden Engelsflügel) und bemitleidet ihn mit nach-
drücklichen Worten, daß er so auf der Flut schwimmen
müsse. Wie mag der Vogel wol ausgesehen haben? Martin
meint, wie ein Schwan. Das glaube ich nicht, denn ein
Schwan gehört aufs Wasser und den braucht man seines
Schwimmens wegen nicht zu bedauern. Der Vogel muß
wunderlich ausgesehen haben, gar nicht wie ein Wasser-
vogel, andernfalls wäre Kudruns Mitleid unverständlich.
Er wird aber nur von Weitem einem Vogel geglichen

haben, als er auf dem Wasser schwebte, in der Nähe
war dann das Wunderbare noch deutlicher, und darum
heißt es, nachdem der Engel 1167 gesprochen hat, 1168:

Dô diu juncvrouwe die stimme dâ vernam,
dô wolte si niht getrouwen, daz immer alsam
der wilde vogel wurde daz er reden kunde!
si hôrte sîne stimme, sam si gienge ûz eines menschen munde.

Kudrun erstaunt über die Sprache des sonderbaren
(wilden) Vogels (das Wort *vogel* war mhd. in seinem Be-
griffe nicht so eng wie nhd., vgl. Mhd. Wtb. 3, 357 f.),
der ihr erst jetzt als eine himmlische Erscheinung verständlich wird. Später findet sich keine Äußerung mehr
über das Aussehen des Engels, es heißt 1177, 4 nur:
er verswant, 1179, 1 nur: *er swebete ir vor den ougen aber*
alsam ê. Die Erscheinung wird also von dem Dichter in
der Strophe 1166, wie ich glaube, gar nicht als ein
wirklicher Vogel aufgefaßt, sie sieht nur von Weitem
aus wie ein nicht aufs Meer gehöriger Vogel (vgl. den
h. Georg des Reinbot v. Durne ed. Vetter, wo 4683 f.
ich sach zwêne viurin arn varn ze der keiserin Engel für
Vögel gehalten werden), dessen Wunderbares erst durch
den Anblick in der Nähe und das Sprechen recht er-
kennbar wird; vielleicht hat ihn sich der Dichter auch
vor Kudrun und über ihr schwebend gedacht, wie die
Kunst die Engelerscheinungen vorstellt. Daß er anscheinend auf dem Wasser geschwommen kommt, darf
nicht erstaunen: die ältere Poesie ließ die Engel nicht
mit erschreckender Plötzlichkeit vor die Menschen treten,
sondern versinnlichte ihre Ankunft, indem sie den Weg
beschrieb, den die Himmelsboten genommen hatten (man
vgl. Otfrids Schilderung der Annunciatio und Vieles
andere). So ist also kein Grund vorhanden, in der
Strophe 1166 der Kudrun den Rest einer älteren Fassung

der Sage zu sehen, bei der die Botschaft an Kudrun
durch einen weissagenden Vogel gebracht wurde.
Dem Kreise religiöser Vorstellungen gehören vielleicht noch ein paar Wendungen aus dem nächstfolgen-
den Abschnitte an. Herwig beschwört die am Strande
weilenden Kudrun und Hildburg, sie möchten nicht
fliehen, sondern ihm sagen, wessen die Kleider sind, die
sie waschen, 1214, 3: *allen meiden tuot ez ze êren;* darauf
antwortet Kudrun 1215, 1: '*sô diuhte ich mich geschant,
sît ich ein maget heize und ir mich habet gemant durch
aller magede êre. des müezet ir geniezen, swie des müezen
miniu ougen riezen.*' Martin meint, diese Anrede und Bitte
sei auf die germanische Frauenverehrung begründet und
verweist dafür auf J. Grimms Mythologie, S. 369 (jetzt,
4. Aufl. 1, 329 f. und Nachtr. S. 113). Ohne daß ich diese
als älteste Grundlage bezweifeln wollte, muß ich doch
aufmerksam machen, daß die von Grimm a. a. O. gesammelten Stellen meistens solchen altdeutschen Gedichten entnommen sind, die einer späteren Zeit angehören. Deßhalb scheinen mir diese Formeln viel eher
auf die alte christliche Vorstellung der Jungfrauenchöre
unter den Heiligen (man denke auch an die bekannte Drei-
teilung der Christen und an das Ansehen der christlichen
Jungfrauen in der Gemeinde), besonders aber auf die
Erhöhung des jungfräulichen Standes durch den Einfluß
des Marienkultus zurückzugehen. Vgl. jetzt die reichlichen, aber nicht immer kritisch gesichteten Zusammenstellungen bei Stephan Beissel S. J., Die Verehrung Uns.
L. Frau in Deutschland während des Mittelalters, bes.
S. 63 ff. 123 ff. (1896).

k. Von dem Teufel geht alles Böse aus, das den
Menschen widerfährt, deßhalb wird auch die Ankunft des
kinderraubenden Greifen seinem Befehle zugeschrieben,

54, 3: *ez hete der übele tiuvel gesant in daz riche sinen boten verre.* Dabei verdient noch ein Umstand Erwähnuug; das Kommen des Greifen wird drastisch geschildert 56, 1: *ez begunde schatewen dar in sin gevidere truoc, als ez ein wolken wære.* Diese wunderliche Ansicht, daß man das Herannahen eines Raubvogels an dem Schatten zu erkennen vermöge, den er werfe, begegnet auch in der kirchlichen Litteratur. In meinen Altdeutschen Predigten 1, 36, 18 ff. werden die sieben Tugenden der Turteltaube aufgezählt und die sechste darunter 38, 26 ff. ausführlich behandelt: `die tube sitzet bi dem wazzere und wartet nach deme schiemen des habichs, ires vindes, daz sie in also vormide. mensche, da hastu an ein gut bilde. du hast einen geistlichen vint, der veret in den luften — sinen schimen machtu sehen in dem wazzere, daz ist, sine listicheit machtu sehn in der heiligen scrift. als du danne gevulest sine besuchnisse, so vluch in dinen vriede, daz ist zu der heiligen scrift. — bi disem wazzere sol sitzen die selige sele, daz ist bi der heiligen lere, und sol pruven die vorretnisse des viendes.* Vgl. dazu die Anm. und meine 'Studien zur Geschichte der altdeutschen Predigt' 1, 45 f. (1896).

Von seiner Gewaltthätigkeit und Härte bekommt der alte wilde Hagen ein Beiwort, das ihn dem Teufel vergleicht; 168, 1: *sin rehter name hiez Hagene. sit wart er genant Vâlant aller künege;* 196, 4: *er hiez Vâlant aller künege: daz mohte sinen vînden wol gewerren;* 516, 1: *bi Vâlande aller künege sinen neven er dô vant.* Möglicherweise hat zur Bildung dieses Beinamens der Gegensatz zu Rüedeger beigetragen, der in den Nibelungen *vater aller tugende* heißt (vgl. oben S. 5 f.). Wilmanns glaubt (Entwickl. der Kudrundicht. S. 230 f.), es habe eine alte Sage gegeben, in der Hagens Charakter seinen Beiworten gemäß geschildert war. Vielleicht kann man sich diese Annahme sparen, wenn man vermutet, aus dem Hagen der Nibelungen seien die wilden Eigenschaften auf den König in der Kudrun übertragen worden. — Führt doch auch die böse Gerlint als ein Gegenstück zu Kriemhilde den Beinamen 'Teufelin'; 629, 4: *daz riet im ze allen zîten Gêrlint diu alte vâlentinne;* 738, 1 996, 1. 1282, 1. 1381, 1: *dô sprach diu tiuvelinne;* Hildburg sagt 1066, 3: '*ich hân die tievelinne erbeten*'; 1361, 4: *unmâzen leit was dô der tiuvelinne;* 1518, 4: *bî vroun Kûdrûnen was diu tiuvelinne mit ir ingesinde.* Das Scheltwort wird durch die Beigabe von *übel* verstärkt 1004, 1: *diu übele tiuvelinne zornicliche gie;* 1320, 3: *daz hete wol gehœret diu übele tiuvelinne;* 1521, 3: *dâ von er bekante dic übelen tiuvelinne*

Als bildliche Umschreibung der Negation wird der Teufel verwendet, wenn Irolt zu Wate sagt 1502, 2: '*jâ habent iu den tiuvel diu jungen kint getân.*'

l. Christen und Heiden werden von einander unterschieden, aber auch formelhaft zusammen genannt. So heißt es 186, 2 von dem Turnier bei Hagens Vermählung, daß da mit ritten: *daz ouch künege hiezen, zwelf unde drî, die lêhen von im hêten, kristen unde heiden.* Nach der Schlacht auf dem Wülpensande werden die Gefallenen begraben, und zwar zuerst die Christen des eigenen Heeres 908:

Dô suochte man die tôten über al den sant.
die dâ wâren kristen, swaz man der dâ vant,
die hiez der helt von Stürmen zuo einander bringen.
wâ si belîben solten, daz ahten sî mit den jungelingen.

Darnach werden auf Irolts Frage hin die christlichen Feinde bestattet Str. 911, dann König Hetel 912 und endlich die Toten der befreundeten Hilfsvölker 913:

Die Mœre man besunder ir iegelîchen vant.
als tete man dâ die degene von Hegelinge lant
und die von Ormanie. man muoste ir stat bescheiden.
die legte man besunder. si wâren beide kristen unde heiden.

Martin führt in seiner Anmerkung diese Sonderung der
christlichen und heidnischen Gefallenen darauf zurück, daß
hier des Strickers Karl 10851 ff. nachgeahmt wurde.
Vgl. zur Klage oben S. 62. Ausdrücklich sind die Heiden
besonders aufgefaßt 705 bei den Kämpfen die nach
Hetels Ankunft zwichen den Christen und Heiden im
Lande Herwigs gefochten werden:

> *Swie si heiden hiezen, die von Môrlant*
> *dringen sich niht liezen, an in was wol erkant,*
> *ez wæren ie die besten von allem ertrîche.*
> *si gâben andern gesten vil ofte herberge schedelîche.*

Martin bemerkt zum ersten Verse dieser Strophe
In dieser Unterscheidung tritt wieder der Kreuzzugs-
standpunkt hervor.' Ich glaube doch eher der Standpunkt des Zeitalters Kaiser Friedrich II. Denn hier
werden die Heiden sehr gerühmt: sie sind zwar Heiden,
aber das hindert nicht, daß sie zu den wackersten Helden
auf der Erde zählen. Das ist nicht mehr die Ansicht
der begeisterten Kreuzfahrer noch des zwölften Jahrhunderts, sondern der ernüchterten des dreizehnten. —
Die Farbe der Christen ist weiß, die der Heiden schwarz.
Das geht aus den Angaben des Gedichtes bei der Verlobung des Mohrenkönigs mit Herwigs Schwester hervor 1651 ff., besonders 1663, 4: *bî dem sach si salwen stên
manegen ritter lobelichen.* 1664 heißt es dann von König
Sifrit selbst: *sîn vater und sîn muoter diu wâren niht enein,*
er stammte also aus einer Ehe zwischen einem Heiden
und einer Christin. Deßhalb wird auch weiter von ihm
sagt: *sîn varwe kristenliche an dem helde schein, sîn hâr lac
ûf dem houbte als ein golt gesponnen;* seine Haut ist also
weiß, sein Haar blond. Bei der mißlungenen Werbung
des Mohrenkönigs um Kudrun stellte sich Str. 583 sein
Aussehen anders vor. Dort ist ihm Kudrun geneigt: *si*

truoc im holden willen (ofte tete si daz), swie salwer varwe er wære ze schene an sinem libe. Der Widerspruch ist ziemlich stark; ob er ausreicht, die verschiedenen Meinungen verschiedenen Dichtern zuzuweisen? — Die Christen beten; bei Windstille heißt es von dem Befreiungsheere 1133, 1: *die dâ kristen hiezen, die gevrumten ir gebet.*
Christen verkehren zunächst nur mit Christen. Darum erschrecken die Jungfrauen so sehr, als der Knabe Hagen sich unerwartet ihnen nähert 76, 2: *alles unmuotes was ir herze vol, ê daz si ervunden, daz ez ein kristen wære.* Und Hagen beruhigt sie erst durch seine ausdrückliche Versicherung 78, 1: ʻ*lât mich iu wesen bî, ob ir daz welt gelouben, daz ich ein kristen si.*ʼ Er trägt den Beweis für sein Christentum mit sich, erst in der Erzählung wird jedoch davon Gebrauch gemacht, wo der heimgekehrte Hagen den König Sigebant von seiner Echtheit überzeugen will, Str. 143:

> *Ich weiz wol, sin geloubet der edele künic niht.*
> *sô vrâget mine muoter, ob si iu des vergiht*
> *daz si mich danne welle haben ze einem kinde,*
> *ob si ein guldin kriuze vor an miner brüste bevinde.*

Das wird auch dem Könige mitgeteilt 147, 2: ʻ*ob im an siner brüste ein guldin kriuze si, ob man des an dem degene die rehten wârheit vinde, geruochet ir des beide, sô muget ir sin wol jehen ze einem kinde.*ʼ Und so geschieht es. Frau Ute heißt die Leute wegtreten 153, 3: *ich sol in wol erkennen, ob im hie zimt diu krone.* si ervant diu wâren bilde. do enphiengen si den jungen helt vil schône.* Martin bringt zu 143, 4 ein paar Stellen aus dem Hugdietrich bei, in denen ein Muttermal in Gestalt eines roten Kreuzes Wolfdietrich kenntlich macht, und meint, ein solches werde vielleicht auch hier gemeint sein. Gewiß.

Denn schon der zweimal gebrauchte Ausdruck *an siner brüste* spricht dagegen, daß hier ein um den Hals gehangenes goldenes Kreuz verstanden sei, wie Piper meint, besonders aber. Str. 153: welchen Sinn hätte es gehabt, daß Mutter und Sohn bei der Erkennung allein bleiben mußten, außer wenn sie nur durch eine vor Zuschauern unschickliche Entblößung möglich war? Ein Schmuckstück als Kennzeichen hätte doch vor allen Leuten vorgezeigt werden können. — Vielleicht mag hier noch an die alte Überlieferung erinnert werden, die Calderon's La devocion de la Cruz zu grunde liegt, wo die Zwillinge auf das Gebet der Mutter hin mit roten Kreuzen auf der Brust zur Welt kommen. Auch S. Rochus, der Pestheilige, ist mit einem solchen wunderbaren Merkzeichen geboren worden. Reichliche Zeugnisse sammelt Martin in seiner kleinen Ausgabe der Kudrun, S. XVI Anm. Den Anlaß, dieses Motiv in Dichtung und Legende einzuführen, gewährten wol die Kreuzzüge und der Brauch farbige (auch rote und gelbe) Kreuze auf Brust und Schulter zu heften. Dann der Anblick der Herren von den geistlichen Ritterorden, deren Trachten durch das Kreuz gezeichnet waren. Übrigens war es schon lange in der Übung gewesen, daß Christen beim Kampfe wider Heiden Kreuze auf der Brust trugen, Du Cange 2, 637 f. Endlich steht fest, daß an und für sich schon durch das Kreuzzeichen die Ungetauften zu Christen gemacht werden, und zwar bekreuzt der Priester Stirn und Brust des Täuflings. Das gehört zum abendländischen Ritus der Taufe durch alle Jahrhunderte, vgl. z. B. nur das Formular des 10. Jhs. (Migne 138, 949 ff.): Deinde crucem fac in fronte dicendo: signum sanctae crucis Domini nostri Jhesu Christi in frontem tuam pono. Et in pectore similiter crucem fac dicendo: signum Salva-

toris Domini nostri Jesu Christi in pectus tuam pono.
Ferner Honorius August., Gemma Animae, Lib. 3, Cap. 111
(Migne 172, 672 f.) und Gratians Decretum, Pars 3, Dist. 4,
c. 63 (Migne 187, 1820).

Nur dann, wenn Hagen an seinem Leibe selbst
das Zeichen des Kreuzes trug, versteht es sich, daß er es
auch zu seinem Wappen wählte. Das ergibt sich aus
den Strophen 488 f.:

Do ez âbenden begunde, dô sach von Tenelant
Hôrant der degen küene (ez was im wol bekant)
ein kriuze in einem segele. bilde lâgen drinne.
solher pilgerîne hete Wate der alte lützel minne.

Lûte ruoft dô Môrunc Irolden zuo
'nu sage dem künic Hetelen, waz er dar umbe tuo:
ich sihe diu Hagenen wâfen in einem segele rîchen.
wir haben ze vil geslâfen. jâ schiede wir von im harte unsenfticlichen.'

Deßhalb glaube ich auch nicht mit Martin, daß 'das
Kreuz im Segel durch den Bearbeiter aus 853, 4 entnommen worden ist, wo dasselbe das Abzeichen der
Kreuzfahrer darstellt.' Piper hält ganz richtig das Kreuz
für das Zeichen Hagens, faßt aber *bilde* als Wappen-
schilde auf, 'Wappen auf den Schilden, die am Schiffs-
rande zu sehen waren'. Das verstehe ich nicht; weßhalb soll Hagens Kreuz nicht als Wappenzeichen auf den
Segeln eingezeichnet gewesen sein? Das ist nicht so
wunderlich, als Martin annimmt. Herr Alfred von Siegenfeld schreibt mir darüber: '488. 9 wird doch nur ein
goldenes Kreuz im weißen Segel gemeint sein, vgl.
153, 4 und besonders 1372, 2, wo es unter *bilde* verstanden wird. Es gab übrigens auch in der Zeit vor
dem Aufkommen eigentlicher Wappenbanner überreich
gestickte Banner, wie sie das Rolandslied und der Biterolf kennen. *bilde lâgen drinne* möchte dann nur heißen,

das Kreuz habe aus Stickerei bestanden, deren Einzelnheiten freilich auf größere Entfernung nicht zur Geltung
kommen konnten. Das goldene Kreuz ist das historisch
belegbare Heerzeichen der Normannen in der Zeit der
Eroberung Englands.` Auch die *pilgerine* nehme ich
nicht ironisch wie Martin, sondern stimme Piper zu:
Hagens Wappen mochte Unkundigen seine Flotte als mit
einer Schaar von Pilgern ins heilige Land besetzt erscheinen lassen; Pilger von dieser Sorte aber, die er
kannte, mochte Wate nicht leiden.

Kreuze in den Segeln führen auch die Kreuzfahrer,
vgl. Prutz, Kulturg. d. Kreuzz. S. 103 f. Darum, als Hartmuot und die Seinen auf dem Wülpensande die Schiffe
des sie verfolgenden König Hetel von weitem kommen
sehen 853, 4: *in den segelen wâren kriuze, sie jâhen ez
wæren pilgerine* = *Kreuzfahrer* (peregrinus = crucesi-
gnatus, Du Cange 2, 671). Aber diese Kiele 854, 2:
*truogen ûf der vluot manegen, der selten truoc durch die
gotes êre daz kriuze,* viele, die noch nie um Gottes willen
das Kreuz genommen hatten. Nur Viele, nicht Alle, denn
auf Hetels Schiffen befanden sich auch 500 wirkliche
Kreuzfahrer, die ja übrigens nicht bloß zu kriegerischen
Unternehmungen im heiligen Lande sich verpflichtet zu
haben brauchten, sondern auch nur eine fromme Wall-
fahrt geplant haben konnten; merkt doch Hartmuot
Str. 855 an dem Glanz der Helme, daß seine Feinde
nahen: Kreuzfahrer wären also nicht gerüstet auf den
Verdecken der Schiffe gestanden. Diese Schiffe hatte
Hetel auf Wates Vorschlag einem Pilgerzuge weggenommen, der bei Seeland stillhielt, wo Hetel und Herwig mit
dem Mohrenkönige fochten 839, 1: *die (kiele) habent pilgerine gevüeret ûf den sê.* Silber und Gewänder ließ Wate
aus den Schiffen bringen (damit er nicht als Räuber

handle, sondern bloß im Notfalle des Krieges), dagegen
behielt er die Speisenvorräte, trotzdem 843: *dic pilgerîne
fluohten, des gienc in michel nôt. swaz si im ir dinges sageten,
er ahte ez niht ein brôt. Wate der vil küene trahte âne smiele,
daz si ime lâzen müesten beide kocken unde kiele.* Wenn sie
von ihrer Pilgerfahrt zurückkämen, sollten sie entschädigt
werden. Und noch mehr 844, 1: *Hetele der enruohte, ob si
immer ûf daz mer mit ir kriuze kæmen.* Ich glaube nicht, daß
mit ir kriuze nur heißen soll: mit ihrem Kreuz, d. h. etwa:
ihrer Kreuzfahne, ihrem Kreuzsegel, sondern: mit ihrem
Kreuzheer, ihrem Kreuzzug. Denn *crux* bedeutet an sich
schon, ohne Beisatz (nude): expeditio sacra contra *Sara-
cenos*, Du Cange 2, 673, und dieser häufige Ausdruck
wird doch wol auch seine Entsprechung im Deutschen
gehabt haben. Vgl. DWtb. 5, 2180 f. — König Hetel
verstärkt aber noch seine eigene Mannschaft für den be-
vorstehenden Feldzug, indem er aus der Schaar der
Kreuzfahrer die Besten auswählt und sie kurzweg seinem
Heere einverleibt. (Man erinnert sich dabei an das
Schicksal des vierten und der Kinderkreuzzüge.) Daß
solche Vergewaltigung der Pilger strafwürdig war, bemerkt schon die nächste Strophe 845: *Ich enweiz, ob des
engulte Hetele und sîne man, daz ditze volc ellende daz herzen
leit gewan, daz si sich muosten scheiden in den vremeden
landen. ich wæne, got von himele ræche an in dâ selbe sînen
anden.* Und als der Zug mißlungen, König Hetel erschlagen und der Rest des Heeres heimgekehrt ist, wird
in den drei Strophen 931—3 das ganze Unheil jener Be-
raubung der Kreuzfahrer zugeschrieben. Zuerst sagt Wate:

931 *Er sprach 'mîn vrou Hilde, ez ist alsô komen:
ich hân pilgerînen niun schif genomen.
diu sul wir den armen dar umbe wider bringen,
ob wir mêre strîten, daz uns danne baz müge gelingen'.*

932 *Dô sprach diu jâmerhafte 'daz râte ich daz man tuo.*
daz man ir schaden büeze, dâ hân ich willen zuo.
swer iht nimt pilgerînen, der hât des sünde starke.
man sol ie wider eine in mines silbers geben drî marke.'

933 *Diu schef brâht man widere, als diu vrouwe riet.*
ê daz dehein pilgerin von dem stade schiet,
dô wart in allen alsô wol vergolten,
duz si dâ vluohten niemen und daz Hagenen kint beleip unbescholten.

Es ist also hier ganz deutlich, daß der Fluch der
Kreuzfahrer (843, 1) das Unglück über König Hetel gebracht hat. Denn es ist eine schwere Sünde, solche Pilger
zu berauben. Das vierte Lateranensische Konzil 1215
(darnach das von Lyon 1244) hat Bestimmungen getroffen, welche die Güter und Personen der Kreuzfahrer
in den Schutz 'B. Petri et summorum pontificum' stellten.
Sie fallen so ziemlich zusammen mit den Geboten Papst
Innocenz III., die dessen 'Ordinatio pro recuperanda
Terra Sancta' vom Jahre 1216 (für den 1. Juni 1217)
enthält (Migne 217, 269 ff.). Es heißt dort 272 A:
'caeterum quia cursarii et piratae nimium impediunt sub-
sidium Terrae Sanctae, capiendo et exspoliando transe-
untes ad illam et redeuntes ab ipsa, nos speciales ad-
jutores et fautores eorum excommunicationis vinculo
innodamus, sub interminatione anathematis inhibentes,
ne quis cum eis scienter communicet aliquo venditionis
vel emptionis contractu, et injungentes rectoribus civi-
tatum et locorum suorum, ut eos ab hac iniquitate re-
vocent et compescant, alioquin quia nolle perturbare
perversos nihil aliud est quam fovere, nec caret scrupulo
societatis occultae, qui manifesto facinori desinit obviare,
in personas et terras eorum per Ecclesiarum praelatos
severitatem ecclesiasticam volumus et praecipimus exer-
ceri.' Der Papst verbietet ferner jede Art von Unter-

stützung der Sarazenen, macht alle Schädiger der
Kreuzfahrt ersatzpflichtig und will: ʿut per omnes urbes
maritimas diebus Dominicis et festivis hujusmodi sententia
innovetur et talibus non aperiatur gremium Ecclesiae.ʾ
Dieser Erlaß Innocenz III. ist dann in allen Diöcesen
noch besonders veröffentlicht worden (Beispiel: für Bremen,
Migne 217, 255 ff.) und seinem Inhalte nach in die
Proklamationen der Herrscher als landesfürstlicher Auto-
ritäten aufgenommen worden (Beispiel: Philippi II.
stabilimentum crucesignatorum, Migne 217, 239 ff.) —
Die Angaben des deutschen Gedichtes Str. 931—3 über
den Gottesfrieden der Kreuzfahrer beruhen also durchaus auf wirklichen Verhältnissen in der ersten Hälfte
des 13. Jhs. Wenn Hilde 932, 4 befiehlt, für eine Mark
Silber, die den Pilgern weggenommen worden war, drei
als Ersatz zu leisten, so tut sie damit mehr als die gewöhnlichen Bestimmungen über den Bruch des Gottes-
friedens verlangen: diese begnügen sich mit einfachem
Ersatz des Verlustes, Du Cange 8, 172. Dagegen hatte
schon das mosaische Gesetz noch eine Zugabe von einem
Fünftel als Entschädigung vorgeschrieben (Numer. 5, 7)
und Zachäus spricht in der bekannten Stelle Luc. 19, 8
davon, daß er die Summe vierfach erstatte, um die er
Jemand betrogen habe. — Es istʾ übrigens leicht zu
sehen, daß diese Stelle der Kudrun zunächst die Zustände der Mittelmeerländer während der Zeit der
Kreuzzüge im Auge hat; andere Wahrnehmungen bestätigen das.

Noch ein paar Mal finden sich ʿPilgerʾ erwähnt.
Um Hagen bei den Greifen zu Waffen und Rüstung zu
verhelfen, scheitert ein Heer von Kreuzfahrern 85, 1: *ich
enweiz von welhem ende gevlozzen über mer zuo den stein-
wenden kam ein gotes her;* 88, 2: *die dá wären ertrunken,*

daz was ein gotes her. Auch die Mannschaft des Grafen
von Garadie gibt sich als ein Pilgerzug aus 110, 4: *sun
des Sigebandes der pilgerinc einer niht bekande;* 114, 1: *ê si
zem schiffe giengen, dô brâhte man in gewant, daz die pilgerinc
vuorten in daz lant;* 135, 4: *diu craft sines libes wart den
pilgerinen harte künde;* 158, 4: *Hagene der junge der gewan
der pilgerinen hulde.* — Auch das Racheheer, das gegen
Ormanie heranzieht, wird von dem alten Ludwig zuerst
als eine Pilgerschaar aufgefaßt 1364, 3: 'ez sint lihte
pilgerine und ligent hie durch koufen (um sich zu ver-
proviantieren) vor der stat und vor der bürge mine.' Hartmuot sieht das besser 1367, 1: 'ez sint niht pilgerine, vil
lieber vater min.' — Wenn an so verschiedenen Stellen
des Gedichtes immer wider und mit solcher Stärke sich
die Anschauung der Kreuzfahrten in die Erzählung ein-
drängt, so geht daraus hervor, daß das ganze Werk in
seiner uns vorliegenden Fassung noch in lebendigstem
Zusammenhange mit der Zeit der Kreuzzüge steht: die
Vorstellungen davon sind aber, was deutlich zu merken
ist, nicht aus den älteren, sondern aus den späteren
Unternehmungen für das heilige Land gewonnen.

Noch ist hier eine Stelle zu erwähnen, die Horants
Gesang vor Hilde betrifft 397, 1: *dô huop er eine wise,
diu was von Amilê. die gelernte nie kristen mensche sit noch
ê, wan daz er si hôrte uf dem wilden vluote.* Ich stimme
Martin vollkommen bei, wenn er *nie kristen mensche* hier
ganz allgemein faßt = 'überhaupt kein mensch', das
scheint mir schon der ähnlich allgemeine Zusatz *sit noch
ê* zu verlangen. Unter dem Gesange selbst kann ich mir
aber andererseits gar nichts vorstellen, was mit nord-
germanischem Volksglauben zusammenhienge (Zachers
'Hamlet' steht ungefähr auf einer Linie mit Ettmüllers
'Amicus und Amelius'), sondern meine mit Müllenhoff

10

(vgl. Wilmanns S. 258), es werde (wie 1588, 4 mit der *wise von Arâben)* etwas Seltsames, Orientalisches darunter verstanden sein; vielleicht wars nur ein Schifferlied von Matrosen einer Mittelmeerflotte.

m. Von den christlichen Festzeiten des Jahres werden in der Kudrun erwähnt: Weihnachten (1075, 1. 1081, 2: *daz ich nâch wîhen nahten in schs und zweinzig tagen zen Hegelingen rite),* Fasten (1166, 1), Palmsonntag (1192, 2), mittelbar Ostern (1192, 1); die Stellen sind oben S. 120 ff. besprochen. Hier mag noch bemerkt werden, daß eine solche Weise, nach den Kirchenfesten Ereignisse anzuberaumen, der älteren epischen Poesie wenig gemäß ist; die Nibelungen kennen nur den höfischen Termin zu Pfingsten. — Das Gebet des Einzelnen, vielmehr nur die Stellung des Betenden, kommt vor, als Kudrun in der schon früher S. 118 erörterten Stelle 1170, 1 f. die Botschaft des Engels empfängt. Den frommen Gesang bei der Ausfahrt zum Befreiungszuge erwähnt 1117, 4: *dô si zen schiffen giengen, die guoten ritter hôrt man singen alle,* vgl. Martins Anm. — Einige Schwierigkeit bereitet 390, 2 f. Voran geht die wolbekannte Strophe, in der die wunderbare Wirkung von Horants Gesang beschrieben wird. Es folgt nun:

Swaz er dâ dornen (Hs. dienen) mohte, daz dûhte nieman lanc.
sich unmârt in kœren dâ von der pfaffen sanc.
die glocken niht klungen sô wol alsam ê.
allez daz in hôrte, dem was nâch Hôranden wê.

Die zweite Zeile ist so durch eine Konjektur von Wackernagel hergestellt, die Hs. liest: *sich* (so Martin in den Ausgaben von 1872 und 1883, für die zweite hatte er alle unsicheren Lesarten nachvergleichen lassen; Symons 1883 und, wie es scheint, er allein gibt: *sy) minnert ir choren da von der pfaffe sanc.* Den Sinn der Zeile hat

Wackernagel richtig getroffen, er wird festgelegt durch den parallelen (daher ist wol Komma nach *sanc* zu setzen) folgenden Vers: (da man Horants herrliche Weise vernommen hatte) wollte den Menschen das Geläute der Glocken nicht mehr so gut gefallen. V. 2 muß daher bedeuten: (da man Horants herrliche Weise vernommen hatte,) galt der Gesang der Geistlichen im Chor nichts mehr. Dieser Sinn wird aber auch dann gewahrt, wenn man an der handschriftlichen Lesung wenig ändert und sich damit begnügt zu schreiben: *sich minnert in den kôren dâ von der pfaffen sanc.* Konrad Hofmann hatte vorgeschlagen: *sin minnert in ze hœren,* was Piper aufgenommen hat, was ich aber nicht verstehe. Symons liest: *sin minnert in den kœren dâ von der pfaffe sanc* und erklärt das: ‘davon wurde geringer geachtet wovon der Pfaffe im Chor sang.’ Das ist der Sache nach unmöglich. Bei der gemeinsamen Andachtsübung der Geistlichen (Mönche oder Kanoniker) im Chor gibt es folgende Möglichkeiten: gemeinsames stilles Gebet; gemeinsames lautes Gebet; Recitation durch einen Einzelnen; gemeinsamer Gesang, den Einer vorsingend leitet, der dann entweder *cantor* heißt (wie beim heutigen Studentenbrauch), Du Cange 2, 106, oder *praecentor,* Du Cange 6, 450. 483 (ja nicht: *praecantator* Du Cange ebenda). Weil nun hier das tertium comparationis zwischen Horants Lied und dem Inhalte der Verse 390, 2 f. durch die musikalische Wirkung gebildet wird, so kann sich 2 nur auf den gemeinschaftlichen Gesang der Geistlichen im Chor beziehen, es muß also *phaffen* geschrieben werden. Der Inhalt dieses Gesang tut nichts zur Sache.

Das Sakrament der Taufe wird zweimal in der Kudrun genannt, 22, 3: *daz (edele kint) wart getaufet unde sit genennet bî sînem namen Hagene, dâ von man daz mære*

10*

wol erkennet; 113, 2: fragt der Graf: *sit ir kint getoufet, waz tuot ir dunne hie?* — Des Sakramentes der Buße wird 1436, 1 gedacht. Herwig hat seinem Todfeinde Ludwig seine Übeltaten vorgeworfen und ihn der Urheberschaft seiner Leiden bezichtigt, darauf antwortet Ludwig höhnisch: *du hâst mir dîne bîhte âne nôt getân.* Martin nennt das mit Recht: 'ironisch'. Die Ironie besteht aber darin, daß *bîhte* in übertragener Bedeutung gebraucht wird: Herwig hat nicht seine eigenen Sünden aufgezählt, sondern Ludwigs Frevel. Den bisher aufgestellten Erklärungen kann ich nicht zustimmen. Bartsch überträgt 'Beichte' als 'Bekenntniß'; das ist nicht richtig, denn 'Beichte' bezeichnet nicht allgemein irgend ein Bekenntniß, sondern das vor dem Priester abgelegte Bekenntniß der Sünden. Darum ist auch die von Bartsch beigefügte Umschreibung: 'es hat dich Niemand aufgefordert, zu bekennen, wer du bist, und was man dir getan hat' falsch; der Name des Beichtenden hat mit seinem Bekenntniß gar nichts zu schaffen und man beichtet, was man selbst verbrochen, nicht was Andere gefrevelt haben. Auch Piper gibt 'gebeichtet' irrtümlich wider durch 'deinen Namen gesagt' und ebenso umschreibt Martin die Stelle unzutreffend (Zeitschr. f. d. Philol. 15, 220 f): 'du hättest mir nicht zu sagen brauchen (du hättest besser getan mir nicht zu sagen), wer du bist und was dich antreibt mich herauszufordern', ironisch = du hättest besser getan mich nicht herauszufordern'. Wilmanns meint S. 197: 'der Ausdruck 'Beichte' würde passen, wenn Hartmuot von dem Herzeleide geredet hätte, das ihm Ludwig bereitet hatte, von der Angst und Sorge und was sonst sein Herz beschwert, wie er es in den jüngeren Strophen 1433. 1434 wirklich tat, aber auf seine kühn herausfordernden Worte in 1435 paßt es

schlecht; Herwig bekennt nicht, er fordert.' Ähnlich sagt
Symons: 'du hättest deine Beichte wol für dich behalten
können, dein Herzeleid ist mir gleichgiltig.' Beide Auf-
fassungen übersehen die Spitze von Ludwigs Antwort,
der Hohn liegt in der falschen Anwendung des Wortes
bihte, Herwig hat eben nicht gebeichtet, nicht seine
Sünden vor dem Priester (Ludwig) bekannt, sondern
über das Leid geklagt, das Ludwig ihm zufügte. Gerade
umgekehrt wie Wilmanns schließe ich, daß *bihte* 1436, 1
nur passend gebraucht ist, wenn 1433. 4 vorhanden sind,
1436 setzt 1433. 4 voraus, diese drei Strophen gehören
zusammen. Martin merkt a. a. O. S. 221, gestützt auf
Wackernagels Abhandlung über den Totentanz (Kl.
Schr. 1, 309 Anm. 16), an, daß der Vergleich hauptsächlich in späteren Quellen gebraucht sei; in der That ist
er der Sprache des älteren Epos nicht gemäß, er gehört
dem burlesken Stile an.

Einige Male kommt die Messe in der Kudrun vor.
181, 2 heißt es, nachdem ein Buhurt König Sigebants
und seiner Mannen beschrieben ist: *dô man vol gesanc*
(aus *wol sang* der Hs. durch Vollmer evident gebessert),
*ze hove reit vrou Uote und mit ir vil der vrouwen, die die
jungen helde dâ vil williclichen mohten schouwen.* Dazu bemerkt Martin: 'ist kirchlicher Gesang gemeint, so ist
das doch sehr dunkel angegeben; auch würde dadurch
zurückgegriffen werden, indem das schon beschriebene
Turnier doch gewiß erst nach der kirchlichen Feier statt
fand.' Und ähnlich sagt Symons: 'Indeß ist die Erwähnung
des kirchlichen Gesanges an dieser Stelle sehr verspätet
und abgerissen.' Aber es ist nicht von kirchlichem Gesange
im allgemeinen die Rede, sondern nach mhd. Sprachgebrauch von der Messe und diese findet hier nach dem
Turnier um nichts später statt als Nibl. 750, 3 (vgl. oben

S. 14 f.). Allerdings ist auch Piper im Unrecht, der den Gesang hier auf ein 'feierliches Hochamt' bezieht, ein solches wurde nur zu späterer Tageszeit abgehalten. — Die Frühmesse wird auch einfach als Zeitbestimmung verwendet 440, 1: *an dem næhsten morgen nâch vruomesse-zît dô kleiten sich meide und wîp widerstrit;* 718, 1: *am drizehenden morgen vor vruomessezît sprach Sivrit mit sorgen.* — Hier ist der Ausdruck eigentlich stilwidrig gebraucht, weil die von Morlant Heiden sind; 1671, 3: *an dem andern morgen nâch vruomessezîte, als dâ wart gote gedienet, dô sâhen si aber die swertdegne riten.* Gemeint ist die Früh-messe auch 441, 1: *die geste heten messe ze Baljân ver-nomen.* Vgl. die Anm. von Martin und Piper.

Ob der *brûtstuol*, in dem Hilde 549, 1 sitzt, als eine kirchliche Einrichtung aufzufassen ist, weiß ich nicht, vgl. Martins Anm. und Martin, Zeitschr. f. d. Philol. 15, 212. Der Witwenstuhl bezeichnet einen erbrechtlichen Brauch, vgl. Martin zu Kudrun 6, 1 und Zeitschr. f. d. Philol. 15, 205, ferner Du Cange 7, 404 s. v. Sella vidualis. — Ein formelhafter Ausdruck für die kirchliche Feier der Krönung wird angewendet 179, 1: *nâch siten kristen-lichen wîhen man dô hiez beide zuo der krône,* Hagen und Hilde. Über den Zusammenhang zwischen Vermählung und Krönung hat Richard Schröder gehandelt, Zeitschr. f. d. Philol. 1, 267 ff., anläßlich der Strophe 1022: *Dô ez dem niunden jâre nâhen began, (Hartmuot der was wîse), der helt sich versan deiz im und sinen vriunden wære gar ein schande, daz er niht krône trüege und doch herre hieze ob küneges lande.* Ganz ähnlich werden beide feierliche Akte verknüpft am Schluß des Gedichtes 1606, 4: *vier künege tohter die wihte man vor den helden zuo der krône;* 1661, 4: *dô wâren ouch die künege gewîhet nâch ir ê.*

Gottesdienst für die Toten wird abgehalten nach

der Schlacht auf dem Wülpensande. Das beschreiben zwei Strophen:

914 *Vil unmüezic si wâren unz an den sehsten tac.*
   si heten niht der wîle. daz gesinde nie gelac,
   wie si ze gotes hulden die von Hegelingen
   von ir grôzen schulden und von ir missetât mohten bringen.

915 *Lesen unde singen man hôrte sô vil dâ.*
   daz man bî sturmtôten nindert anders wâ
   gote sô schône diente in deheinem lande.
   sît lie man bî den veigen vil der guoten pfaffen ûf dem sande.

Ich habe für 914, 1 f. die Interpunction angenommen, deren sich Martin bedient. Macht man, wie mehrere Herausgeber tun, 914, 3 f. abhängig von *si heten niht der wîle*, so erhält man einen Sinn, dem die nächste Strophe geradewegs widerspricht: es hieße dann, daß die Leute keine Zeit hatten, sich mit den Gebeten und dem Gottesdienste zu Gunsten der sündigen Hegelingen zu befassen; andererseits wäre behauptet, noch niemals habe man irgendwo für die Gefallenen so viel Messen gelesen als hier. Solch gegensätzliche Behauptungen in unmittelbar an einander stoßenden Strophen können auch durch die albernste Interpolation nicht erklärt werden; schließlich wurden ja doch auch einmal die Strophen in der Folge gelesen, die unsere Überlieferung darbietet.

Beide Strophen hängen übrigens genau mit der merkwürdigen Klosterstiftung auf dem Wülpensande zusammen, die nunmehr einläßlicher behandelt werden muß. Folgende Stellen kommen dafür in Betracht 909:

Dô riet der degen Ortwîn 'jâ sul wir si begraben.
daz sul wir alten danne, daz si urkünde haben
mit einem rîchen klôster immer nâch ir ende
und daz ein teil guotes iegelîches künne dar zuo sende.'

Ortwin meint also, man müsse in Überlegung ziehen, daß für die bei der Schlacht auf dem Wülpensande gefallenen Christen ein Gedächtniß, ein Denkmal, und zwar in der Gestalt eines woldotierten Klosters geschaffen werde, dessen Aussteuer die Familien der Erschlagenen (die somit als vornehme Grundbesitzer, als adelige Herren gedacht sind) übernehmen. Wate von Stürmen rät dann 910, 2:

> *'ja sol man verkoufen ir ros und ir gewant,*
> *die dâ ligent tôte, daz man der armen diete*
> *nâch ir libes ende von ir guote disen vrumen biete.'*

Rosse und Kleider der Gefallenen sollen verkauft werden. Der Zweck ist nicht ganz klar ausgedrückt. Martin vergleicht die Strophe mit Nib. 1001, 3, wo bei Siegfrieds Bestattung Silber und Kleider an die Armen verteilt werden. Das ist möglich; andererseits können aber auch unter *der armen diete* eben die Gefallenen verstanden sein, denen nach ihrem Tode aus ihrem eigenen Besitz (den verkauften Rossen und Kleidern) der Vorteil klösterlichen Gottesdienstes für ihr Seelenheil (949, 3) gestiftet wird. Dazu möchte die erste Zeile wol passen, in der sich Wate dem Vorschlage Ortwins mit den Worten anschließt: *daz hást dû wol geráten.* Nachdem noch 914 und 915 der Gottesdienst bei der Bestattung beschrieben war, wird die Stiftung selbst erzählt:

> 916 *Ouch muosen dâ belîben die ir solten phlegen.*
> *die hiez man ane schrîben, daz in dâ wart gegeben*
> *wol driu hundert huobe. ez wurden spitâlære.*
> *diu mære erschullen verre, wie daz klôster dâ gestiftet wære.*

> 917 *Alle die ir mâge heten dâ verlân,*
> *die gâben dar ir stiure, wîp unde man,*
> *durch willen der sêle der lichnam si begruoben.*
> *sît wart ez alsô rîche daz dar dienten wol driu hundert huoben.*

Das schließt sich an 915, 4, wo angegeben wird, daß man später *(sît)* auf dem Strande viel fromme Geist-

liche angesiedelt hat. Es mußten also zunächst noch auf
dem Wülpensande (vgl. Müllenhoff, Kudrun S. 19) solche
Leute wohnen *(beliben)*, die den Haushalt des Klosters
versehen müssen: *die ir* (der Geistlichen) *solten phlegen.*
916, 2 f. *ane schriben* übersetzen Bartsch, Martin, Piper
mit: 'aufschreiben, urkundlich verzeichnen, notieren.'
Aber wozu sollte diese völlig bedeutungslose Thatsache
hier erwähnt werden? *ane schriben* muß hier etwas anderes
heißen, und zwar, wie ich es aus süddeutschem Sprachgebrauch kenne: an den Besitz schreiben, den Besitz
urkundlich bestätigen; das überlieferte *des in* paßt dazu
ganz gut. In diesem Sinne wird *ascribere* verwendet ==
asserere, adjicere, Du Cange 1, 420. So bezeugt es
Diefenbach im Novum Glossarium 27: *ascribere, hens
selven ydelick toe schriven.* Schmeller führt es an 2^2, 595,
'gerichtlich niederschreiben, verzeichnen, eintragen.' Die
Klosterleute werden erst durch dieses Document in den
Besitz der 300 Huben eingewiesen. Sie werden genauer
bestimmt durch den nächsten Satz: *ez wurden spitálære.*
Die Erklärer zweifeln sämmtlich durchaus nicht daran,
daß unter den *spitálære* hier 'Hospitaliter = Johanniter',
also Mitglieder dieses wolbekannten geistlichen Ritterordens gemeint sind. In der That heißen die Johanniter
schlechtweg *hospitalarii* (Du Cange 4, 239). Aber auch
die Herren vom Deutschen Ritterorden hießen so (Du
Cange, ebenda). Deßgleichen die Kreuzherrn, die schon
im 12. Jh. in Italien bestanden und anfangs des 13. Jhs.
sich in Böhmen niederließen (Wetzer und Welte, Kirchenlexikon ^{2} 7, 1102 f. 1111 ff.). Ferner sind seit frühen
Jahrhunderten des Mittelalters Spitäler mit klösterlichen Einrichtungen verbunden gewesen (Ratzinger, Geschichte der kirchl. Armenpflege ^{2}, bes. S. 139 ff. über
die Hospitalverbrüderungen), und auch diese Gemein-

schaften hießen *spitälære*. Dafür ist es nun beachtenswert, daß hier 909, 3. 916, 4. 950, 2. 951, 2. 1121, 4 immer von einem *klóster* die Rede ist, niemals aber hat eine Niederlassung der Johanniter oder eines anderen geistlichen Ritterordens 'Kloster' geheißen. Übrigens ist *spitál* hier durchaus nicht im modernen Sinne zu nehmen, es bedeutet eine Pilgerherberge (Xenodochium) in welchem sich allerdings immer eine Abteilung für Kranke befindet (Infirmarium). — Wie Ortwin 909, 4 wollte, so geschieht 917: die Verwanten der Erschlagenen statten das Kloster mit Grundbesitz reichlich aus. Daß zum Gedächtniß großer Schlachten Klöster gestiftet wurden, dafür gibt es verschiedene historische Zeugnisse und eine Entlehnung aus des Strickers Karl, wie sie Martin vermutete, oder aus dem jüngeren Titurel (Zeitschr. f. d. Philol. 15, 216) braucht nicht angenommen zu werden. Die Stelle schließt mit einem guten Wunsche für die Toten und die Stiftung: *nû ruoche in got genâden, die dâ sint gelegen, und den in dem sande.*

Die Sache wird wider aufgenommen in den Strophen:

949 *Dô si von dannen wâren geriten in ir lant*
mit truoben gebâren, ûf den Wülpensant
der tôten beteliuten hiez man vüeren spîse,
daz si ir gedæhten gegen gote. vrou Hilde was vil wîse.

950 *Dar zuo hiez si mûren ein münster, daz was wît.*
klôster und spitâle hiez si mûren sît.
mich dunket, daz ez wurde erkant in manegen lande
von den die dâ lâgen. sît nande man ez dâ zem Wülpensande.

Die Verse sind kläglich genug. Aber daß bei der Stiftung des Klosters das Seelenheil der Verstorbenen das Hauptziel war, welches durch Gebete und Messen dafür angestellter Geistlicher gefördert werden sollte, das erhellt daraus deutlich. Piper übersetzt *beteliute* mit 'Betbrüdern' (!)

und versteht darunter Mönche, das ist auch wahrscheinlich. Zwischen den Angaben von 950, 1 f. und 909, 4.
916, 4, 'wonach die Stiftungen von den Helden gemeinsam ausgehen', finde ich nicht, wie Martin, einen Widerspruch, denn sehr wol konnten die Verwanten der gefallenen Helden die Errichtung des Klosters durch Be-
stiftung mit Gütern ermöglicht, Frau Hilde auf ihr besonderes Theil den kostspieligen Steinbau übernommen
haben. Mit den nächsten Versen 951, 1 f.: *nû lázen wir
beliben, wiez umbe si gestá oder waz die klôsterliute ze schaffen
heten dá* wird zu einem anderen Theil der Erzählung
übergegangen. Nur einmal noch, bei dem Rachezuge
wird des Klosters gedacht, Str. 1121:

> *Úf dem Wülpensande, dá ê was der strît,*
> *von iegelichem lande dá heten si sich sît*
> *vermezzen alle geliche einer samenunge.*
> *ir klôster daz was rîche. dar gap der alte und der junge.*

Das Kloster war reich geworden, weil sowol die verwanten Genossen der Gefallenen als auch die Söhne
und Erben dazu gesteuert hatten. Ganz paßlich war der
Wülpensand auch zum Versammlungsplatz für die Flotten
bestimmt worden. Martin sagt von *vermezzen:* 'es wird
sonst allerdings mehr von gefahrvollen Entschließungen
gebraucht'; Bartsch überträgt es durch: 'sich entschließen
zu, beschließen'; Piper: 'etwas unternehmen'. Ich mache
auf die Bedeutung des Wortes aufmerksam, welche
Schmeller 1², 1699 mit folgenden Beispielen belegt: '*vermezzen* (part. prät.), abgeredet, bestimmt: *des gab si im ainen
vermessenen tag; des gab si im ein vermessen zil; einem ainen
vermezzenen tag auf recht geben und künden;* Aventin:
*Römer haben nit gern ein vermessen schlagen (wann es den
Feinden eben gewesen) than, sondern lieber ungewarnter Sach,
wenn es den Feinden am aller ungelegnesten war.* (Vgl. DWtb.

12, 864). Damit hängen die Bedeutungen 'ausmessen` (Lexer 3, 178), durch Messen bestimmen, zielen u. dgl. zusammen. Dieser Sinn muß hier angenommen werden, der Wülpensand war das Rendezvous der Verbündeten, und deßhalb braucht auch das überlieferte *ze* vor *einer samenunge* nicht gestrichen zu werden; Piper hat es übrigens schon wider aufgenommen. — Mit diesem Nachklang verschwindet das Kloster aus der Dichtung.

Noch ungleich viel schwieriger als das Problem der Nibelungen ist die Frage nach der Entstehung der Kudrun zu lösen. Über alle wesentlichen Bedingungen und Umstände sind wir hier weit schlechter unterrichtet. Das Übel beginnt schon bei der Geschichte der Sage. Von den drei Theilen des Gedichtes beruht nur der mittlere, der von Hilde, Hetel und Hagen handelt, auf einer Sage, die in das germanische Altertum zurückreicht. Die Jugendgeschichte Hagens, vorn angeschoben, ist ein ganz später Sproß. Die Kudrunsage selbst ist ohne Zweifel aus der Hildensage hervorgewachsen. Dieser, an sich gar nicht unwahrscheinliche Vorgang (ähnlich ist nach Müllenhoffs Beweis, Zeitschr. f. d. Altert. 23, 113 ff., besonders 146 ff., die Siegfriedsage mit der von Siegfrieds Ahnen verknüpft) vollzieht sich hier freilich in einer den späteren Zeitverhältnissen angemessenen Weise: L. Beer hat in seiner Abhandlung 'Zur Hildensage` Paul-Braunes Beiträge 14, 522, bes. 553 ff. vgl. ebenda 16, 516—532 Wolfgang Meyer, Zur Hildensage) klar gelegt, aus welchen uns in spielmannsmäßiger Bearbeitung überlieferten Sagen die einzelnen Motive der erweiternden und begründenden Kudrundichtung entlehnt sind (vgl.

Symons in Pauls Encyclopädie 2, 53 ff.). Die Stufen dieser Entwickelung können von uns nur aus dem Gedichte selbst erschlossen werden, denn wir besitzen außer diesem gar keine unzweifelhaften Zeugnisse für den Bestand und die Schicksale der Kudrunsage. Dieser Sachverhalt ist meines Erachtens von ganz besonderer Bedeutung und bedarf deßhalb noch einiger Bemerkungen. Müllenhoff hat (Zeitschr. f. d. Altert. 12, 311—317) aus oberdeutschen, hauptsächlich bairischen Urkunden des 9.—12. Jhs. Belege für das Vorkommen der Namen Kudrun, Horant, Wate und Sigebant gesammelt. (Dazu vgl. K. Hofmann, Zs. f. d. A. 27, 312.) Wer kann uns sagen, daß die Benennung mit Kudrun aus der Sage geschöpft wurde, die unser Gedicht bearbeitet? Gudrun ist ein sehr hervorragender Name aus der nordischen Fassung der Nibelungensage und kann ebensowol dieser entstammen, die doch mit anderen skandinavischen Überlieferungen nach dem Süden wanderte (Heinzel, Sitz.-Ber. der Wiener Akad. 109, bes. S. 49), als der Kudrunsage in unserem engeren Sinne. Horant und Wate gehören zur Hildesage, Sigebant nur in Hagens Vorgeschichte, ebensogut jedoch in den Bereich der Ermenrichsage. Gleichermaßen verhält es sich mit den von Richard Müller, Zeitschr. f. d. Altert. 31, 82—95 gesammelten Belegen. Die steirischen und niederösterreichischen Fruote beziehen sich höchstens auf die Hildesage, *Heteldorf* (wofern es überhaupt mit dem König Hetel etwas zu tun hat), Kudrun und Horant deßgleichen, Sigebant ist ganz ohne Beweiskraft und nur Ortrun findet sich in der Kudrun allein, wofern man wirklich meint, dieser Name müsse der Heldensage entlehnt sein. Die berühmte und vielumstrittene Stelle in Lamprechts Alexander kann, genau betrachtet, nur als ein Zeugniß für die Hildesage verwertet werden. Ich stelle aber nicht in Abrede, daß die Erwähnung des Namens Herwig schon zu einer weiteren Entwicklung gehört, die vielleicht zu unserer Kudrunsage geführt hat (vgl. Symons a. a. O.). Noch schlimmer steht es meines Erachtens mit den Zeugnissen, die für die Bekanntschaft mit der Kudrunsage aus der Zeit nach dem jetzt angenommenen Datum der Abfassung des Gedichtes geltend gemacht worden sind. Lassen wir Fruote (von Dänemark) bei seite, der eine selbständige Sagenpersönlichkeit ist und auch im Kreise Dietrichs von Bern, ja sogar Siegfrieds vorkommt, so handeln alle namhaft zu machenden Stellen nur von Horants Sangeskunst, die bereits Deórs Klage (vielleicht auch der skandinavische Norden) kannte; überdieß geht vielleicht die Mehrzahl von ihnen auf das Gedicht von Salman und Morolf zurück (Vogt, Str. 155). Die von Martin (Zeitschr. f. d. Philol. 15, 204 ff. und Kleine Ausg. S. XXXIII) zur Stütze dieser Beziehungen beigebrachten Vergleiche der Kudrun mit dem jüngeren Titurel und dem Wartburgkrieg haben mich nicht überzeugt. Martin verweist dort (Kleine Ausg. S. XXXIII) noch darauf, daß in der Rabenschlacht und im Rosengarten C einige Helden aus der Kudrun erwähnt werden: was die Rabenschlacht anlangt, so kann sich das nur auf *Fruote von Tenemarken* und *Sigebant von Irlant* beziehen *(Sêlant, Môrlant, Normandie* helfen nichts), diese aber gehören nicht zur Kudrunsage; im Rosengarten C sind die Bezüge noch dürftiger und unwesentlicher. G. Holz hat in der Einleitung seiner Ausgabe S. CXIII Bezüge auf die Kudrun nicht angemerkt.

Die Kudrunsage und das Gedicht stehen also insoferne völlig isoliert, als bisher auch nicht ein Zeugniß mit voller und zweifelloser Bestimmtheit auf ihren Be-

stand gedeutet werden kann. Es gibt, genau genommen,
keinen Punkt außerhalb des uns überlieferten Gedichtes
(die altbezeugte Hildensage abgerechnet), von wo aus
ein Hebel angesetzt werden könnte, um die Entstehung
der Kudrun zu untersuchen. Die Überlieferung des Gedichtes selbst erschwert die Sache noch um ein Bedeutendes. Wir besitzen es bekanntlich nur in der einzigen Ambraser Handschrift des 16. Jahrhunderts. Nun
hatte Bartsch freilich aus den Schreib- und Lesefehlern
dieser Hs. erschlossen (Germania 10, 42 ff., bes. 49), 'daß
die Vorlage spätestens dem Anfange des 13. Jhs. angehört
haben muß', allein durch O. v. Zingerles sorgsame Untersuchung (Zeitschr. f. d. Altert. 27, 136—142) ist gezeigt
worden, daß 'die Gesammtbetrachtung auf die erste
Hälfte des 14. Jhs. leitet.' Nur bis zu dieser Grenze zurück können wir die Geschichte der Kudrun sozusagen
urkundlich verfolgen.

Unter diesen Umständen muß die Kritik des Werkes
von diesem selbst ausgehen, und das ist sehr mißlich,
weil die Gefahr von Zirkelschlüssen schwer vermieden
wird, weil bei dem Anstellen von Beobachtungen die
Subjectivität des Forschenden sich nicht leicht ganz aus-
schalten läßt, und weil die Unterscheidung von Alt und
Neu, von Echt und Unecht, von Original und Interpolation nach ästhetischen Gesichtspunkten durchgeführt
werden muß, welche ihrerseits selbst nicht durchweg
wissenschaftlich gesichert sind, sondern von den Vorstellungen abhängen, die zu verschiedenen Zeiten verschieden über das Volksepos und seine Geschichte sich
gebildet haben. Allgemeine Gesetze gibt es freilich, denen
die Entstehung jedes litterarischen Denkmals unterworfen
ist, und Müllenhoff hat auf sie mit allem Nachdruck in
einer kurzen Betrachtung, Zeitschr. 23, 114 f., hingewiesen.

Es war aber doch ein ungewöhnlich kühnes Unternehmen,
als er selbst es versuchte, durch höhere Kritik die Masse
der Überlieferung der Kudrun zu zertreiben und aus ihr
ein kleines echtes altes Volksepos auszusondern. Die Voraussetzung dafür, nämlich die Ungleichartigkeit der überlieferten Dichtung, war und wird auch noch heute von
den meisten Forschern anerkannt: zu deutlich sind die
äußeren Spuren von Bearbeitungen in der Beschaffenheit der Strophen, die inneren in den Widersprüchen
des Inhaltes. Gerne und bedingungslos darf man auch
in das Lob einstimmen, das Martin dieser Arbeit des
Meisters erteilt (Einl. z. s. Ausgabe, S. XX): 'Mit ebenso
viel Scharfsinn als feinem Gefühl stellte er eine kunstvoll gegliederte, in sich übereinstimmende Dichtung als
den Kern des überlieferten Werkes her. Ohne alle Frage
ist dieser Kern ebenso reich an echter Poesie, als das
ganze Werk durch lange Reihen inhaltsleerer und formell
roher Strophen ermüdet.' Und gewiß ist richtig, was
Scherer in seinem nachgelassenen Buche (1896) über
Müllenhoffs Kudrunkritik bemerkt, S. 70 f.: 'Wie man
aber auch darüber denken mag, nur daß Müllenhoff zu
viel gewollt, daß er Unerreichbares angestrebt, kann ihm
vorgeworfen werden. Er war, indem er das echte Gedicht
von Gudrun aus der Masse des Überlieferten herauszuschälen suchte, mit einer Kühnheit und Sicherheit zu
Werke gegangen, die ihm Zeitlebens geblieben ist, und
mit einem wählerischen Geschmack, einer Fähigkeit, die
höhere von der minderen Kunst zu unterscheiden, die
ihm bei ähnlichen Aufgaben noch oft zu gute gekommen ist.' Trotzdem entspricht der Sachlage die Zurück-
haltung Haupts besser, die er (nicht bloß brieflich an
Müllenhoff, bei Scherer S. 67 ff., sondern auch öffentlich),
Zeitschr. f. d. Altert. 5, 504 folgendermaßen begründet

hat: 'Bei dem Gedichte von Gudrun wird die höhere
Kritik, auch die mit eindringendem Scharfsinne und
strenger Methode ausgeübte, nach meiner festen Ansicht
auf die sicheren und reinlichen Ergebnisse verzichten
müssen, die Lachmann den Nibelungen abzugewinnen
gewußt hat. Es ist zwar leicht zu fühlen, daß die ursprüngliche Erzählung durch viele und zum Theil wider-
sprechende und selbst alberne Zusätze getrübt ist; es
mag auch gelingen, die Abschnitte der Begebenheiten
aus den verbergenden Zutaten herauszufinden, und man
wird ohne Verwegenheit annehmen dürfen, daß die zu-
sammengehörigen Gruppen der Ereignisse ursprünglich
in einzelnen Liedern gesungen wurden: aber diese einzelnen Lieder in ihrer echten Gestalt aus dem überlieferten Gedichte herauszuschälen, dünkt mich noch viel
weniger möglich, als selbst Lachmann es vermocht hatte,
die Nibelungenlieder aus der letzten Bearbeitung der
Sammlung mit Sicherheit und im einzelnen überzeugend
auszusondern.' Das war auch die Ansicht Lachmanns,
der nach dem schon mehrmals angezogenen Vorlesungs-
hefte (am 4. März 1840) über die Kudrun sagte: 'Glätte
und Anmut würde das Gedicht besitzen, wenn wir es
in seiner ursprünglichen Gestalt hätten. Es ist auch aus
der Volkspoesie entstanden, aber die einzelnen Theile
lassen sich nicht mehr scheiden und nicht mehr sagen,
wie viel ein letzter Bearbeiter getan hat.' Müllenhoff
hielt den Beweis für die Richtigkeit seines kritischen
Verfahrens durch die Wirkung für erbracht, welche die
durch ihn der Masse von 1705 Strophen abgewonnenen
echten 414 auf einen gebildeten Leser machen sollten.
Und in der That haben mehrere Übersetzer das von
Müllenhoff hergestellte Gedicht zu Grunde gelegt, Hahn
hat es für sich veröffentlicht, noch Scherer hat sogar

11

die Charakteristik des Gedichtes in seiner Litteraturgeschichte auf die durch Müllenhoff ausgelesenen Strophen
gebaut. Doch nicht auf alle hat die Herstellung gleichermaßen gewirkt. Moriz Haupt schrieb darüber (bei Scherer
S. 69): 'Ich bekenne, daß ich in Ihrer Gudrun (was Sie
das echte Gedicht nennen) Vieles nicht einmal verstehe;
ich meine hiermit nicht einzelne Strophen, deren Lesart
verwerflich ist —, sondern Zusammenhang und Klarheit
der Erzählung schwindet mir oft unter den Händen, und
ich glaube, auch einem Leser des dreizehnten Jahrhunderts würde es so ergangen sein.' Auch Wilmanns fand
sich (Vorrede zu seiner Entwicklung der Kudrundichtung
S. VI) durch den Eindruck von Müllenhoffs echtem Epos
nicht überzeugt. So wird es noch Vielen ergangen sein.

Das Vorbild für Müllenhoffs Untersuchung war
Lachmanns Kritik der Nibelungen. Was wider diese eingewant werden durfte (vgl. oben S. 37 f.), kann auch gegen
jene gelten, und zwar um so mehr, als die Verhältnisse
bei der Kudrun um so vieles ungünstiger liegen. Ist die
Kudrun überhaupt ein Volksepos? Der Beweis dafür ist,
soweit ich sehe, niemals stringent erbracht worden. Daß
der Stoff für einen Theil des Gedichtes einer uralten
Seeheldensage entstammt, daß die Strophe mit der Nibelungenstrophe zusammenhängt, daß der Stil eine gewisse
Verwantschaft mit dem der Nibelungen besitzt, das sind,
glaube ich, die wichtigsten Gründe, welche für die Auffassung der Kudrun als eines Volksepos geltend gemacht wurden. Die Schönheit einzelner Abschnitte und
Strophen mußte diesen unvollkommenen Beweis ergänzen,
unter der Voraussetzung nämlich, daß sie eben nur dem
Volksepos zugetraut werden könne. Von dieser Überzeugung gieng Müllenhoff aus, durch seine Kritik sah
er sie bestätigt. In einem noch engeren Sinne als bei

Lachmann bildete für ihn das Ideal eines epischen Stiles den Maßstab für die Erkenntniß des Echten. Denn Müllenhoff verlangt von der Kudrun eine noch viel knappere, gedrängtere, ja springende Darstellung, als Lachmann von den Nibelungen. Er suchte die Vorstellung von dem Stile des Gedichtes nicht aus diesem selbst zu gewinnen, er trat schon mit einer festen, wol durch seine Beschäftigung mit den Dichtungen aus der nordischen Heldensage begrenzten, Ansicht an die Kritik heran. Daß der Dichter der ältesten Theile der Kudrun vielleicht selbst verworren und weitschweifig in seiner Darstellung war (vgl. Beer in Paul-Braunes Beitr. 14, 554), hätte Müllenhoff nie geglaubt, im Zusammenhalt mit seiner Auffassung des Volksepos wäre ihm eine solche Meinung höchst unangemessen vorgekommen. Auch die Theorie von dem Erwachsen des Volksepos aus ursprünglich einzeln vorgetragenen Liedern hat Müllenhoff von der Ilias und den Nibelungen auf die Kudrun übertragen, unerachtet dessen, daß es hier an den Zeugnissen für die Geschichte der Kudrunsage, für den Bestand des Gedichtes oder älterer Überlieferungen ebenso gänzlich gebricht, als sie bei den Nibelungen reichlich vorhanden sind. Die von ihm gefundenen symmetrisch geordneten Abschnitte setzen sogar noch den mündlichen Vortrag voraus, eine musikalisch gestützte Recitation, auf die aus der Überlieferung der Kudrun nichts schließen läßt. Die Macht des romantischen Ideales der altdeutschen Volksepik über die Gemüter war aber noch so groß, daß v. Ploennies in seiner Ausgabe der Kudrun (1853) nur ganz wenig von Müllenhoff abwich, Martin bei seinen vortrefflichen Editionen (1872. 1883) vollständig an der Echtheit der von Müllenhoff ausgeschiedenen Strophen festhielt. Bei der Kudrun ist es allerdings niemals unter-

11*

nommen worden, die Kritik durch einen durchgreifenden Nachweis von Unterschieden in Sprache und Stil zwischen den echten und unechten Theilen zu unterstützen (was auch schwerlich zu brauchbaren Ergebnissen hätte führen können); die Parallele mit den Nibelungen bildet wol für die Forscher, die zu Müllenhoffs Auffassung sich bekennen, den Hauptgrund ihrer Zustimmung.

Bartsch stellt sich die Entstehung der Kudrun folgendermaßen vor (Einleitung zu seiner Ausgabe S. X): 'An der Küste der Nordsee wurde die Sage aus dem ursprünglichen, den deutschen und nordischen Stämmen gemeinsamen Kerne im Volksliede weiter entwickelt. Wandernde Sänger trugen sie nach dem inneren Deutschland, und so kam sie nach den entgegengesetzten Grenzen unseres Vaterlandes, aus dem Nordwesten nach dem Südosten, nach Österreich, um hier unter der Hand eines begabten Dichters am Ende des 12. Jahrhunderts zu einem umfassenden Epos gestaltet zu werden.' Wie das des Genaueren zugegangen ist, setzt Bartsch Germania 10, 84 auseinander, wo er die 'Assonanzen in der Cäsur' erklärt: 'Der Dichter des Ganzen, d. h. der erste ursprüngliche Dichter, hat ohne Zweifel mündliche oder schriftliche Quellen gehabt, die er, wir können nicht beurteilen wie frei, benutzt hat. Es waren Lieder, wie deren ältere Zeugnisse gedenken, Lieder ohne Zweifel dem 12. Jh. angehörend und in der freien Reimform dieser Zeit, die sich im eigentlichen Volksliede gewiß noch länger erhalten hat als in der Kunstdichtung. Die metrische Form dieser Lieder war, nach allem zu schließen, keine andere als die uralten Reimpaare von vier Hebungen, mögen dieselben nun in fortlaufender Folge gestanden haben oder, was mir wahrscheinlicher ist, in Strophen geteilt gewesen sein. Von diesen Vorlagen könnten die

freien Inreime herrühren; an manchen Stellen lassen sich,
wenn man die zweite Vershälfte, die leicht Entbehrliches
enthält, nicht berücksichtigt, Reimpaare herstellen.' Die
Beispiele, die Bartsch dann von diesen Versbrocken mit
ingeniöser Verwegenheit vorlegt, galten ihm offenbar
als sehr bedeutsam. Heute braucht nicht mehr gesagt
zu werden, daß diese ganze Theorie unbewiesen und
zum guten Theil, wie ich meine, auch unbeweisbar ist.
Bartsch bemerkt noch (Einleitung S. XVIII): 'Im Anfang
des 13. Jahrhunderts unterzog sich ein österreichischer
Dichter einer teilweisen Umarbeitung, die sich vorzugs-
weise auf die Einführung von Reimen erstreckte, indem
schon das ursprüngliche Gedicht solche in reiner und
ungenauer Form gehabt hatte. Von da an aber schweigt
jede Kunde.' Die ästhetische Betrachtung des Gedichtes,
die Bartsch (ebenda S. XI—XVII) vorträgt, in der alle
Schwierigkeiten, Unebenheiten, Verschiedenheiten der
behandelten Stoffe und der Behandlung übergangen
werden, ist von Wilmanns (Vorrede S. VII) mit Recht
scharf zurückgewiesen worden.

Wilhelm Wilmanns nun hat in seinem, schon öfters
erwähnten Buche 'Die Entwicklung der Kudrundichtung'
(1873) eine neue und eindringliche Untersuchung geführt,
deren Ergebnisse er (Vorrede S. VII f.) in folgenden
Sätzen zusammenfaßt: '1. An vielen Stellen sind die
Strophen nicht so geordnet, wie sie ihr Dichter beab-
sichtigte. Es gab einen Bearbeiter der Kudrun, welcher
zahlreiche Zusätze verfaßte, aber ohne genügend zu bezeichnen, wohin sie gehören, und ohne selbst die Abschrift des erweiterten Werkes zu revidieren. 2. Es muß
wenigstens zwei Bearbeitungen der Kudrun in echten
Kudrunstrophen gegeben haben. Viele Schwierigkeiten
unserer Dichtung erklären sich nur durch die Annahme

einer Kontamination. 3. Der Inhalt der ursprünglichen Dichtung beruht auf einer Kontamination dreier Sagen, der von Hilde, Herwig und Kudrun. Wenn der Dichter selbst die Kontamination vorgenommen hat, so muß er notwendig von vorn herein den ganzen Plan entworfen und auszuführen beabsichtigt haben. 4. An eine Wiederherstellung der ursprünglichen Dichtung ist gar nicht zu denken. Was man als unechte Lieder ausgegeben hat, ergibt sich an vielen Stellen als eine Kompilation von Bestandteilen sehr verschiedenen Ursprunges.' Ich vermute, daß auch diese Resultate in der Erklärung mit inbegriffen sind (vgl. oben S. 41), die Wilmanns über sein jetziges Verhältniß zu seinen älteren kritischen Arbeiten abgegeben hat und daß er jetzt auch die von ihm auf die Kudrun angewante Methode und seine Art ihrer Durchführung nicht mehr für richtig hält. Ganz brauchen aber die vier Punkte seiner Ergebnisse meines Erachtens nicht aufgegeben zu werden. Eigentlich hat sich die Polemik wider sein Buch doch nur gegen die von Wilmanns ermittelten Reste ältester Dichtungen gekehrt. So tat Martin (Zeitschr. f. d. Philol. 15, 195—204), so ich in meiner Besprechung (Jenaer Litteraturzeitung 1877, S. 461—464). Ich versuchte damals zu zeigen, daß die von Wilmanns angenommenen Bedingungen der Entstehung des Gedichtes den uns bekannten Verhältnissen der litterarischen Produktion des Mittelalters nicht entsprächen, und daß auch er als Maßstab seiner Kritik ein Ideal des epischen Stiles gebrauche, das historisch nicht bewiesen sei und vielmehr den Ausdruck der Persönlichkeit des Forschers bilde. An Punkt 4 der Resultate von Wilmanns halte ich heute fest: die Ermittelung eines echten alten Gedichtes aus dem uns überlieferten Bestande der Kudrun scheint mir unmöglich. Und Punkt 1 hat vieles Wahrscheinliche für mich: wie sich die teils von Wilmanns hergestellten, teils von Symons vorgeschlagenen Strophenordnungen in dessen Ausgabe lesen, scheinen mir manche davon so erheblich besser als das Überlieferte, daß ich an ihre Ursprünglichkeit glaube. Freilich verkenne ich nicht, daß die Erklärung für diese Verschiebungen von Strophen in der Handschrift noch aussteht und daß einzelne davon, wenn man sich die notwendige Entwicklung genau und real vorstellt, gar zu verwickelten Bedingungen unterworfen sind. — Friedrich Neumann sucht in einer Abhandlung 'Über die Entwickelung der Kudrundichtung' (Programm des Sophiengymnasiums zu Berlin 1888) die Widersprüche innerhalb der Kudrun zu erklären, indem er teils Kontamination der Sagen vor den Dichtungen annimmt, teils zwei selbständige Dichtungen, die sich mittelst der Arbeit eines Kontaminators durchdrungen haben. Diese gescheute Untersuchung läßt, wie ich denke, doch allzu fern gelegene Fassungen der Sage wie die Shetländische Ballade auf die Vorgeschichte des deutschen Gedichtes einwirken. Die Konstruktionen alter Sagen, von Punkten aus vorgenommen, die doch fast zufällig angesetzt werden, sind mir zu verwegen und deßgleichen die Veränderungen, welche in der Überlieferung angenommen werden müssen, um doch schließlich nur in sich haltlose Bruchstücke zu ergeben. Das sind ja alles Möglichkeiten, klug erdachte Möglichkeiten; wie sollen sie nur wahrscheinlich werden? Interpolatoren kennen wir allerorts in der Geschichte der altdeutschen Poesie, weßhalb sollte es bei der Kudrun nicht helfen dürfen, durch ihre Mitwirkung den heutigen Zustand des Gedichtes zu erklären? In der Aufdeckung einzelner Inkongruenzen ist Neumann bisweilen recht glücklich, auch hat er gewiß Recht, wenn er im § 14 (S. 21) darauf

hinweist, daß man keineswegs einem Bearbeiter, der ver-
schiedentlich Unvereinbares stehen läßt, anderwärts müh-
sam gesuchte Übergänge zuschreiben dürfe. Aber sein
Bau hat doch zu wenig Stützen in der tatsächlichen
Überlieferung. Von dieser wird doch immer wider ausgegangen werden müssen. Von der Kudrundichtung
wissen wir ja gar nichts, als was uns das Gedicht selbst
sagt; es bleibt uns nichts übrig, als dieses stets von
Neuem zu befragen.

Den methodisch richtigen Weg hat B. Symons in
seiner vorsichtigen und förderlichen Untersuchung 'Zur
Kudrun' (Paul-Braune, Beiträge 9, 1—100) beschritten.
Er hat zunächst die Verteilung der Nibelungenstrophen
und der Strophen mit Cäsurreimen über das ganze Gedicht hin tabellarisch festgestellt. Da hat sich ergeben,
daß die Nibelungenstrophen in den ersten Partien des
Gedichtes weitaus am häufigsten sind, in den Hauptteilen
recht selten und nur gelegentlich sporadisch hervor-
brechen. Die Strophen mit Cäsurreimen sind auch nicht
gleich verteilt, ihre Hauptmasse findet sich von 451 (wo
sie ganz plötzlich einsetzen) bis 1200. Die Nibelungenstrophen hält Symons für jüngere Zusätze eines Inter-
polators, sie sind auszuscheiden. Er gelangt zu diesem Ergebnisse, indem er zunächst gemeinsame Eigentümlichkeiten der Nibelungenstrophen in Bezug auf Metrum,
Sprache und Stil aufzählt; ich kann nicht zugeben, daß
dieser Nachweis gelungen ist, das Material scheint mir
viel zu dürftig, die einzelnen Ansätze zweifelhaft und
Einwänden zugänglich. Dann versucht er eine große
Anzahl dieser Strophen als unpassend und entbehrlich
zu erweisen, und das ist ihm in einer ziemlichen Reihe
von Fällen gelungen. Über das Verhältniß der Nibelungenstrophen zu denen mit Cäsurreimen spricht sich Symons

S. 7 aus: 'Die Tabelle beweist aber noch etwas Weiteres. Vorausgesetzt, daß die Nibelungenstrophen und Cäsurreime beide von einem Interpolator oder Bearbeiter herrühren, so kann keinesfalls eine und dieselbe Hand beide Thätigkeiten vollführt haben. Die Nibelungenstrophen entbehren im ganzen des Cäsurreimes. Wo sich Nibelungenstrophen in den stark mit Cäsurreimen geschmückten Theilen des Gedichtes finden, stehen die mit Cäsurreim im proportionierten Verhältniß zu den echten Kudrunstrophen mit Cäsurreim. Es müssen also die Nibelungenstrophen bereits im Gedichte gewesen sein, bevor die Cäsurreime hineinkamen, denn sie können weder gleichzeitig noch jünger sein. Im ersteren Falle müßten wir mehr Nibelungenstrophen mit Cäsurreimen erwarten, im letzteren gar keine oder doch noch weniger.' Diese Argumentation ist vielleicht richtig, nicht aber ihre Voraussetzung, nämlich die genauen Proportionen zwischen Nibelungenstrophen mit Cäsurreimen und Kudrunstrophen mit Cäsurreimen. Während des Wintersemesters 1893/94 habe ich in meinem Seminar mit den Zuhörern diese Verhältnisse genau durchgerechnet und gefunden (es handelt sich mehrfach dabei um sehr kleine Zahlen), daß diese von Symons angenommene Proportion nicht vorhanden ist; damit entfallen auch die darauf gebauten Schlüsse. In einem folgenden Abschnitt sucht Symons die Frage zu lösen, in wie weit überhaupt Cäsurreime als ein Kennzeichen des späteren Ursprunges der Strophen verwertet werden dürfen. Er umschreibt zuerst genauer den Begriff der Cäsurreime und faßt ihn meines Erachtens mit Recht ziemlich weit, denn wo man noch den Endreim als solchen anerkannte, dort hat man sicher an die Genauigkeit des Cäsurreimes geringere Anforderungen gestellt. Ferner prüft er die Unterschiede zwischen der

Sprache in den Cäsurreimen, d. h. den da gebrauchten
Wortformen und den sonst vorkommenden, sowie zwischen
dem Wortschatze der Cäsurreime und dem des Gedichtes.
Die Ergebnisse scheinen mir recht wenig zu bedeuten;
bei der Überprüfung des Wortschatzes wird nicht beachtet, daß sicher eine ganze Anzahl von Worten (und
auch von Formen) an die Stellung in der Cäsur gebunden
ist. Dagegen messe ich den Darlegungen von Symons
besonderen Wert bei, in denen er die Stellen der Überlieferung prüft, wo tatsächliche Spuren der Versuche,
Cäsurreime in die Strophen einzutragen, vorhanden,
die Versuche aber mißlungen sind. Diese Beobachtungen
scheinen mir wichtig und aufklärend. So kann ich auch
unbedenklich dem Ergebnisse dieser Betrachtung von
Symons (S. 48) zustimmen: 'Der Cäsurreim darf niemals
an sich als Kennzeichen des jüngeren Ursprungs der
Strophe gelten, in welcher er begegnet.' Weiterhin prüft
Symons die Kriterien für die Unterscheidung älterer und
jüngerer Strophen. Dabei sagt er über die inneren Gründe
dafür (S. 55): '— sie lassen sich, wie sie gewöhnlich
geltend gemacht werden, im allgemeinen unter zwei
große Kategorien bringen: Widersprüche und Unver-
träglichkeiten einerseits, Verschiedenheiten des Tons
und nutzlose Weitschweifigkeit andererseits.' Symons ist
sich selbst ganz klar darüber, wie wenig Sicherheit beide
Gruppen von Kriterien gewähren. Von der zweiten weiß
er (S. 56): 'die Schwierigkeit liegt, wie man längst
geltend gemacht hat, in der Thatsache, daß die Gestalt
der älteren Volksdichtung, von welcher alle kritischen
Versuche ausgehen, eine hypothetische, nicht wirklich
überlieferte ist.' Die erste Gruppe scheint ihm 'in noch
viel höherem Maße die äußerste Vorsicht notwendig
zu machen.' Gewiß, denn wir sind nicht darüber unter-

richtet, wie viel von den Widersprüchen und Unebenheiten in der Sage (die freilich kein abstraktes Wesen für sich bildet, sondern nur in der Gestalt von Dichtungen uns faßbar ist) schon vorkam, die neuerlich bearbeitet werden sollte. Wer sagt uns überdieß noch, was an Widersprüchen der Verfasser einer Dichtung ertrug? Der Maßstab dafür kann doch in alter Zeit anders beschaffen gewesen sein als heute, hat man ja doch damals auf einheitliche Wirkung zunächst gar nicht gerechnet: das Werk war in Theilen vorgetragen oder gelesen, da ist ein so straffer und ausgeglichener Zusammenhang, wie die Ästhetik der Gegenwart ihn begehrt, schwerlich gefordert worden. —

Es scheint aber nun an der Zeit, sich mit der Frage zu beschäftigen, ob die von mir vorgelegten Beobachtungen über die Stellen christlichen Inhaltes in der Kudrun irgend welche Bedeutung für das Problem von der Entstehung des Gedichtes besitzen, und inwiefern? Ehe die Antwort darauf festgestellt werden kann, halte ich es jedoch für nötig, noch eine Vorfrage zu beantworten: Wie alt ist die Kudrun? Selbst das läßt sich nicht einfach und bestimmt entscheiden: einmal fordert es so viele Angaben als wir Stücke verschiedenen Ursprunges in dem Gedicht unterscheiden, das Ganze, wie es uns vorliegt, mag dann noch besonders datiert werden; ferner wird es ziemlich schwierig sein, sichere Jahreszahlen als Grenzen auch nur für die Abfassung der ältesten Theile des Gedichtes zu finden. Ich wundere mich über die rasche Leichtigkeit, mit der man 1210 oder irgend ein anderes Datum meinte festlegen zu können, und fürchte, daß man sich dabei hauptsächlich von der Vorstellung einer näheren inneren Verwantschaft zwischen Nibelungen und Kudrun hat beeinflußen lassen,

die ich für trugvoll halte. Meiner Ansicht nach sollten
wir uns fürs erste damit begnügen, den relativen Zeit-
abstand zwischen beiden Gedichten ungefähr zu bestimmen: er ist, wie ich glaube, erheblich größer, als
man gemeinhin annimmt. Man setzt in der Regel die Entstehung der Kudrunstrophe in die unmittelbare Nähe der Nibelungenstrophe,
die man um 1190 oder die letzten Jahrzehnte davor
aufkommen läßt. Das mag richtig sein, ist aber nicht
notwendig. Die Kudrunstrophe gehört jedesfalls zu jener
großen Gruppe von Strophen, die zuerst in der Lyrik
verwendet, dann ins Epos übertragen wurden (vgl. oben
S. 50 f.) und mit 1170 etwa bekannt werden. Manche
davon stehen in der That nicht weit von den Nibelungen
ab, andere (z. B. die Rabenschlachtstrophe u. s. w.) finden
sich erst in viel späteren Gedichten gebraucht. Für die
Abfassungszeit der Kudrun kann aus der Beziehung ihrer
Strophe zur Nibelungenstrophe unmittelbar nichts geschlossen werden; die Strophe kann lange bestanden
haben, bevor sie von dem Kudrundichter angewendet
wurde, der Zwischenraum ist nicht abzustecken. Deßhalb
ist auch der *terminus ad quem* von sehr geringem Werte,
den man in der Titurelstrophe Wolframs von Eschenbach zu gewinnen meinte. Auch wenn es nachzuweisen
wäre, daß die Titurelstrophe der Kudrunstrophe nachgebildet ist, wäre damit nicht geholfen, denn es braucht
ja Wolfram die Strophe nicht aus dem Epos Kudrun
kennen gelernt zu haben.

In diesem selbst wird die Strophe nicht in ihrer
reinen Gestalt allein verwendet. In vielen Fällen sind
die Cäsuren teils in den beiden ersten, theils in den
beiden zweiten Versen der Strophe, teils ganz durch-
gereimt. Sehr lehrreich sind die von Symons (S. 38 ff.)

erörterten Fälle. Es ist leicht zu sehen, daß solche Ein-
schaltungen, um Cäsurreime anzubringen, nur auf schrift-
lichem Wege bewerkstelligt werden konnten, ohne daß
die Hebungen gezählt wurden, nicht mehr fürs Ohr.
Somit leitet unsere Überlieferung, die Ambraser Handschrift, uns durch diese erhalten gebliebenen Versuche
bis auf den Zustand des Gedichtes zurück, wo die
Strophen noch mit Cäsurreimen ausgestattet wurden.
Es ist sehr möglich, daß dieser Zustand mit der Vorlage
aus dem Anfange des 14. Jhs. zusammenfällt, die O. v.
Zingerle aus graphischen Merkmalen rekonstruierte. Aber
noch mehr. Die Einfügung von Cäsurreimen ist überhaupt erst dann möglich, wenn das musikalische Gefüge
der Strophe nicht mehr in seiner Ursprünglichkeit em-
pfunden wurde. Durch die Cäsurreime treten schwere
Accente an Stellen, die nicht dafür berechnet waren,
als die Strophe gebildet wurde, während andererseits
das Gewicht der Endreime vermindert wird. Der reci-
tierende Vortrag der Strophe mußte bereits zurück-
getreten sein, als dieß geschah. Ich will nicht gerade
behaupten, daß die Cäsurreime an sich schon für die
schriftliche Aufzeichnung allein bestimmt sind, sehr weit
dahin ist es aber keinesfalls mehr. Durch die Cäsurreime
verwandelt sich die Strophe in eine Gruppe von Kurz-
versen, die nur durch die Kreuzung der Reime von den
höfischen Reimpaaren sich unterscheiden, der Technik
also der höfischen Epen sich annähern. Als ein ähnliches
Symptom fasse ich das Eindringen zweisilbiger Worte
mit kurzer Pänultima in die Cäsuren auf (Bartsch, Germania 10, 74; Martin, Einl. S. XII; Symons S. 89). Will
man sie noch als ein Zeichen vorschreitender Dehnung
der kurzen Wurzelsilbe ansehen, so sind sie doch jedesfalls nur fürs Auge berechnet und nicht mehr für ein

feinfühliges Ohr. — Können ferner Nibelungenstrophen unter die Kudrunstrophen eingemengt werden, solange der Dichter die Strophe noch hört oder für das Gehör bildet? Die starke Nachahmung der Nibelungen in der Kudrun läßt vermuten, daß manche Nibelungenstrophen ganz unwillkürlich dem Dichter in den Sinn gekommen sein werden, der so sehr unter dem stilistischen Einflusse des Vorbildes stand. Aber doch nur bei schriftlicher Arbeit konnte das geschehen, ohne daß er es merkte oder ohne daß er dem Unterschiede Bedeutung beimaß. — Lassen sich nun diese Wahrnehmungen mit der Annahme, die Kudrun sei ganz kurze Zeit nach den Nibelungen, sei um 1210 verfaßt, irgend vereinbaren?

Sprache und Stil des Gedichtes gestatten gleichfalls kaum, es neben die Nibelungen zu stellen. So fällt beim ersten Lesen der Kudrun auf, wie viel verwickelter und verschobener der Satzbau ist als in den Nibelungen. Besonders in den Reden sind Perioden nicht selten, die aus einem Hauptsatze und zwei Nebensätzen in verschiedener Stellung bestehen. Ziemlich schwierige Konstruktionen werden gebraucht, nicht immer mit Geschick, Unklarheiten entstehen bisweilen; jedesfalls sind die Mittel der Satzverbindung gegen die Nibelungen sehr vervielfältigt. In derselben Weise unterscheiden sich die beiden Epen, wenn man ihren Stil genauer untersucht. Die Kudrun weist eine große Mannigfaltigkeit der Ausdrücke und Wendungen auf (vgl. oben S. 129), ihr gegenüber erscheinen die Nibelungen einfach und noch in einer gewissen Starrheit befangen. Alles ist weicher, voller, üppiger in der Kudrun.

Litterarische Reminiscenzen sind in der Kudrun nur wenige vorhanden und es geht kaum an, sie bestimmt anzuknüpfen. Dem Bekannten füge ich einiges vermutete hinzu. Der kleine Hagen ist zu sieben Jahren herangewachsen, es heißt von ihm 24, 2 f.: *man sach ez dicke recken ûf ir handen tragen. im leidet bî den vrouwen und liebte bî den mannen*; und im Zusammenhange damit 25, 1 ff.: *swâ daz kint diu wâfen ûf dem hove sach (der mohte ez bekennen), dicke daz beschach, daz ez ze kleidern gerte helm unde ringe* — kann dabei an den jungen Achilleus auf Skyros gedacht worden sein? Vgl. Biterolf 2144 f. — 268 wird bei der Ausrüstung der Schiffe, auf denen Hetels Boten nach Hilde fahren sollen, gesagt: *wer mac uns daz gelouben, daz man ûz silber guot hiez die anker würken?* Hängt diese Angabe vielleicht mit dem silbernen Anker zusammen an goldenem Seil, den Gahmuret in seinem pseudonymen Wappen führt, als er auf Thaten auszieht, Parz. 14, 27: *hermin* (die heraldische Widergabe von Silber) *anker drûf genæt, guldinin seil dran gedræt?* Vgl. Parz. 18, 5 ff. 70, 21 ff. 71, 3. Dieses selbe Wappen nimmt zu demselben Zwecke, der Pseudonymität, ein steirischer Stubenberger an, als er knapp nach der Vollendung von Wolframs Parzival ins heilige Land zieht, wie Herr Alfred von Siegenfeld gefunden hat und demnächst nachweisen wird. Hier sind die Ankerseile aus Seide 266, 1 wie 1108, 1, wo die Anker aus Glockenspeise gemacht und das Metall *mit spanischem messe gebunden*, d. h. nach dem technischen Ausdrucke, vermischt ist. — Die Berufung auf eine schriftliche Quelle ist sehr auffällig, wie sie 505, 1 stattfindet: *ez was ein michel wunder, als diu buoch uns kunt tuont, wie starc Hagene wære, daz vor im ie gestuont der Hegelinge herre.* Martin bemerkt mit Recht, daß etwas derartiges in den Nibelungen nicht vorkommt, und verweist auf *daz mære*, das 288, 4 sich findet, vgl. 22, 4. 197, 4 (617, 4). Ich lege dieser Berufung kein besonderes Gewicht bei und glaube nicht, daß man sie als ein Zeugniß für die Entstehung des Gedichtes verwerten kann; aber als Formel ist sie, ebenso wie die Erwähnungen des *mære*, für den späteren Stil der Kudrun bezeichnend. — 1377, 4: *dô sprach einiu drunder 'der vert lachte, den lât hiure weinen'*; vgl. Proverb. 14, 13. Luc. 6, 25. Jacob. 4, 9 und mein Buch 'Über Hartm. v. Aue', S. 135 f. — 1554, 3: — *die alle gisel hiezen und wâren dô gevangen, si gewunnen bi ir vinden sider manegen tac vil langen;* vgl. Österr. Reimchr. ed. Seemüller 9971 f. Als Kudrun und Hilde sich widersehen, heißt es 1576, 1: *'daz ist iuwer tohter' sprach Irolt der degen. dô gienc si ir dar nâher. wer möhte in widerwegen mit guote diese vreude, die si dô gewunnen?* Hat auf diese Worte die predigtmäßige Vorstellung aus der Parabel vom verlorenen Sohne (Luc. 15, 11—32) eingewirkt? — 1650, 2: *ir ietwederz dem andern daz golt stiez an die hant,* vgl. F. Hofmann, Über der Verlobungs- und Trauring, bes. S. 849 ff. — 1671, 1: *der varnden kunst muoste schînen den tac. swaz iegelicher kunde, wie gerne er des phlac!* Unterscheidet sich das nicht sehr von den Formeln der Nibelungen? — 1692, 4: *ich wæn nâch arbeite got vil manegen dâ beriet;* (vgl. 48, 3 f.) eine Einschaltung von so subjektiver Farbe ist dem älteren Epos doch nicht eigen.

Diese Kleinigkeiten kommen aber gar nicht in Betracht neben den Ergebnissen der Abhandlung von Emil Kettner: Der Einfluß des Nibelungenliedes auf die Kudrun, Zeitschr. f. d. Philol. 23, 145—217. Ich habe diese vortreffliche Arbeit mehrmals genau durchgenommen, weil ich mich von dem Gewichte der Übereinstimmung zwischen den Stellen beider Epen selbst überzeugen wollte: ein in solchen Beobachtungen wolgeübter Forscher wie Kettner mochte leicht zu viel gesehen haben, dachte ich. Das ist aber durchaus nicht so, die überraschende Masse der von ihm vorgelegten Parallelstellen schließt den Zufall völlig aus, ja sie läßt sich durch bloße Kenntniß der Nibelungen nicht erklären. Die Stellen befassen nämlich (vgl. Kettner S. 202) eine ganze Skala von Arten der Übereinstimmung. Sie beginnt mit einzelnen Ausdrücken, schreitet fort zu ganzen Wendungen, Gruppen von Worten, dehnt sich dann auf volle Sätze aus und erhebt sich zur Gleichheit von Vorgängen, Handlungen und Motiven, die dann durch das Zusammentreffen von Namen und Umständen gestützt werden. Die Sache steht demnach so, daß in der Kudrun die Nibelungen nicht bloß dem Stile nach als Muster benutzt wurden, sondern daß die Technik der dichterischen Arbeit (sogar teilweise der Erfindung) des jüngeren Epos dem älteren nachgebildet wurde. Kettner hat vollkommen Recht, wenn er (S. 203) diese 'Erscheinung als einzig in unserer klassischen Epik dastehend' bezeichnet. Daß nun die verschiedenen Klassen von Übereinstimmungen sich hauptsächlich über diejenigen Theile der Kudrun erstrecken, 'welche (Kettner S. 202 f.) typische Vorgänge beschreiben, also Bericht geben über Prinzenerziehung, Feste, Empfang, Abschied, Botschaft, Werbung, Schenken, Kampf', das nimmt ihnen gar nichts von ihrer Bedeutung; im Gegenteile, es kann gar nicht anders sein. Denn die Abschnitte zweier Gedichte, die gänzlich verschiedene Situationen behandeln, fordern auch verschiedene Stilmittel. Trotzdem finden sich auch in der Kudrun sehr merkwürdige Übertragungen von Ausdrücken und Phrasen aus Stellen der Nibelungen, die mit denen der Kudrun wenig Ähnlichkeit haben. Die vorhandenen Übereinstimmungen betreffen nun ohne irgend merklichen Unterschied alle Theile der Kudrun, solche die Müllenhoff als echt und Wilmanns als den alten Dich-

12

tungen angehörig bezeichnet hat, ebenso wie solche, die diesen Forschern als unecht und jünger gelten. Ich wüsste nicht, wie dieser Sachverhalt anders erklärt werden könnte, als durch die Annahme Kettners (S. 203), 'daß im wesentlichen nur ein Bearbeiter diese Fülle von sprachlichem und sachlichem Material aus dem Nibelungenliede in die Kudrun übertragen habe.` Damit ist aber auch die Möglichkeit, aus dieser Bearbeitung einen unangetasteten Bestand von alter Dichtung auszuscheiden, in eine ziemlich aussichtslose Ferne gerückt. Freilich bezeichnet Kettner selbst (S. 203) sechs Gruppen von Strophen der Kudrun, in denen sich keine Parallelen zu den Nibelungen finden, und er scheint der Ansicht zu sein (S. 206), daß diese 'verhältnißmäßig ursprünglichen' Gruppen zu Ausgangspunkten der höheren Kritik genommen werden könnten. Das glaube ich nicht, denn sie sind viel zu klein, als daß sich etwas Rechtes mit ihnen anfangen ließe; weiters betreffen sie nur zum geringsten Theile die wirklich bedeutsamen und charakteristischen Szenen der Kudrun. Eine höhere Kritik also, die sich auf sie stützte, fände den Weg sehr bald versperrt und geriete schnell an solche Stellen, die wegen ihrer Nachahmung der Nibelungen als Eigentum des Bearbeiters anerkannt werden müßten. Noch in einem anderen Punkte vermag ich Kettner nicht zuzustimmen. Er sucht sich das Verfahren des Bearbeiters vorzustellen, der 'eine Kudrundichtung vor sich hatte, die weit kürzer, vielleicht halb so lang als die uns überlieferte war' (S. 204), und meint, er sei so vorgegangen (S. 205): 'Er arbeitete, indem das Nibelungenlied aufgeschlagen vor ihm lag. Gut orientiert in demselben, fand er mit Leichtigkeit die Darstellungen aller solcher Gegenstände und Vorgänge auf, wie sie ihm die Kudrun

selbst schon bot oder auf die sie ihn führte.' In den
nächsten Sätzen erläutert Kettner seine Vorstellung und
gibt auch zu, daß dem Bearbeiter der Kudrun 'einzelne
Stellen ins Gedächtniß kamen, die er aufnahm, ohne sich
jedesmal ihrer Herkunft bewusst zu sein.' Ich glaube
nun, daß wir mit der Annahme überhaupt nicht rechnen
dürfen, der Bearbeiter der Kudrun habe den vor ihm
liegenden Text der Nibelungen einfach aus- oder nach-
geschrieben (vgl. auch Piper, Einl. S. LVIII. LXII). Eine
solche Unfreiheit des Arbeitens, das doch immerhin noch
als ein dichterisches angesehen werden muß, ist uns
nirgend her bezeugt und paßt am allerwenigsten zu den
litterarischen Zuständen des deutschen Mittelalters, in
dem sonst die Beispiele so selten nicht sind, daß ein
Poet ein geschätztes Vorbild auf die Sprache und den Stil
seines Werkes Einfluß nehmen läßt (man denke an die
'Schulen' Hartmanns, Wolframs, Gottfrieds, an die Beziehungen zwischen einzelnen Gedichten: Grazer Marien-
leben und Mai und Beaflor, Walther von Rheinau und das
Passional u. dgl. mehr). Es scheint mir nicht allzuschwierig,
das durch Kettner ermittelte Verhältniß der Kudrun zu
den Nibelungen auf andere Weise zu erklären. Der Bearbeiter der Kudrun war in ausgezeichneter Weise mit
dem Texte der Nibelungen vertraut, er kannte ihn *by
heart*, auswendig. Allerwärts, wo irgend eine Ähnlichkeit
zwischen der Lage in der Kudrun und der in den
Nibelungen vorkam, verfiel er bei der Gestaltung seines
Werkes unwillkürlich auf die Darstellung des hoch-
gehaltenen Musters, ihm schwirrten die Nibelungenverse
im Ohr und drängten sich von selbst in die eigenen
Strophen; es bedurfte auch nur der geringsten ideellen
oder äußeren Verknüpfung der Gegenstände oder Redens-
arten, um sogleich die Ausdrucksweise der Nibelungen

in die Kudrun einzuführen. Solche Vertrautheit mit dem
Texte der Nibelungen ist ja an sich nichts Wunderbares: was heute gelegentlich vorkommen kann, das
darf jener gedächnißstärkeren Zeit unbedenklich zu-
gemutet werden. Leichter fiele es uns jedesfalls, wenn
wir annehmen dürften, der Dichter der Kudrun sei
Recitator von Beruf, ein besserer Spielmann, also von
jener Art gewesen, die nach der bekannten Stelle des
Marner die Lust der Hörer nach Dichtungen aus der
Heldensage zu befriedigen hatte. Beides, die Aufgabe,
ein älteres Gedicht Kudrun umzuarbeiten und die un-
gemeine Kenntniß der Nibelungen, fände sich bei einer
Persönlichkeit dieses Schlages sehr wol verbunden. Freilich wird sich unter diesen Umständen die Frage schwerlich umgehen lassen: war dieser Mann noch ein Bearbeiter im engeren Sinne des Wortes? Er der mit dem
stilistischen Apparate seines Vorbildes, der Nibelungen,
das ganze Epos Kudrun durchdrang — ist er nicht eben
der Dichter der Kudrun zu nennen? Ich ziehe es vor,
auf diese Frage jetzt noch nicht zu antworten. Darauf
aber will ich hinweisen, daß die hier dargelegten Annahmen und die durch Kettner festgestellten Thatsachen,
auf denen sie beruhen, nur unter der Voraussetzung zu
verstehen sind, wenn der zeitliche Abstand zwischen
Nibelungen und Kudrun größer ist, als man heute glaubt.
Bis eine Dichtung so unbedingte Autorität gewinnt, wie
sie die Nibelungen für den Bearbeiter der Kudrun besitzen, da muß doch eine gewisse Zeit verflossen sein,
zumal in der Kudrun sich ja, gemäß den Beobachtungen
Kettners, nicht etwa nur die Kenntniß einzelner Lieder
und Abschnitte, sondern die des ganzen Nibelungenliedes zeigt. Das mindeste Zeitmaß, das mir dafür notwendig scheint, beträgt wol ein Menschenalter. Darum

billige ich auch nicht die Ansicht Kettners (S. 205), der
Umdichter der Kudrun sei zu seiner Arbeit durch den
Wunsch veranlaßt worden, 'dem Nibelungenliede etwas
ganz entsprechendes an die Seite zu stellen.' Dieser Gedanke entstammt den herkömmlichen Vorstellungen über
das Nachbarverhältniß von Nibelungen und Kudrun, die
ich nicht für berechtigt halte. Aber gleichviel, auch die
Resultate Kettners führen uns zu dem Schlusse, daß der
Ursprung der uns überlieferten Kudrundichtung später
anzusetzen ist, als die jetzt herrschende Ansicht zugibt.
Wir dürfen nunmehr wol auch zu den Beobachtungen über das Christentum in der Kudrun zurück-
kehren. Als ich sie angestellt hatte und überschaute,
gewann ich zuerst den Eindruck, als ob die Kudrun erheblich weniger von christlichen Vorstellungen aufgenommen und ausgesprochen hätte als die Nibelungen.
Dieser Eindruck war falsch, denn zählt man die Stellen
dieses Inhaltes in beiden Gedichten (was natürlich nur
in Bausch und Bogen geschehen kann; vgl. die ähnlichen
Berechnungen in meinem Buche Über Hartm. v. Aue
S. 46 f.) und setzt den Umfang der Epen dazu in Proportion (Nib. 2316, Kudrun 1705 Strophen), so weist die
Kudrun 146 gegen die 173 der Nibelungen auf; 127
müßte sie haben, wofern das Verhältniß beider Gedichte
ganz gleich stünde. Das ist nur ein sehr grobes Ergebniß, welches vielleicht recht wenig bedeutet, mindestens jedoch, daß die Intensität der religiösen Färbung
in der Kudrun hinter jener der Nibelungen nicht zu-
rückbleibt. Mein erster Eindruck war aber nicht ganz
unbegründet gewesen, sondern beruhte darauf, daß die
gewöhnlichen Redeformeln christlichen Verkehres (in
meinen Verzeichnissen die Punkte $a—i$) in der Kudrun viel
weniger oft gebraucht werden als in den Nibelungen,

wie man sich leicht überzeugen kann. Dagegen zeigt
sich in der Kudrun bei den letzten meiner Formel-
gruppen eine Zunahme an der Zahl und besonders größere
Reichlichkeit der Ausführung (z. B. die Verkündigung
der Botschaft, die Klosterstiftung). Ich rechne die Stellen,
in denen Kreuzfahrer und Pilgerzüge erwähnt werden,
nicht strenge hierher, aber daß sie für die überlieferte
Fassung der Kudrun zu der Zeit der letzten Kreuzzüge
hinleiten, das ist eine Ansicht, deren ich mich nicht er-
wehren kann. —

Von einer ganz anderen Seite her gelangen wir
zu einem ähnlichen Ergebniß. Für ein Volksepos enthält
die Kudrun doch ganz merkwürdig viele Züge märchen-
hafter Überlieferung, die ihr kaum anders als durch die
Kreuzzüge vermittelt sein kann. Im Allgemeinen darf ich
darüber auf Beer's schon mehrmals citierte Abhandlung
'Zur Hildesage' verweisen, an Einiges mag hier noch
kurz erinnert werden. Da ist einmal das Greifenmärchen
55 ff., nicht bloß Hagen, auch die drei Jungfrauen (119, 2.
122, 3) sind von Greifen entführt worden. Die Art und
Weise, wie Hagen den Greifen tötet, ist seltsam:

93 *In sinen siten tumben grimme er was genuoc.*
dem grifen einen vetech er von der ahsel sluoc
und verhoute an einem beine in stárke unde sére,
daz er getragen mohte von der stat sinen lip niht mêre.

So werden gewöhnlich die Riesen im höfischen und im
Spielmannsepos erschlagen, für einen Vogel ist die Todes-
art wunderlich (vgl. S. 113). Hagen ist übrigens stark wie
12 Männer 106, 1, wie 26 Männer 254, 3; Martin hat in der
Anmerkung zur ersten Stelle (dann Zeitschr. f. d. Philol. 15,
208) schon auf die Dichtungen verwiesen, in denen dieser
märchenhafte Zug noch vorkommt. — 109, 3 geraten
die Leute des Grafen von Garadê an den Strand des

Greifenlandes: *daz schif begunde krachen. die bî in vuoren nâhen, sî vorhten wildiu merkint, dô si die vrouwen an dem stade sâhen;* sie können dabei kaum an etwas anderes als an die Sirenen gedacht haben. Vgl. 112, 2: *ê er diu mære ervüere, diu wile dûhte in lanc, ob ez schrawaz wæren oder wildiu merwunder. er gesach nie mêre bî sinen zîten sô hêrlichiu kunder;* 115, 4: *swie si sich ê versæhen, daz si wæren wilde und ungehiure.* — Die Erkennungsszene zwischen Hagen und seinen Eltern 142 ff. ist ganz märchenhaft. — 492, 2: *und wære ein berc golt* — ist ein Märchenzug, vgl. Martin zur Stelle und Zeitschr. f. d. Philol. 15, 212. — Dahin rechne ich auch 529, 3: *daz Wate arzât wære von einem wilden wîbe,* vgl. 530. 540. — Natürlich gehören dazu auch die Seeabenteuer 1125—1140 *(wazzermære* 1128, 3). Wie Irolt 1144, 1 ff. im Walde auf den höchsten Baum steigt, um auszuschauen und einen Weg zu finden, das ist auch ein Zug aus Märchen von Verirrten.

Unbedenklich darf man zu den Zeichen späteren Ursprunges des Gedichtes auch das doch unverhältnißmäßig zahlreiche (man denke an die Nibelungen) Vorkommen fremder Ortsnamen rechnen. Sie stammen teilweise aus den romanischen Sprachen: *Galeis, Galizenlant. Garade (Garadie, Garadine* und mit *K* anlautend — irisch?), *Givers, Kampalie, Kampatille, Kassiane, Matelanc, Portegale, Waleis.* Zum Theile gehören sie wol dem Orient an: *Abakie (Abakine), Abalie, Alzabe, Amile, Arabe (Arabie), Baljan* (ist der Name eines vornehmen Pullanen — Baljan von Ibelin —, der am Ende des 12. Jhs. im h. Lande sehr einflußreich war, 1186 Jerusalem gegen Saladin verteidigte und 1187 übergab, vgl. Wilken, Gesch. d. Kreuzz. 3, 2, 300 ff.), *Gustrate, Ikaria* (wol die Insel im ägäischen Meer), *India.* Auch die Normandie wird durch Namen mit fremden Endungen bezeichnet: *Normandie, Normandi,*

Ormanie, Ormandie, Ormandin, Ormanin, Ormanine. Die
Verschiedenheit der gebrauchten Namensformen erinnert
an die mannigfachen Mißbildungen, die deutsche Pilger
in den Beschreibungen ihrer Reisen den italienischen
und syrischen Namen angedeihen ließen. Wenn man
übrigens sieht, daß die von Dänemark 221 f. mit Por-
tugal kämpfen, dann schätzt man die geographische
Kenntniß der jetzigen Gestalt der Kudrun doch recht
niedrig ein.

Dahin wird man auch einbeziehen dürfen, was von
den Zuständen der ritterlichen Gesellschaft in das Gedicht eingegangen ist, unvergleichlich mehr als bei den
Nibelungen. Nur Einiges sei erwähnt. Die Aufzählung
kostbarer Kleiderstoffe wird man freilich nicht wichtig
nehmen, sie findet sich in den Anfängen des höfischen Epos
und ist auch schon in die Nibelungen eingedrungen: 301
phelle, sigelâte, purpur, baldekin, sabene; diese werden noch
später einigemale genannt, als sie von Kudrun und Hildburg am Strande gewaschen werden. Die *rocke ûz Cam-
palie* 332, 2 sind wol nur aus dem leichten Wollstoff
camelin oder *camelot* (Alwin Schultz, Höf. Leben 2, 267 f.),
vgl. Du Cange 2, 58 *Campania.* Das goldene Netz mit
Edelsteinen 1683 f. wird wol aus der späteren höfischen
Epik stammen (vgl. Strickers Daniël von Blumenthal).
Die Schilderungen höfischer Kleiderpracht, z. B. 302. 3.
482. 1326. 7. 1616 zeigen nichts Besonderes. Dagegen
ist der *schœne huot,* unter dem Hilde 480, 1 geht, als die
Hegelingen empfangen werden, schon dem späteren höfischen Stile zuzurechnen, vgl. Weinhold, Deutsche Frauen²
2, 332 f. Daß Wate den Bart mit Borten bewunden trägt
(341, 3. 355, 3), ist nicht bloß dem älteren Norden eigen,
sondern kommt auch in höfischen Epen vor, vgl. Martins
Anm. und Schultz 1, 215 f. Auch die *nuschen unde bouge*

251, 3 wird man keineswegs dem germanischen Altertum zuschreiben dürfen; die Venetianer und Genuesen erzeugten nicht bloß solch feinen Schmuck, sondern verhandelten ihn auch als Kaufleute in Syrien, ferner daheim an zurückkehrende Kreuzfahrer und Pilger. Das Briefschreiben (592, 2. 597, 2. 599, 4. 607, 1) gehört sicher dem späteren Stil an. Auch die ziemlich eingehende Art, in der vom Lehenswesen gesprochen wird, darf man so auffassen und wol die Verlobung durch den Ring (665. 1650), vgl. Weinhold 1, 343 f. Ritterspiele und Turniere lasse ich unbesprochen. Die höfische Regel 537, 1 (vgl. Martins Anm. und Zeitschr. f. d. Philol. 15, 212), daß je zwei Ritter eine Dame führen, findet sich besonders in späteren Gedichten. Auch die musikalischen Instrumente 49. 1572, die arabische (1588, 4) und die Melodie von Amilê gehören gewiß jüngerer Überlieferung an. Einige Stellen aber gibt es, die nicht wol geschrieben sein können, bevor nicht höfisches Epos und höfische Lyrik ihren Höhepunkt überschritten hatten. Dahin zähle ich z. B. 224: *die helde giengen sitzen in einen palas wit. mit tumplichen witzen begunden reden sit von edeler vrouwen minnen Hôrant unde Fruote. der künic hôrte ez gerne. dar umbe gap er in miete guote.* 487, 2: *bî dem Hagenen kinde sâzen si ze tal an die lichten bluomen under guoten sîden;* 624, 1: *der sîn herze gerte, die hete er nû geschen. tougen ougen blicke der was dâ vil geschehen* — u. a. m. aus Kudruns Geschichte. Der Rat, den Herwig bekommt 667, 1: *daz er si lieze dâ, daz er mit schœnen wîben vertribe anders wâ die zît und sîne stunde dar nâch in einem jâre* ist aus Hartmanns 2. Büchlein und seinen Liedern in unerfreulicher Erinnerung.

Ein paar andere Dinge seien hieher gestellt. Der kurze Bericht im Eingange des Gedichtes über die

Schicksale von Hagens Eltern entspricht dem späteren
Geschmacke, der z. B. die Genealogie in Dietrichs Flucht
hervorgerufen hat. Daß Hagen die Leute des Grafen bei
den Haaren packt und ins Meer wirft, ist ein Zug von
spielmannsmäßiger Roheit 135 f., vgl. 167, 1 ff. und 960 ff.
Die Strophen 194—6 handeln von der Bestrafung, die
über Landfriedensbrecher verhängt wird; daß ihre Burgen
zerstört, sie selbst enthauptet werden, gehört wol auch
erst dem Ende des 13. oder dem Anfang des 14. Jhs. an;
vgl. Hetels Wirksamkeit 569. Hagen verwahrt 198 keine
Tochter, wie orientalische Herrscher tun (auch im Hugdietrich) und wie manche Legenden, z. B. St. Barbara,
erzählen. 201 ff. auch diese Behandlung der abgewiesenen
Freier ist orientalisch und gehört in den Bereich der
Spielmannsdichtung. Dorthin fällt wol auch der Raubzug
des Mohrenkönigs 668 ff. Zu *mort* (Martin, Zeitschr. f. d.
Philol. 15, 216) vgl. Brunner, Deutsche Rechtsgesch. 2,
627—9. Du Cange 5, 524 ff., besonders unter *murdrum*, wo
eine Stelle aus den Assissen von Jerusalem Cap. 77 beigebracht wird, die definiert: *murtre est quant home est
tué de nuit* —. Daß ein heidnischer Mohrenkönig Bundes-
genosse christlicher Fürsten wird 874 ff., 1120 ff. und sich
einer christlichen Königstochter vermählt, das ist wol erst
unter der Einwirkung der Kreuzzüge denkbar; 1240 schließt
Sultan Ismail von Damaskus ein Bündniß mit den Christen
gegen seinen Neffen Ejub, den Sultan von Ägypten,
gemeinsam erleiden sie eine Niederlage bei Askalon,
1243 wird das Bündniß erneuert und endet erst mit der
unglücklichen Schlacht bei Gaza am 18. Oktober 1244. —
Dem etwas pedantischen Sinne des Aufbauers der Kudrundichtung paßt es, Kudruns Demütigungen in drei Stufen
sich vollziehen zu lassen (vgl. Beer, Paul-Braune Beitr.
14, 562 f.): erstens, heizen; zweitens, feuern, kehren und

mit ihren Haaren Schemmel und Bänke wischen; drittens, Wäsche spülen im Meer. Daß somit das Waschen der Wäsche als die erniedrigendste aller Hausarbeiten gilt, ist eigentlich nicht eine alte germanische Anschauung, vgl. Weinhold, Deutsche Frauen [2] 2, 76 f.; wol aber wirft es ein deutliches Licht auf die Verachtung dieser Thätigkeit während der Kreuzzüge, wenn wir erfahren, daß König Heinrich II. von England in seinem Ausschreiben vor dem vierten Kreuzzug 1188 gebietet, es solle Niemandem gestattet sein, Weiber mit sich zu nehmen, es sei denn eine zn Fuß gehende Wäscherin, welche durchaus keinen Verdacht errege, vgl. Wilken, Gesch. der Kreuzz. 4, 21. Das Gebot widerholt dann König Richard beim Aufbruche von Accon nach Askalon, vgl. Prutz, Kulturgesch. d. Kreuzz., S. 125, die Belege S. 528. (*lotrices* als schlechtestes Gesindel bei Rockinger, Briefst. u. Formelb. 426. 503.) — Zu der Mißbilligung, die 1538, 2 darüber ausgesprochen wird, daß die Leichen der gefallenen Feinde ins Wasser geworfen werden, vgl. was aus deutschen Pilgerschriften berichtet wird, Röhricht und Meisner, Deutsche Pilgerreisen (1880) S. 18 f. und Anm.; Röhricht, Deutsche Pilgerreisen (1889) S. 18 und Anm. Die Scheu davor hängt wol auch mit dem Gebrauche zusammen, die Leichen von Selbstmördern ins Wasser zu werfen. Nach Lütolfs Angabe (Germania 17, 215) hat noch 1252 Erzbischof Arnold von Trier die getöteten Soldaten des Königs Wilhelm von Holland ins Wasser werfen lassen.

Nicht außer Zusammenhang mit dem bisher vorgebrachten steht es, wenn die Vorstellungen, die das Gedicht Kudrun von den Landschaften am Meere hat, gar nicht mit den Verhältnissen der Nordseeküste stimmen wollen, dagegen sehr zu der Küste Syriens, ja schon Italiens und der großen Inseln im Osten des Mittel-

meeres (z. B. Kypros) passen. Die *steinwende* der Greifeninsel 85, 2 zähle ich allerdings nicht hierher. Dagegen
wird sehr auffallend Sigebants Burg beschrieben, wie
Hagen sie vom Meere aus erblickt 138:

> *Dô er begunde nâhen in sînes vater lant*
> *(die vil witen bürge hete er ê bekant),*
> *einen palas hôhen kôs er bî dem vluote.*
> *driu hundert türne sach er dâ vil veste unde guote.*

Hoch steigt die stattliche Burg aus dem Meer auf, weit-
hin sichtbar. Ganz ähnlich ist Hetels Burg beschaffen 750:

> *Wol inner zwelf mîlen kam Hartmuotes her*
> *in den selben wîlen ab dem tiefen mer*
> *ze Hegelinge lande die mâze wol sô nâhen,*
> *daz si palas unde türne in der schœnen Hilde bürge sâhen.*

Vgl. noch 464 und die Erstürmung 779 ff. Auch König
Ludwigs Burg gewährt vom weitem einen stolzen Anblick 956, 1 ff. Man steigt von ihr herab 968, 1: 'vrouwe,
ir sult sîn vor der bürge nidene'; 969, 1: 'ouch sult ir mit
in vieren hin nider zuo der vluot magede unde vrouwen unde
ouch ritter guot, dâ man die ellenden in der habe vinde.'
Nach 1141, 1 f. liegt sie auf einem *houc* oder Berge, im
Walde sieht Irolt von der Spitze des höchsten Baumes
1145, 3: *wol siben palas riche und einen sal vil witen.* Dazu stimmt die Lage, welche die Verteidigung der Burg
1384 ff. voraussetzt. Es gibt nun an der ganzen Nordseeküste und in den Ländern, die nach der Geographie
des Gedichtes dafür in Betracht kommen, keine so steil
aufsteigenden Küsten, Felsen mit Burgen gekrönt. Aber
sehr wol an der Küste von Syrien, auf Kypros u. s. w.
vgl. besonders Prutz, Kulturgesch. d. Kreuzz. S. 103. Dort
haben die Kreuzfahrer, die geistlichen Ritterorden jene
gewaltigen Schlösser gebaut, in Nachahmung der byzan-
tinischen und arabischen Baukunst, die dann für die
Militärarchitektur des Abendlandes so wichtig wurden.

Wie die Burg Ludwigs und Hartmuots 4000 Mann Besatzung hat (1229, 3. 1390, 1. 1411 und Martins Anm.), so lagen in der riesigen Johanniterburg Margat 1000, im Kurdenschloß 2000, an der Jakobsfurt 1000 Mann ständig durch das Jahr, vgl. Prutz, Kulturgesch. d. Kreuzz. 248 f. 195 ff. Der Wartturm am Strome 720, 1 f. ist kaum auf eine Gegend genauer zu beziehen. Der Sturm auf die Normannenburg 1384 ff. 1391 (vier Thore). 1496, mit ihren festen Steinmauern 1394. 6 geht vor sich wie die Belagerung eines Frankenschlosses im h. Lande. Gerlint rät Armbrustschützen in die Fenster zu stellen (vgl, Prutz S. 183. 191), ferner 1385, 1: *antwerc diu besten heizet seilen wol gegen disen gesten*, d. h. Maschinen sollen den Belagerungswerken entgegengeschoben werden, um sie zu zerstören (Prutz 205 ff.). Die Steine, welche sie durch Frauen mittelst ihrer Ärmel *(stûchen)* den Belagerten will zutragen lassen (nicht etwa aus den Ärmeln werfen!) 1385, 4, das sind wol die *lâzsteine* von 790, 4. 1454, 4, die von *lasio,* ital. laccio abzuleiten sein werden (= laqueus?), Steine also, die mit Stricken, Schleudern auf die Belagerer geworfen werden, vgl. Du Cange 5, 33.

Die Vorstellung somit, welche das Gedicht von der Landschaft und den Königsburgen hat, scheint den Mittelmeerländern, besonders Palästina, Syrien, Kypros entnommen, durchaus nicht den deutschen Ländern an der Nordsee. Dazu stimmt noch Anderes. Der *wilde walt* 38, 2 auf der Greifeninsel und 1141 ff. vor der Normannenburg ist gar nicht merkwürdig, auch die Frage wie Hagen und die Jungfrauen 82 ff. in einer nordischen Landschaft sich ernähren, braucht nicht aufgeworfen zu werden. Daß ein frischer kalter Brunnen (1143, 3) für deutsche Küsten nichts gerade Merkwürdiges ist, wol aber für kleinasiatische, auch darauf lege ich wenig Gewicht.

Cedern und Cypressen kennt zwar die Bibel reichlich, doch braucht der *zêderboum* 26, 3, unter dem Sigebant und Uote sitzen, nicht von dort entlehnt zu sein, sondern mag aus der Kenntniß der Kreuzfahrer stammen. Jedesfalls bezeugt der Rat Fruotes an Hetel 249, 1 : '*her künic, ir sult heizen bereiten ûf die vluot ein schif von ziperboumen veste unde guot*' Vertrautheit mit der besonderen Art dieses unzerstörbaren Holzes, aus dem zwar nicht Noah seine Arche, wol aber Alexander der Große seine Euphratflotte baute (vgl. Hehn, Kulturpfl. u. Hausth., 2. Aufl. S. 241—248, bes. 243 f.). — Von nordischen Thieren kommen in der Kudrun vor außer Pferden (dänische 552, 2; *kastelân* 303, 1) und Falken der Schwan im Vergleich 1372, 1 : *wizer danne ein swan*. Dem ist aber so wenig Wert beizumessen als den Vergleichen mit dem Panther 98, 3, dem Leoparden 361, 2. Der Löwe 102, 2 gehört in die Szenerie des Greifenmärchens. Auch die *olbende* werden 541, 3 nur vergleichsweise angeführt. Das vielbesprochene *gabilûn* 101, 1 lehrt nichts. 1096, 3 *bî einem breiten phlûme* (vgl. 720, 2), *der was vogele riche*, diese Angabe gestattet keine genauere Beziehung auf ein bestimmtes Land, denn sie wird auf Elbe, Weser Rhein u. s. w. ebenso zutreffen, wie auf die Donau und den Jordan oder die Niederungen italienischer Flüsse.

Einen sehr breiten Raum nimmt in der Erzählung der 'Kudrun' das Seewesen ein. Dabei ist nun manches Eigentümliche anzumerken, das aber einer Übersicht der Stellen im Allgemeinen eingegliedert werden muß, damit es richtig beurteilt werde. Dabei hebe ich nur solche Punkte besonders hervor, die bei Oskar Hartung, Die deutschen Altertümer des Nibelungenliedes und der Kudrun (1894) in dem Abschnitte über das Schiffswesen S. 527—541 weniger berücksichtigt worden sind. — Von den Namen der Fahrzeuge sind nur *schif* und *kiel* deutschen Ursprunges. Hartung hat schon (S. 531) bemerkt, daß *kiel* mehrmals auch in besonderem Sinne zur Bezeichnung eines großen, starken Schiffes gebraucht wird. *galie* (afr. galie, mlat. galea, galia) sind große Kriegsschiffe, vgl. Du Cange 4, 13 f. Jal, Glossaire Nautique S. 757 erwähnt eine *galie* des Grafen von Jaffa, die mit 300 Ruderern bemannt war; in der Kudrun 276, 1. 450, 2. Kleiner ist die *galeide* (261, 3. 490, 3. 1073, 1. 1657, 2), meistens formelhaft mit *kocken* verbunden; vgl. das Citat bei Du Cange 4, 13 aus Albert von Aix, Hist. de Jérus lib. 9, cap. 23: *duae naves, quarum altera minor, quam Galeidam vocant.* Die *kocke* ist ein großes Frachtschiff (257, 1. 439, 3. 449, 4. 494, 1. 843, 4. 854, 2. 896, 4. 1072, 3. 1102, 2, 1123, 2. 1567, 3. 1572, 1. 1596, 1), das Rosse, Zehrung und Kriegszeug zu tragen hat. Die Zeugnisse für *cocca, coccha* bei Du Cange 2, 383 sind alle erst aus dem 14. Jh., aber *kocken* kommen schon in Wolframs Parzival und in historischen Werken aus dem Anfange des 13. Jhs. vor, vgl. Jal, Gloss. Naut. 516 ff., der ihr Aufkommen im Mittelmeere in dieselbe Zeit verlegt. *barke* (mlat. barca) ist ein Boot, mit dem man von den großen Schiffen ans Land fährt 112, 1. 1207, 2. 1212, 1; vgl. Jal S. 242 f., wo ausführlich über die Dimensionen der *barca* gehandelt ist und gesagt wird, daß sie im Mittelalter so ausgesehen habe wie heute und zum schnellen Einsteigen und raschen Fahren bestimmt gewesen sei. — Die Balken, aus denen das Schiff gefügt war, muß der Dichter der Kudrun mit *trâm* bezeichnet haben, ein Wort, das ich für bairisch halte, vgl. Schmeller 1², 662 und das heute noch in den bair.-österr. Mundarten lebt. Demselben Dialekte scheint *dil*, Diele anzugehören (Schmeller 1², 500), das Brett, Bretterlage, dann hauptsächlich das Verdeck eines Schiffes

bezeichnet, vgl. auch Lexer 1, 432. Die Kudrunstellen
sind 255, 1: *decken man uns sol unser schiff mit dillen;*
269, 1: *gedillet und getrâmet diu schif man dô vant gên
weter und gen strite;* von diesem Zusatze wird das üble
Wetter auf *gedillet* sich beziehen, weil man unter dem
Verdeck davor geschützt ist, *getrâmet* auf die Erhöhung
des Bordes der Schiffswand, hinter der man gedeckt
fechten kann. Die Prachtausstattung der Schiffe Hetels
264—269 ist vielleicht venetianischen und fürstlichen
Galeeren auf dem Mittelmeere (auch der Bucentoro kann
hieher gehören) nachgebildet. Nebenbei: die Angabe
275, 3, einer echten Strophe: *die helde sâhen selbe ir schif
diu wâren riche* ist doch wol nur möglich, wenn die Beschreibung 264 ff. vorangieng. Auch der technische Ausdruck 264, 4 (vgl. 249, 4): *die wende zuo den stœzen wurden
wol mit silber gebunden* könnte bairisch sein. — Die Schiffe
werden mit Lebensmitteln versehen, *spise* schlechtweg ist
die Bezeichnung für den Proviant, vgl. 250, 1. 435, 4.
439, 3. 596, 3 Anm. 668, 3. 838, 4. 842, 3. 1073, 3. 1123, 3
und besonders 1131, 1: *ezzen wir die spise. ob uns gelinge
wol, sô sul wir vazzen vol unser schif diu guoten mit
edelem gesteine.* — Die Einschiffung wird beschrieben
277; nach 808, 1: *Hartmuot sich do schifte snelle in drien
tagen wider ûf die kiele* gilt das Einschiffen des Heeres
binnen drei Tagen als rasch, was gemäß den Erlebnissen
der Kreuzfahrer und Pilger in Venedig und anderwärts
gewiß richtig ist. 110. 111 werden *herre* und *schifman*
unterschieden wie ital. padrone und marinaro. König
Ludwig schließt 745, 1—746, 1 einen förmlichen Kontrakt,
wornach *die guoten schifliute* es übernehmen, sein Heer
zu transportieren, ganz wie die deutschen Kreuzfahrer
und Pilger in Venedig und anderwärts, vgl. Prutz a. a. O.
S. 101; Röhricht, Deutsche Pilgerreisen (1889) S. 14

und Belege. — 280, 4 *die ze arbeite kunden, die tumben si dô lôsten,* hängt nicht mit 278, 4 zusammen, sondern bezieht sich nur darauf, daß ältere Matrosen die jüngeren abrichteten, was Kreuzfahrer und Pilger jedesmal bei der Überfahrt sehen konnten. — 286, 3: *die dâ bî in vuoren, mit gestabeten eiden ze behaltenne si 'dô alle swuoren;* dieser Satz bezieht sich wol auf nichts Anderes als auf den Schwur, welchen der Padrone und die Schiffsmannschaft vor der Einschiffung zu leisten hatten und wodurch sie sich verpflichteten, die Kreuzfahrer oder Pilger wolbehalten ins h. Land zu bringen, vgl. Röhricht (u. Meisner), Deutsche Pilgerreisen, 1. Ausg. S. 13 f., 2. Ausg. S. 14 f. und Anm. — 280, 1: *Fruote der küene der kameren dô phlac,* das könnte in diesem Zusammenhange sehr gut auch bedeuten, daß Frute die Obsorge für die Verpflegung der Seefahrer hat, er wäre also *Maëstro de raciones* oder *Maëstro penese,* Jal S. 952. — Die Wasserstraßen werden mehrfach erwähnt (87, 3. 317, 3. 592, 4. 745, 2 f. 836, 3 f.) und daß man sie kennt, eine Vorstellung, die wol auf einem vielbefahrenen Gewässer wie das Mittelmeer am leichtesten sich bildet. — Für schnelles Fahren erscheint der Ausdruck *wagen,* sowol auf Schiffe als auf Segel bezogen: 493, 2. 809, 2. 853, 1. 1359, 1. Wie 1364, 1 und 1367, 4 zeigen, ist vor allem an die schwankende Bewegung der Segel im Winde gedacht, vgl. Schmeller 2², 866. — Merkwürdig ist Folgendes: als der gute Wind gilt in der Kudrun der Westwind; 13, 2: *dâ si der westerwint von des meres ünde wæjen ab begunde.* 1134, 4: *dô kom in ein westerwint, dô was in ir arbeit gar zerunnen.* 1139, 3: ruft Horant, nachdem die Seeunfälle überstanden sind: *der luft schadet hie niemen, ez sint westerwinde,* vgl. 1132, 4. Der wird es wol auch sein, von dem es 1119, 1 heißt: *in kam ein rehter wint.* Vielleicht ist er auch, wie Bartsch

meinte, unter dem *ábentwint* verstanden, der 493, 2 vorkommt: *ez hete ein ábentwint ze Wáleis in die marke gevüeret vil der helde.* Gut ist auch der Nordwind 285, 1:
*dô kam in daz ze heile, daz ein nortwint den helden nâch
ir willen ir segele ruorte sint.* Schlecht ist der Südwind
1125, 1 : *in kômen sunderwinde, die sluogen ûf dem sé daz
edele ingesinde (dâ von wart in wê), dâ si mit tûsent seilen
den grunt niht hæten vunden.* Mindestens zweimal passen
diese Angaben gar nicht zu der Lage der Länder 13, 2
und 493, 2, wahrscheinlich auch 1134, 4 und 1139, 3;
selbst 285, 1 ist unsicher. Das haben die Erklärer auch
gesehen und suchen sich darüber hinauszuhelfen durch
die Annahme, die geographischen Verhältnisse seien un-
klar, während sie an anderen Stellen die Genauigkeit
der Kenntniß, ja sogar der historisch-politischen Geographie voraussetzen. In der That herrscht aber so ziemlich in der ganzen Kudrun eine unlösbare Verwirrung
in den Vorstellungen über die wechselseitige Lage der
Länder, in denen die Ereignisse spielen; es ist nicht
übertrieben, wenn ich behaupte: finden sich richtige
Angaben, so sind sie nur zufällig richtig. Da ist es denn
beachtenswert, daß die angeführten Windrichtungen in
der Kudrun so aufgefaßt sind, wie sie Schiffern vorkommen, die von den italienischen Seestädten nach der
Levante wollen: West- und Nordwinde sind gut, Südwind
ist schlecht. — Am schlimmsten aber ist die Windstille.
Von ihr heißt es 1132: *Dô sprach von Tenen Fruote 'ê
mir diu galinê an mînen vartgenôzen tæte hie só wê, ich
swüere tûsent eide, deich nimmer guot gewünne: daz ich vor
disem berge mit guoten winden üzer nót entrünne'.* Das
ἅπαξ λεγόμενον *galine* stammt aus gr. γαλήνη. Darüber
schreibt mir Gustav Meyer freundlichst: 'Es ist nicht zu
bezweifeln, daß die Byzantiner im 12./13. Jahrhundert

das alte γαλήνη sowie die heutigen Griechen aussprachen,
nämlich *galini*, mit anlautendem stimmhaften gutturalen
Spiranten und *i* für *η*. Die Form der Kudrun beruht
also gewiß auf griechischer Aussprache.' Der Dichter der
Kudrun wird sie daher wahrscheinlich aus dem Schiffs-
verkehr im mittelländischen Meere gekannt haben. Dort
war auch die beste Gelegenheit, die Sache aus eigener
Erfahrung kennen zu lernen. Denn während, wie mich
mein Kollege Eduard Richter gütigst belehrt, die Windstillen in der Nordsee und an den Küsten des Atlantischen
Ozeans verhältnißmäßig selten sind und von kurzer
Dauer, treten sie im Mittelmeer (Gegend der Passate,
Nähe der Wendekreise) häufig ein. Prutz rechnet sie in
seiner Kulturgeschichte der Kreuzzüge S. 103 zu den
regelmäßigen Hindernissen der Fahrt: 'Natürlich konnte
die Reise auch bedeutend länger (als vier Wochen) dauern,
wenn widriger Wind oder gar heftige Stürme eintraten.
Im Allgemeinen aber fielen die Passagien ja in eine Zeit,
wo man sich dessen weniger zu versehen hatte. Allerdings sollen die Genuesen die Reise im Winter zu
machen vorgezogen haben, namentlich auch, weil der
Proviant sich da besser hielt und man nicht eine Ver-
zögerung der Fahrt durch Windstillen zu fürchten hatte.'
Die *galine* in der Kudrun währt vier Tage (1133, 2: *dô
diu schif dâ stuonden vaste an einer stet vier tage lange ich
wæne und dannoch mêre, daz si nimmer dannen kæmen, des
vorhten die Hegelinge sêre*), 'eine Bonatzen oder Calmen
nach Cephalonia' dauert auf der Fahrt Ottheinrich des
Pfalzgrafen bei Rhein (1521) von Dienstag bis Sonntag,
vgl. Röhricht-Meisner, Deutsche Pilgerreisen (1880) S. 397.
Vgl. Jal, Gloss. Naut. unter: calma, bonanza, bonaccia,
dead calm etc. Ich denke, nach dem Gesagten ist es
nicht zweifelhaft, daß die Vorstellung des Kudrundichters

13*

von einer Windstille den Seefahrten des Mittelmeeres abgenommen ist. Ich bemerke noch, daß der Nebel *(genibele* 1134, 1) sehr wol zu der Windstille paßt, es verbindet sich nämlich starke Dunstentwicklung mit der Windstille bei großer Hitze. Vielleicht geht darauf die Vermengung von γαλήνη mit *calma,* καῦμα, zurück. Vgl. Schade, Altd. Wtb.[2] unter *hei* S. 378. — Die Fahrt der Hegelingen in das Land Hagens dauert 36 Tage 286, 1 f., die der Hildenflotte zur Befreiung Kudruns schwerlich mehr als 40 Tage (vgl. oben S. 114), Zeiträume, die denen der Palästinafahrten genau entsprechen, vgl. Prutz a. a. O., S. 103, sechs bis acht Wochen bei Röhricht, Deutsche Pilgerreisen (1889) S. 17. — Die Rachefahrt in der Kudrun findet just zu der Zeit statt (vgl. S. 120 f. 124), wo die große Frühjahrsfahrt der Kreuzfahrer und Pilger ('Ostermeerfahrt' oder 'große Meerfahrt') unternommen wurde, vgl. Wilken, Gesch. d. Kreuzz. 7, 353 ff. Prutz, die Citate S. 520 ff. und Röhricht an verschiedenen Stellen; man wollte die hohe Osterzeit schon im heiligen Lande feiern. Unter den Gefahren der Seereise sind die *gruntwelle* (Plur. 85, 3. besonders 261, 4. 1137) sehr wichtig. Ich halte sie für nichts anderes als das *selpwege* in Hartmanns von Aue 1. Büchlein 361 (vgl. mein Buch über Hartmann S. 464 f.) und füge die Erklärung bei, die Wilhelm von Conches, De Philosophia Mundi, Lib. 3, Cap. 11 (Migne, Patrol. Lat. 172, 79 AB) gibt unter der Überschrift: *Quare in sola aestate contingant fulmina. Hic subjiciet aliquis: cum in omni tempore anni fumus humidus, ut praediximus, ascendat, quare in omni non contingunt fulmina et tonitrua? cui dicimus: cum ab fumo humido ascendente habent esse, non fiunt tamen inde donec ad summum pervenerint aeris, quod per simile maris potest probari. cum enim mare ex fumo ascendente in fundo commovetur, ex spissitudine non potest huc vel illuc impelli. sed cum usque ad summum commotio illa pervenerit, illuc et illuc undae impelluntur fitque tempestas. quod vero tempestas a fundo incipiat, per hoc potest probari, quod phocas undas agitantes ante tempestatem videmus, unde Plinius ait: 'nautae sunt dormitoriae, quae in fundo maris dormiunt', fumo tamen, ut praediximus, fundum maris commovente, excitati ad summum ascendunt. quod videntes nautae, experimento certi etsi de physica incerti, tempestatem futuram praedicunt, quippe jam incipit tempestas in fundo. simile vero est in aere.* —

Daß die Bezeichnung des Mastkorbes *keibe* 1140, 1, in den Horant steigt, um auszuschauen, aus dem ital. gabbia, lat. cavea stammt, weiß man lange. Jal erklärt im Glossaire Nautique S. 729 unter *gabia:* La forme de la Gabie qui nous est donnée par les peintures du Moyen Age où sont représentées des galères, est souvent celle d'une sorte de cage en barrots de bois, ressemblant un peu à une hotte de vendangeur, accrochée à la tête du mât, du côté de la poupe.` Er bildet dann einen solchen alten Mastkorb ab und fügt Zeugnisse für das Wort bei, deren ältestes aus dem Jahr 1268 stammt. — 853, 1 ist *marnære* wol der Leiter der Flotte, der Kapitän des ersten Schiffes; 1138, 1 braucht *ein marnære* nur überhaupt einen Seemann zu bezeichnen: lat. marinarius, ital. marinaro wird von Du Cange 5, 280 und besonders von Jal a. a. O. S. 973 in mittelalterlichen Schriften einfach ein Mann genannt, der auf dem Schiff zu tun hat, das kann auch ein gemeiner Matrose sein. — Nach dem Landen werden Zelte aufgespannt 467, 1. 980, 3. 1592, 2; so tun auch die Kreuzfahrer, vgl. Prutz, Kulturg. d. Kreuzz. S. 103 ff. — Lehrreich ist die Stelle, in der über die Landung berichtet wird, welche Hetels Mannen im Lande Hagens vornehmen, Str. 291 ff. Der Stadtrichter 293 (vgl. Martins Anm.) verfährt ganz so wie ein italienischer podestà, oder besser, wie der *bailo* einer syrischen Hafenstadt im Zeitalter der Kreuzzüge, vgl. Prutz a. a. O. S. 376 ff. Abgaben müssen für die Waaren geleistet werden nach Maßgabe ihres Wertes, 297 ff., dafür genießen die Fremden Frieden und Geleite, vgl. Prutz S. 354 ff. 334 ff., besonders 349 ff., die Reisenden werden von den Bürgern in Quartier genommen 319 f. — Beim Ausschiffen denkt man zuerst begreiflicher Weise an die Pferde 848, 3; sie müssen wider geübt werden, wenn sie steif geworden sind 1146. 8; können sie nicht mehr springen, so werden sie getötet 1149. Dasselbe geschah häufig in den Kreuzzügen, vgl. z. B. Wilken, Gesch. d. Kreuzz. 4, 205 f. von der Fahrt König Richards von England, wo aus Gaufred Vinisauf 2, 33 die Stelle angezogen wird: *verum quia equi nostri vexatione maxima per unum mensem semper stando plurimum fuerunt turbati, equis nostris parcentes modestius insecuti sunt.* — Den Strand bezeichnet 27 mal das oberdeutsche Wort *sant* (15 mal darunter im Reime des ersten Verses), sonst wird *zuo, an, von, uf dem stade* 10 mal gesagt (6 mal im ersten Vers). Einige male steht *griez* für Ufer, in dieser Bedeutung wol bairisch-österreichisch, vgl. Schmeller[2] 1, 1012. — Gewiß' ist das von *wert* (vgl. Schmeller [2] 2, 988 f.) 515, 1. 809, 4. 1394, 2, das einen ´erhöhten Grund im Wasser eines Flusses oder Sees´, dann schlechtweg eine Insel bedeutet. — Vielleicht darf man auch das rätselhafte *muoder* hierher rechnen, das in den Worten der Engelsbotschaft an Kudrun vorkommt, 1174, 2 f.: *Ortwîn unde Herwic die sint wol gesunt. die sach ich in den ünden uf des meres muoder: die ellenthaften degene zugen vil geliche an einem ruoder.* Just zur rechten Stunde zeigt mir Steinmeyer eine jüngst von ihm gefundene Glosse aus einer Hds. des oberbairischen Klosters Scheftlarn clm. 17210 f. 30ª: Alveum est ubi incursu fluminis maxima pars aque convenit. i. haha muodar (zu Orosius. P. 95, 9 Zangemeister). Es ist also = aequor, die ausgegossene breite Fläche Wassers.

Ziehe ich nun die Summe von allen den Beobachtungen über das Christentum in der Kudrun, über die Vorstellungen von Landschaft, Lebensverhältnissen, Kriegs- und Seewesen, mit denen das Gedicht ausgestattet ist, so fürchte ich nicht zu weit zu gehen, wenn ich behaupte: die Kudrun zeigt erstens nicht, wie zu erwarten wäre, eine Anzahl von Ausdrücken und Bezeichnungen, die an der niederdeutschen Sage haftend mit ihr nach Oberdeutschland gekommen wären; es ist gar keine Spur einer Anschauung der Gegenden vorhanden, in denen die erzählten Ereignisse vor sich gehen; die zahlreichen Darstellungen aus dem Gebiete der Schiffahrt entbehren fast gänzlich der deutschen Terminologie. Dagegen bezieht sich alles Beschreibende auf die Anschauung der Mittelmeerländer, Landschaft, Zustände, Beschaffenheit des Meeres; die wichtigsten Ausdrücke dafür schöpfen aus der Seemannssprache der Levantefahrer. Das Kostüm, um Alles zusammenzufassen, der Kudrun ist das der späteren, der letzten Kreuzzüge.

Bemerkenswert erscheint dabei noch Eines: die Vorstellungen über Schiffbau und Anderes ergänzen sich, wenn ich mich nicht täusche, aus dem Wortschatze der bairisch-österreichischen Mundart. Das darf wol mit zu einem Schlusse auf die Heimat des Gedichtes benutzt werden, als welche man längst mit vielen Gründen das Gebiet dieses Dialektes anzusehen sich gewöhnt hat. Früher galt die Steiermark als der Sprengel des Bairisch-Österreichischen, dem die Kudrun mit besonderer Vorliebe

zugesprochen ward (vgl. Fécamp, Le Poème de Gudrun
S. 216); Scherer hat zuerst (Quellen und Forschungen
7, 63 f.) auf Baiern hingewiesen. Aber Scherer hat dort
meines Erachtens kaum etwas Positives für seine Vermutung beigebracht und hat Nichts von dem entkräftet, was
bis dahin zu Gunsten der Steiermark war geltend gemacht
worden. Dazu rechne ich insbesondere die merkwürdigen
Übereinstimmungen zwischen Kudrun und Biterolf in der
Sagenkenntniß und Sprache, Biterolf und Dietleib aber
gehört nach Steiermark. Zwar hat man auch dieses Gedicht aus der Steiermark nach Niederösterreich schieben
wollen, aber, wie ich anderwärts zeigen werde, mit wenig
guten Gründen. Und so bleibe ich vorläufig bei der
Steiermark als Heimat der Kudrun. Um zu erfahren,
wie festgewurzelt in diesem Lande die Vertrautheit mit
der deutschen Heldensage war, dazu braucht man nur
die Namenlisten in den Totenbüchern des Klosters St.
Lambrecht aus dem 12. und 13. Jahrhundert durchzu-
sehen, vgl. Zeitschr. f. d. Altert. 20, 192. Über die historische und litterarische Bedeutung der Steiermark im
13. Jahrh. vgl. meinen Aufsatz Über Ulrich von Lichtenstein in Bettelheims Biographischen Blättern (1896).

Den Angaben der Kudrun über klimatische Verhältnisse (vgl. oben S. 122) messe ich geringen Wert für
diese Frage bei (Frühlingsschnee 1196, 4. 1202, 4. 1204, 3.
1217, 4. 1218, 4. 1219, 1). Auch die Stelle 861, 2 f., wo
die Dichte der Pfeilschüsse mit Schnee verglichen wird
(*nâch winden von den alben sach man nie snê gân sô dicke
sô dâ drœten die schüzze von den henden*), gilt mir nicht viel,
denn die Alpen konnte jeder deutsche Italienfahrer aus-
reichend kennen. Allerdings mit der Stelle im Annoliede
440 (vgl. die Anm. in Roedigers trefflicher Ausgabe von
1895): *alsi der snê vellit uffin albin* darf die der Kudrun nicht

auf eine Linie gebracht werden: dort ist nur von dem dichten fallenden Schnee die Rede, hier von den Massen feinen Schnees, die der Wind von den Alpen herabweht und die die Luft verfinstern; die Anschauung ist hier specieller. — Auf ein Moment hingegen möchte ich noch aufmerksam machen. Bei der Klosterstiftung auf dem Wülpensande heißt es von dem geistlichen Hause 917, 4: *sit wart ez alsô riche, daz dar dienten wol driu hundert huoben.* Der Verfasser von 950, 4, der den Namen des Klosters nannte, hatte nicht die leiseste Vorstellung von dem Lokal der alten Sage, er erzählte aus seinem eigenen Gesichtskreise heraus. Ihm galt ein Kloster als reich, dem dreihundert Huben dienstpflichtig waren. Sind 300 Huben viel? Je nachdem. In einem Lande wie Baiern, dessen vornehmste Klöster (Tegernsee, Benediktbeuren und viele andere) Tausende von Huben Grundbesitz innehatten, dessen ärmere Klöster wenigstens Hunderte von Huben ihr Eigen nannten, dort bedeuten 300 Huben nichts oder sehr wenig. Auch in Ober- und Nieder-Österreich und Salzburg sind 300 Huben für ein geistliches Haus gar nicht viel. Gewiß aber für Steiermark, Tirol und Kärnten, den anderen Gebieten bairisch-österreichischer Mundart, die uns übrig bleiben. Und wenn noch Anderes für Steiermark spricht, so wird man sich vielleicht auch weiterhin die Kudrun in diesem Lande entstanden denken dürfen.

Darum halte ich für sehr beachtenswert, was mir Herr Alfred von Siegenfeld über die Wappenbeschreibungen Str. 1368. 71. 73 mitteilt: 'Darin ist nicht Alles klar. Der König von Morland wird wol eher ein schwarzes Haupt in Gold statt umgekehrt geführt haben. Daß *brûn* geschrieben wird, zeigt, daß sich der Bearbeiter unter Morland ein Negerreich dachte. Übrigens stellen die Dichtungen und auch die ältesten Wappenrollen die fabelhaften Wappen, orientalischer und überhaupt exotischer Länder und Personen mit besonderer Vorliebe *misscvar*, d. h. in heraldisch nicht gebräuchlichen Farben und Farbenzusammenstellungen dar, z. B. blau und grün, violett und rot, oder verwenden wenigstens braun, grau, violett, orangegelb, also dem heraldischen Auge ganz unmöglich erscheinende Farben. [Vgl. Eduard Freih. v. Sacken, Katechismus der Heraldik, 5. Aufl. 1893, S. 13 ff.] Str. 1371 sind *sparren* und *örter* heraldische Wappenbilder [vgl. v. Sacken a. a. O. S. 34. 41 ff.]. Sie können beide mannigfach kombiniert werden, zumal ja jeder Sparren ein Ort umschließt. Ein sehr schönes Beispiel von Örtern als redendem Wappen habe ich auf Tafel 3 meiner Abbildungen zum 'Steirischen Uradel' im Siegel des Hartnid von Ort aus dem Jahre 1222 mitgeteilt. Dort gibt es auch (vgl. Str. 1373) Tafel 1. 4. 8. 10. 11. 14 unter 'Wildon' Wappen mit Seeblättern. (Das historische Wappen der Grafschaft Seeland ist ganz anders.) Ist die Kudrun in Steiermark verfaßt, dann darf es nicht mehr als Zufall gelten, daß *örter* als redendes Wappen erwähnt werden und daß ein Banner mit Seeblättern vorkommt. In den österreichischen Alpenländern ist nämlich der von mir erwähnte Fall 'Ort' der einzige, in welchem das gleichnamige Wappenbild als redendes erscheint und die Wildoner sind die Einzigen, in deren Wappen *sébleter swebent*. Beide Familien gehören im 13. Jh. zu den führenden Häusern in Steiermark. Die Ort sind bald nach 1260 ausgestorben, während die Wildoner, den Glanz ihres Hauses überlebend, unter anderem Namen (v. Tirnstein) bis zum Ende des 15. Jhs. in Niederösterreich ausdauerten. Mittelsteiermark bildete ihren Schwerpunkt, die Wildoner saßen auf Riegersburg, Gleichenberg, Wildon und Stainz, die Orter im Raabviertel, ihr Letzter war Marschall von Steier. Beider Wappenbilder sind recht selten (bei 'Ort' die Mehrzahl), so daß ihr zusammentreffen auffällt. Das wäre also wider die Praxis, wie sie Wolfram von Eschenbach, Heinrich v. d. Türlin, der Pleier u. A. übten.' —

Welcher Ansicht ich über die Zeit der Abfassung des Gedichtes bin, wird auch schon aus den vorgebrachten Mitteilungen zu entnehmen sein. Die Geschichte der Strophe, das Verhältniß zu den Nibelungen, die ganze Art der Erzählung, Motive und Umstände der Darstellung machen es mir klar, daß der jetzige Ansatz, der die Kudrun zunächst den Nibelungen stellt, das Gedicht zu alt macht. Ich vermute seine Entstehung nicht früher als zwischen 1230 und 1240 und zwar, wie sich von selbst versteht, auch der ältesten Theile des Gedichtes, ohne Rücksicht auf die nur in wenigen Fällen zuverlässig auszuscheidenden späteren Zusätze. Ein Dichter, der auf die Gestaltung einer der Hauptszenen seines Werkes, die Botschaft an Kudrun, den englischen Gruß hat poetisierend einwirken lassen können, der ist schon über den Stil der klassischen Heldendichtung hinausgewachsen, er empfindet nicht mehr fein genug, um den innerlichsten Widerspruch zwischen dem Inhalt und seiner Darstellung wahrzunehmen. Aber auch die Kudrunsage selbst, wie das Gedicht sie enthält, weist uns in diese Zeit. Ziehen wir die alte Hildensage von der Kudrun ab, so erübrigt als Rest hauptsächlich Kudruns langjähriges Leiden bei der bösen Gerlint. Eine leidende Frau in den Mittelpunkt einer großen Erzählung zu stellen, das vermochte nur ein Dichter, dessen Zeitalter die Höhe der höfischen Poesie, Epik und Lyrik, bereits zurück gelegt hatte. — Das erwähnte Berliner Kollegien-

heft von 1840 sagt nur: 'Nach Lachmann gehört das
Gedicht in die fünfziger Jahre.'

Darf man denn die Kudrun überhaupt noch ein
Volksepos im engeren Sinne des Wortes nennen? Wäre
der Stil des Gedichtes ursprünglich, dann ja. Er ist es
aber nicht, er ist zum großen Theile dem der Nibelungen
nachgebildet, vielfach dem späterer Werke aus der Heldendichtung verwant; wie viel davon mit dem höfischen
Epos sich berührt, hat bisher Niemand untersucht. Ich
will nicht bereits Gesagtes widerholen, sondern spreche
meine Ansicht nunmehr kurz dahin aus: Die Kudrun ist
kein Volksepos in dem Sinne wie es die Nibelungen
sind, es darf auch diesen, unerachtet seiner einzelnen
Schönheiten, nicht an die Seite gestellt werden, es ist
ein Spielmannsgedicht wie Ortnit und die Wolfdietriche,
es gehört in eine Reihe mit diesen und zu der Tradition, deren wichtigste Glieder durch Herzog Ernst,
Rother, Orendel, Oswald, Salman und Morolf gebildet
werden.

Wie ich glaube, ist die litterarhistorische Beurteilung der Kudrun in verhängnißvoller Weise durch
den Vergleich mit der Odyssee beeinflußt worden. Nun
stehen, wie die heutige Forschung lehrt, Ilias und Odyssee
gar nicht in der bisher angenommenen Weise nebeneinander.
Adolf Bauer schreibt mir darüber Folgendes: 'Der Hauptgrund, weshalb man — von rein ästhetischen Erwägungen
und einzelnen sprachlichen Beobachtungen an der überlieferten Fassung der Odyssee abgesehen, — diese für
wesentlich jünger als die Ilias gehalten hat, ist in den
erweiterten geographischen Kenntnissen gelegen, von
denen sie Zeugnis gibt. Da in der Odyssee der Westen
des Mittelmeeres bekannt ist, so folgerte man daraus
die spätere Entstehung und Bearbeitung der Odysseus-

sage, solange man die˘ Erzählungen von des Odysseus
Heimkehr als zur ursprünglichen Sage gehörig betrachtet hat.

Allein dieses Argument muß jetzt schon deßhalb
als unbeweisend gelten, weil die Funde mykenischen
Stiles auf Sicilien — mag man ihr Vorkommen auf der
Insel als Beweis für den phönikischen Handel mit
mykenischer Waare oder als Beweis directen Exportes
der Mykeneer selbst betrachten — doch zweifellos eine
Verbindung zwischen Hellas und Sicilien schon in der
frühesten für uns überhaupt erkennbaren griechischen
Culturperiode beweisen.

Nun hat aber überdies v. Wilamowitz in den Homerischen Untersuchungen S. 165 ff., schon bevor diese
Funde gemacht waren, den Nachweis erbracht, daß die
Lokalisierung der Odysseusfahrten im Westen eine
jüngere Zuthat ist, und mit μ. 3 in Widerspruch steht,
wonach dieselben ursprünglich vielmehr am schwarzen
Meer oder doch im Ostbecken des Mittelmeeres loka-
lisiert gewesen sind. Der „erweiterte geographische Hori-
zont“ der Odyssee gehört also erst einer späteren Bearbeitung an.

E. Meyer ist mit Svoronos der Ansicht, daß Odysseus
ursprünglich ein Beiname des Poseidon gewesen sei und
daß dieser Gott ebenso wie Penelope in Arkadien heimisch
ist. Die Odysseussage ist demnach aus dem Poseidon-
kult erwachsen, Odysseus ist ein Naturgott, der in die
Unterwelt hinabsteigt (Kern der Nekyia), in die Gewalt
zauberischer Mächte geräth (Phaeaken, Kirke u. s. w.).
Ursprünglich stirbt er, später wird er nur entrückt und
kehrt wieder. Wie diese arkadische Sage bei den klein-
asiatischen Aeolern und Jonern heimisch werden, und
bei diesen Odysseus zum Typus des vielgewandten joni-

schen Mannes hat werden können, läßt sich nicht nachweisen, aber eine Analogie dazu bietet die Aufnahme
des peloponnesischen Helenamythos in die Sage vom
troiischen Kriege. Auch daran, daß von einem arkadischen Gotte die Sage erzählt wurde, er sei übers Meer
entrückt worden, ist kein Anstoß zu nehmen. Die Ar-
kader sind erst durch die dorische Wanderung ein Binnen-
volk geworden, vor derselben sind sie ein seefahrender
Stamm gewesen, wie die Thatsache beweist, daß in
mykenischer Zeit Kypros von ihnen besiedelt worden
ist, was sich aus der Verwandtschaft des arkadischen
und kyprischen Dialektes ergibt.

Für das älteste Stück der Odyssee hält man daher
jetzt den Kern der Nekyia, also eine Hadesfahrt des
Odysseus und meint, daß die Erzählung von seiner
Heimkehr zu seiner Gattin, also Kirchhoffs „alter Nostos"
erst der späteren Ausgestaltung der alten Sage angehört,
da diese Erzählung von seiner Rückkehr sich im Widerspruch zu dem Inhalt der ältesten Nekyia befinde.

Für die hohe Alterthümlichkeit der Gestalt des
Odysseus spricht ferner der Bogen, ob man nun darin
mit Seeck ein dem Mythos angehöriges Attribut oder
die irdische Waffe des Helden erkennt.

Endlich hat sich jetzt E. Meyer dahin ausgesprochen,
daß die Sage von den Argonauten und vom Kampf um
Theben mindestens ebenso früh ausgebildet und in Liedern
besungen worden sei wie die troische und die Odysseussage.
Die Abfassung der meisten der jetzigen Ilias wie Odyssee
zu Grunde liegenden Dichtungen, die aber alle schon einem
älteren Zusammenhang angehören, setzt dieser Forscher
in die Zeit swischen 950 und 750 v. Chr., hält jedoch
den ältesten Hauptbestandteil der Ilias (A und B) doch
für älter als den Hauptteil der jetzigen Odyssee. Die

Schlußredaktion der letzteren kennt in Sicilien bereits
Sikaner und Sikeler. Dies verweist die Schlußredaktion
in die Zeit der Seefahrten der Euböer nach dem Westen,
die nun hier die in der Odyssee besungenen Örtlichkeiten
wiederzufinden meinten, somit gehört die Schlußredaktion
der Odyssee ins siebente, vielleicht sogar erst in die ersten
Jahrzehnte des sechsten Jahrhundertes.

Die vorliegende dichterische Fassung der mit der
troischen in Zusammenhang gebrachten Sage von Odysseus
kann also als etwas jünger gelten, nicht aber diese selbst;
im Gegensatz zu diesen Darlegungen ist aber z. B.
Cauer der Ansicht, daß beide Sagenstoffe auch in ihrer
Entstehung durch einen beträchtlichen Zeitraum ge-
trennt sind.'

Die Nibelungen für die deutsche Ilias zu erklären
und dann die Kudrun als Odyssee ihr an die Seite
zu stellen, ist somit schon an sich unrichtig. Daß
Wilhelm Scherer daran nachdrücklich festhielt, erklärt
sich wol aus einer seiner Lieblingsansichten, nach
der in regelmäßigem Wechsel von Gruppen der Jahrhunderte, die rhythmisch steigen und sinken, die
Höhepunkte menschlichen Wirkens, nicht bloß der
Deutschen, sich widerholen. Ich habe niemals vermocht,
mich zu dieser Meinung zu bekennen. Sie widerspricht
meiner Grundvorstellung von geschichtlichem Werden.
So einfach und mechanisch vollzieht sich der Prozeß
menschlicher Historie nicht. Scherers Ansicht beruht auf
Spekulation, sie ergibt sich nicht aus Schlüssen, die auf
Thatsachen gebaut wären. Darum kann sie auch nicht
die Auffassung stützen, welche in Nibelungen und Kudrun
zwei gleich berechtigte Kunstwerke des deutschen Volks-
geistes erkennt, die sich als männlich und weiblich ergänzen. Die Kudrun, isoliert in jedem Betrachte, wie

sie vor uns liegt, bleibt nach wie vor ein schönes Werk,
dessen Einzelnheiten wir mit Freude genießen mögen,
sie gehört jedoch nach Inhalt und Form einem anders
gearteten späteren Bereiche deutscher Poesie an als die
Nibelungen, sie ist nicht deren Schwester, höchstens
Nichte oder Enkelin.

IV.

ALPHART.

Die religiösen Formeln, die das Gedicht 'Alpharts Tod' enthält, welches ich nach der Ausgabe von Ernst Martin anführe (Deutsches Heldenbuch, zweiter Theil, Berlin 1866), stelle ich im Folgenden in bekannter Anordnung zusammen. Es finden sich:

a. Grußformeln 398, 3: *wis got wilkomen, Hildebrant, lieber ôheim mîn* — Wolfhart; 400, 1: *wis got wilkomen; Hildebrant, lieber meister mîn* — Dietrich; 401, 1: *wis got wilkomen, Eckehart, dû vil werder man* — Dietrich.

b. Abschiedsformeln in direkter Rede 26, 3: *got lâz iuch mit vreuden leben* — Heime zu Dietrich; 105, 2: *der rîche Crist von himele der sol iuwer phlegen* — Alphart, 110, 4: *nû gnâd dir Crist der rîche! ez mac niht anders gesîn* — Alphart. — Dieselbe Formel wird als bloßer Wunsch ausgesprochen von Hildebrand 137, 1: *sô gnâd dir Crist der rîche! sprach meister Hildebrant.* — Die Formel wird ins Erzählende umgesetzt 118, 4: *si bâten Crist den rîchen daz er des recken wolte phlegen* — die Ritter. Dazu gehört 113, 2: *dô segent ime nâch diu herzogîn vrou Uote mit ir snêwîzen hant;* 117, 4: *nâch im manic schœne vrouwe segente, diu im heiles bat.* Hierher zähle ich noch den Ausdruck von Wünschen 250, 1: *daz enwelle got von himele! alsô sprach Alphart;* 427, 1: *daz enwelle got von himele! sprach Wolfhart der degen.*

c. Dank wird abgestattet 48, 4: *got lône iu aller triuwen die ir mir hât getân* sagt Heime zu seinen Geleitsmännern; 87, 1: *nû lône iu got von himele!* Dietrich zu seinen Helden; 333, 4: *des lôn dir got von himele! sprach Hildebrant der degen* zu Nitger.

d. Gott wird angerufen, am einfachsten in den Fällen 84, 4: *durch got só sît gemant,* Dietrich zu seinen Helden, und ebenso 430, 1: *durch got nû sît gemant;* 403, 4: *vergip im sîne schulde durch got, dû werder man,* Hildebrand zu Dietrich. — Reichlicher 210, 1: *er sprach ʿgot von himele, wie ist dem herzen mînʔ'* Witege; 288, 1: *er sprach ʿgot von himele, waz hân ich getânʔ'* Witege; 190, 3: *rîcher got von himele, war ist in hin só gáchʔ* Alphart. — 387, 2: *got müeze unser walten! uns læt tâlanc nieman in,* Hildebrand. — Beteuernd 225, 4: *ob ich iu daz vertrüege, só hieze ich weizgot niht ein man,* Witege; 303, 1: *weizgot wie jæmerlîchen er durch daz bluot sach!* Alphart. — 316, 2: *ʿnû wizze ez Crist der riche, ich hân anders nieman mêr'* — Herzog Nitger. — Gottes Hilfe wird herangewünscht 14, 3: *daz müeze got erbarmen,* der Bruch des Gottesrechtes durch Witege und Heime; 231, 3: *daz müeze got erbarmen, daz ich ie wart geborn,* Witege.

e. Gottes Eingreifen wird zur Bedingung gemacht. 71, 3: *wolte got von himele, daz ich in solte bestân!* Dietrich; 178, 3: *er sprach ʿwolt got von himele, hæte ich tûsent man —,'* Alphart; 238, 4: *wolte got von himele, wær ich bî mînem hêrrn belîben* — Witege; 155, 2: *wil mir got nû helfen, iwer tûsent sige ich an,* Alphart. 110, 2: *wil sîn got geruochen, ich wil der warte phlegen,* Alphart; 222, 4: *und wolt sîn got geruochen, ich wolt noch hiute der warte phlegen,* Alphart; 259, 2: *wil sîn got geruochen alhie ûf dirre wart, só muget ir mich niht scheiden von ritterlicher wer,* Alphart. — 161, 4: *swem got des heiles gunne, der vüere den sic an der hant!* Alphart; wörtlich gleich 226, 1 f. und 266, 1 f.: *dô sprach ûz vriem muote Alphart der junge degen ʿswem got des heiles gunne, der mac wol geleben,'* Alphart; 233, 3:

'*wir sullen ûf der heide teilen den solt mit strit, wem es got gunne. der danne vellet der lit.*' — 346, 4: *gêt-ez nâch gotes heile, êrste hebet sich ein strit,* Hildebrand. — 226, 4: *ez entuo Crist von himele, der alliu dinc volenden mac,* Alphart; 285, 2: *ez entuo got ein wunder, dû wirst strîtes hie gewert,* Witege. — Gott wird als Lehens- und Schutzherr des Lebens gedacht, obgleich nicht genannt 93, 4: *ir komen ist mir niht swære, wand ich den lîp ze lêhen hân,* Alphart. Vgl. in Rulman Merswins Buch von den zwei Mannen (ed. Lauchert 1896) die Stimme Gottes 7, 10: *so bin ich ein herre, dez alle dinc sint, vnd och alles geischliches gût, vnd och alles lipliches gût von mir zû lehen get.* — *und wil och selber din lehensherre sin* etc.

f. Das Vertrauen auf Gott wird ausgesprochen, dreimal, nur von Alphart 92, 3: *gote ich wol getrûwe, daz iender lebe ein man, der mir alterseine ze strîte mûge gesigen an;* 107, 4: *gote ich wol getrûwe, dar nâch dem starken ellen mîn;* 266, 3: *welt ir strîtes êre an mir beide begân, sô stên ich niht alleine, ich wil den ze helfe hân, der allez reht erkennet und im ouch bî gestât. jâ getrûwe ich got dem guoten, daz er mich niht enlât.*

g. Die Seele wird in christlichem Sinne erwähnt 152, 4: *in einer kurzen wîle von im diu sêle gescheiden was,* Herzog Wülfing; 219, 4: *ich gebe dir des mîn triuwe, ez wirt der sêle dort vil leit,* sagt Alphart zu Witege.

h. Der Teufel wird genannt, um einen besonders gefährlichen Feind zu bezeichnen 159, 2: *und wærestû der tiuvel, ich wolt dich ouch bestân,* Gerbart zu Alphart; 165, 4: *ez ist niht ein ritter, ez ist ein tiuvel her gesant,* über Alphart; 238, 2: *od welhen übelen tiuvel hân ich hie bestân!* Witege über Alphart. — Der Teufel selbst ist gemeint 176, 2: *der tiuvel ûz der helle vuorte si bêde dar,* nämlich Witege und Heime.

i. Für den Tod gelten christliche Vorstellungen 158, 4 : *ez ist umb dich ergangen, dir nâhet schier dîn jungster tac,* sagt Alphart zu Gerbart; 226, 3 : *uns zwên nieman scheide dan eines jungster tac,* Alphart zu Witege; 168, 1 = 173, 1 *ez was ir urteile und ir leste zît,* von den Helden, die durch Alphart fallen.

k. Einrichtungen der christlichen Kirche werden erwähnt. 221, 2 sagt Witege zu Alphart: *wie lange ûf dirre heide sol ich ze bîhte stân?* Dazu gehört noch 225, 2 f., wo Witege sich beklagt: *mit alsô scharphen worten wart ich gesträfet nie bî allen mînen zîten, sît ich mîn leben gewan,* denn damit ist die Strafrede des Priesters in der Beichte gemeint, dem Alphart vorher verglichen wurde; ähnlich sagt Heime zu Dietrich 11, 1 f.: *ich hetez billich vermiten, daz ich durch.solhe sträfe wær gein Berne geriten.* Über die Stelle der Kudrun, wo Ludwig sich vor dem Kampfe mit Herwig ähnlich ausdrückt, vgl. oben S. 148 f. — Die Gemeinschaft der Christen 244, 2 in den Worten Alpharts: *alsô hânt mîne vriunde alle her getân, daz man si wîten prîset in der Cristenheit.* — Die Angaben über das Begräbniß der Helden 461 f. enthalten nichts ausdrücklich Christliches. — Dagegen vertritt der Mönch Ilsam das Klosterwesen (320, 1 : *Dô gie ûz dem clôster Hûc von Tenemarc).* Von ihm heißt es 319 : ʿ*Nû hân ich niht sîner hulde,ʾ sprach der münich Ilsam.* ʿ*vergæbe er mir mîn schulde, der hôchgelobte man, sô brælte ich in ze helfe einlif hundert man, die über den liehten ringen trüegen swarze kutten an.* Und 402: *Dannoch lac verborgen der münich Ilsam mit harte grôzen sorgen, biz man im hulde gewan, er und sîne clôsterman, eilf hundert wolgetân, die über den liehten ringen truogen swarze kutten an.* Und 459: *Do hiez der münich Ilsam blâsen sîn herhorn: dô hete er der sînen dô keinen verlorn, dô samnet er der sînen dâ eilf hundert man, die*

über den liehten ringen truogen swarze kutten an. Er wird
noch erwähnt 403, 3. 408, 3. 409, 4. 435, 1. 448, 3. Die
schwarzen Kutten weisen darauf hin, daß man sich
Ilsam und seine Genossen als Benediktiner vorstellte;
die Zahl 1100 steht vielleicht mit legendarischen Überlieferungen in Verbindung. Interessant ist die Strophe
435: *Dô streit vermezzentliche der münich Ilsam. dô sprach der
keiser riche 'waz hân ich dem getân? daz ich clôsterliuten ie
sô getriuwe was! si singent übele dæne und vellent manegen
in daz gras.'* Denn sie legt die Frage nahe, von welchem
deutschen Herrscher die späte Volksüberlieferung ihre
Vorstellung eines Kaiser Ermenrich abgenommen haben
mag, der den Mönchen wolgesinnt war und mit mächtigen
Feinden (Vasallen?) zu kämpfen hatte? An eine lange Reihe
von Persönlichkeiten darf da gedacht werden; ich halte es
sogar nicht für unmöglich, daß noch Ludwig der Bayer
oder Karl IV. in Betracht kommen mögen. Aber wer
wird darüber entscheiden? — Daß die üblen Töne der
Mönche ebenso bildlich auf ihren Chorgesang sich beziehen wie Volkers Schwerthiebe mit seinem Geigenspiel
verglichen werden, braucht keine besondere Anmerkung.

l. Die Sittlichkeit erscheint als Ausfluß von Gottes
Gerechtigkeit, wenn es *gotes reht* ist, das Witege und
Heime durch tückischen Treubruch verletzen 14, 1:
*Witege unde Heime die brâchen gotes reht, die beiden her-
gesellen; hie vor dô was ez sleht. daz müeze got erbarmen
daz ez ie geschach, daz man an eim jungen ritter daz gotes
reht ie gebrach;* 279, 1: *'welt ir mich ermorden als einen
armen enecht, Witege unde Heime, ir brechet gotes reht,'*
sagt Alphart. Vgl. dazu den Verweis, den er 216—220
Witegen erteilt. — Einigemale wird die Erfahrung des
Kriegslebens in Sentenzen zusammengefaßt, z. B. 98. 219.
227, 1. 233, 4. — 317, 3. 379, 1 f. —

Bevor ich daran gehe, festzustellen, ob irgendwelche für die Beurteilung des Gedichtes 'Alpharts Tod' oder für die Geschichte seiner Entstehung wichtige Schlüsse aus den hier vorgebrachten Beobachtungen gezogen werden können, muß ich Einiges über die Stellung vorausschicken, die dem kleinen Epos in der altdeutschen Litteratur zur Zeit angewiesen wird. Bekanntlich hat Ernst Martin in seiner kritischen Ausgabe das Gedicht 'in die beste Zeit des epischen Volksliedes, in die nächsten Jahre vor oder nach 1200' (Einl. S. XXX) gesetzt. Er bezieht diese Annahme allerdings nur auf die von ihm als echt erkannten Strophen, die ungefähr ein Drittel des überlieferten Bestandes ausmachen; welcher Zeit die Zusätze angehören, darüber spricht er sich nicht bestimmt aus. Er folgte darin Anregungen, die schon durch Lachmann (Kl. Schr. 1, 290 f.) und W. Grimm (HS. S. 236 Anm.) gegeben worden waren? Martins Kritik des Alphart hat vielfach Zustimmung, aber auch Widerspruch gefunden: man darf im Allgemeinen sagen, daß die Anhänger von Lachmanns Liedertheorie auch die Anwendung der Lachmann'schen Kriterien auf die Überlieferung des Alphart billigten, indeß die Gegner der Nibelungenlieder ihrerseits auch die Athetesen im Alphart beanständeten. Bartsch setzt (Unters. über d. Nibel. 1865, S. 354) den Alphart noch ins 12. Jh., der Bearbeiter habe 'manche Strophen im Wesentlichen unentstellt überliefert'. Gervinus findet in der einzigen späteren Handschrift des Gedichtes die Überarbeitung eines alten Liedes, hält die Strophen 306—467 für eine hohle Hinzudichtung, zweifelt jedoch an der Sicherheit 'der vorhergehenden Einschiebungen, bei deren Ausscheidung auch die bekannten Lachmann'schen Kriterien der Unechtheit nicht überall zutreffen' (1⁵, 229 f.). Koberstein

(1⁵, 202; 1872) schreibt den Alphart noch der besseren
Zeit zu und meint, seine Grundlage reiche sicher noch
ins zwölfte Jahrhundert zurück: 'in der Überarbeitung
sind zu dem altepischen Kerne so viele Interpolationen
von ganz abweichendem Charakter und Stile gekommen,
daß man, auch wenn man diese losschält, nicht dahin
gelangen kann, die reine Gestalt der ursprünglichen
Dichtung zu genießen.' Eine Abhandlung von Richard
von Muth 'Zur Kritik des Alphart' (Zeitschr. f. d. Philol.
8, 205—213) steht prinzipiell auf dem selben Standpunkte
wie Martin, faßt nur Einzelnheiten in der Kritik anders
auf und geht insoferne weiter, als sie auch dem zweiten
Theile des Gedichtes, der 'Fortsetzung' ältere echte Strophen abzugewinnen sich bemüht. Des Verfassers Art, neue
Strophen aus den überlieferten zu bilden, steht an Verwegenheit den von ihm angenommenen Bearbeitern nicht
nach. Wackernagel sagt in der zweiten Auflage seiner
Litteraturgeschichte (besorgt durch Martin 1879, 1, 271 f.):
'An die Spitze der strophischen Dichtungen möchte dem
Alter und dem Werte nach, der vielleicht noch erhöht
wird durch mannigfache Abweichung von der sonstigen
Sage, Alpharts Tod zu stellen sein; leider nur ist uns
diese in so verwahrloster Form überliefert, daß einstweilen
schwer zu entscheiden ist, ob auch hier wie in den
Nibelungen einzelne Lieder zu einem Ganzen zusammengefügt oder bloß von dem Schreiber verschiedene Texte
des Gedichtes durch einander seien geworfen worden
[die Thesen Lachmanns und Wilhelm Grimms], und ob
die Strophenform, welche die des Nibelungenliedes sein
soll, auch so rein behandelt sei als in den Nibelungen.'
Gegen Martins Ergebnisse wante sich Friedrich Neumann in einer Abhandlung 'Untersuchung über Alpharts
Tod (Str. 1—305)' in Bartschens Germania 25, 300—319.

Wie schon die Überschrift anzeigt, befaßt sich diese
Studie nur mit der Partie des Gedichtes vor der großen
Lücke in der Handschrift. Der Verfasser geht zuerst
Martins echte Strophen durch und erklärt sich an verschiedenen Stellen durch den Zusammenhang unbefriedigt.
Dann versucht er sich selbst an der Überlieferung, indem er die Ansicht Wilhelm Grimms, daß hier eine
Mischung zweier Handschriften eingetreten sei, zu grunde
legt, und gelangt (S. 307) zu dem Resultalt, der überlieferte Text sei 'durch Contamination dreier Texte entstanden, zweier älterer, *a* und *b*, und eines jüngeren *c*,
mit durchgeführtem Cäsurreim.' Die Untersuchung be-
wegt sich sprunghaft und willkürlich, der Verfasser
strebt gar nicht darnach, eine bestimmte Vorstellung
von den verschiedenen angenommenen Texten zu gewinnen, er läßt (S. 318) die Möglichkeit zu, daß der
letzte Contaminator im 14. oder 15. Jahrhundert gelebt
habe, rechnet 'viele von den handgreiflichen Verunstal-
tungen des Textes dem letzten Abschreiber zu' und gelangt am Ende seiner ziemlich unklaren Darlegungen
zu dem Satze (S. 319): 'der Text muß bleiben wie er ist.'
Scherer hat sich in seiner Litteraturgeschichte (1883)
S. 126 f. offenbar durchaus den Resultaten Martins angeschlossen, denn seine kurze Inhaltsangabe berücksichtigt
nur Martins echte Strophen. Er legt besonderen Wert
darauf, daß das Gedicht durchaus auf directe sittliche Wirkung gestellt sei: 'die Grundbegriffe der Ehre und Treue
werden in dem Liede eingeschärft, das sich durch sorg-
fältige Motivierung aus den wol contrastierten Charakteren
und durch ausführlich ruhige Darstellung mit den besseren
Partien des Nibelungenepos vergleicht.' Es stimmt damit überein, wenn er an anderer Stelle (S. 258) Alpharts
Tod mit den Nibelungen und der Kudrun als Gedichte

ansieht, in denen um 1200 die Epik der Spielleute ihre Vollendung erreicht habe. — Ganz ähnlich klingt das Lob, welches Gödeke in der zweiten Auflage seines Grundrisses (1884, aber Alles wörtlich herübergenommen aus der Ausgabe von 1854 S. 64 f.) S. 241 f. dem Gedichte spendet: 'Der treue Kampfmut des jungen Helden und die boshafte Tücke Wittichs sind in wahrhaft dichterischer Weise konstrastiert, und im ganzen Bereich der deutschen Heldensage steht nur Siegfrieds Tod von Hagens Hand über diesem rührenden Theile des Gedichtes.' Gödeken ganz eigentümlich ist hingegen die Ansicht, Alphart sei aus dem Niederdeutschen umgeschrieben. Er bringt dafür vor: das ganze Gedicht enthalte keinen Reim, der nicht auch niederdeutsch sein könne; die vorhandenen Reimungenauigkeiten seien für das Mittelhochdeutsche, selbst des 14. Jhs., zu hart, 'niederdeutsche Gedichte waren mit dem bloßen Anklange leichter zufrieden'; einzelne Züge stimmten mit der Thidrekssaga, auch Alpharts Verlobte Amelgart weise auf Niederdeutschland, denn Hildebrand habe sie aus Schweden geholt.' Gödeke hat sich also durch Pfeiffers Einwände (in der Besprechung des Grundrisses, Germania 2, 502) auch später nicht irre machen lassen (in den Nachträgen S. 1154, die 1862 erschienen sind, erwähnt er sie auch nicht). Pfeiffer kennt dort keine niederdeutschen Gedichte mit solchen Reimen, wie sie Alphart bietet, er verweist als Beispiel solcher Ungenauigkeiten auf den 'geistlichen Streit', welches Gedicht, 'wie Alpharts Tod, im 14. Jahrhundert und im Elsaß gedichtet sein werde.' Gödeke's Meinung enthält ja an sich nichts Unmögliches, denn die Thidrekssaga bezeugt den Bestand niederdeutscher Dichtungen aus der Heldensage für das 13. Jh., allein bei dem Alphart gebricht es doch an allen unmittelbaren Zeugnissen, und seine Einstimmungen mit der Thidrekssaga sind sehr viel weniger wichtig als die zwischen dieser und den Nibelungen. Die vermuteten Spuren des Niederdeutschen in der Überlieferung des Alphart sind von Martin teils auf die lokalen Eigentümlichkeiten des Schreibers ('aus der Gegend des Mittelrheins, etwa zwischen Straßburg und Mainz', Einl. S. X) zurückgeführt, teils als bairisch-österreichisch (Einl. S. XXX) erwiesen, teils überhaupt getilgt (ebenda) worden. — Ganz an Martin schließt sich Rudolf Löhner in seinem Aufsatze: 'Beiträge zu Alpharts Tod' (Programm des deutschen Gymnasiums zu Kremsier in Mähren, 1885). Er sucht durch Analyse des Inhaltes und der Komposition, durch stilistische Beobachtungen (die sich übrigens S. 12 ff. unwillkürlich gegen Martin kehren) und Betrachtung der Charaktere Martins Kritik zu stützen, nur in ganz wenigen unwesentlichen Punkten weicht er von ihm ab. — Eine sehr davon verschiedene Auffassung trägt Vogt in Pauls Grundriß (1893 erschienen) 2, 321 vor: 'Auch sonst verrät das Buch von Alpharts Tod die Einwirkung des Nibelungenliedes, dessen Strophenform hier in noch etwas weniger veränderter Gestalt als in den Rosengärten angewant wird; die Darstellung jedoch zeigt wieder den Übergang in die formelhafte, aber lebendige und grelle Darstellung der Spielmannsdichtung. Auch diejenigen Theile des Gedichtes, welche der Herausgeber aus der vielfach verworrenen und widerspruchsvollen Überlieferung unter Beseitigung erheblicher Erweiterungen als den alten Kern auszusondern sucht, und welche den tragischen Untergang des Helden zu rührender Darstellung bringen, stehen jener Manier viel näher als das Nibelungenlied: sie in die beste Zeit des epischen Volksliedes, in die nächsten Jahre vor oder nach 1200 zu setzen, wie ge-

meinhin angenommen wird, bietet weder ihr Inhalt noch
ihr Stil, noch ihre sprachlichen und metrischen Formen
Veranlassung. Doch ist aus ihnen meines Erachtens die
alte Fassung des Liedes überhaupt nicht mehr zu erkennen. Die überlieferte Bearbeitung reicht jedenfalls
nicht über die zweite Hälfte des 13. Jhs. zurück; das
bairische Franken wird ihre, vielleicht auch des Originales Heimat sein.' — Die 'Untersuchungen über Alpharts
Tod' von Emil Kettner (Osterprogramm 1891 des Gymnasiums zu Mühlhausen in Thüringen) betrachten in vier
Abschnitten die allgemeinen Vorstellungen und Anschauungen des Dichters, die epische Technik, Stil und Sprache,
sowie die Stellung des Alphart innerhalb der Volksepik.
Das Hauptergebnis läßt sich dahin zusammenfassen, daß
durch Vergleichung des Alphart mit anderen Dichtungen
gezeigt wird, Alphart enthalte zwar 'mehrere beachtens-
werte Übereinstimmungen mit dem Nibelungenliede'
(S. 49), dürfe aber trotzdem nicht zu diesem gestellt
werden, sondern sei in seiner Grundlage zwischen 1250
und 1260 verfaßt und gehöre durchaus der Spielmannsepik an, worunter nicht mit Scherer die Gruppe um
1200, sondern die viel spätere der Wolfdietriche, Rosengärten u. s. w. begriffen wird. Scheidung älterer und
jüngerer Strophen oder Abschnitte hält Kettner für unmöglich. Seemüller nimmt in seiner Besprechung der
Schrift (Anz. f. d. Altert. 18, 350 ff.) das Hauptresultat
Kettners, den Nachweis, daß Alphart eine Spielmannsdichtung späteren Ursprunges sei, an, gesteht auch zu,
daß die Berufung auf das deutsche Buch und das alte
Lied formelhaft und deßhalb unwesentlich sei, will aber
doch der Kritik das Recht wahren, die Spuren verschiedener Dichtungen und Arbeiter im Alphart festzustellen, den Kettner für ein einheitliches Werk in

seiner jetzigen Gestalt ansieht. — Fast gleichzeitig mit
der Abhandlung Kettners ist von O. L. K. Jiriczek die
Untersuchung 'Die innere Geschichte des Alphartliedes' in
Paul-Braunes Beiträgen 16, 115—199 (1892) ausgearbeitet
worden. Sie scheidet sich in einen allgemeinen (S. 116—167)
und einen besonderen Theil (S. 167—199). Im ersten werden
vor Allem die von Martin angewanten metrischen Kriterien
genau geprüft; das wesentliche Ergebniß ist, daß die
Cäsurreime nicht als ein Kennzeichen der Unechtheit
angesehen werden dürfen (S. 127). Dasselbe ergibt sich
bei der Prüfung der 'stilistischen Kriterien', unter denen
Jiriczek hauptsächlich die verschiedenen Arten von
Wiederholungen versteht, ferner der 'sachlichen Kriterien', als welche insbesondere die wahrgenommenen
Widersprüche gelten. Die Methode, deren sich der Verfasser dabei bedient, besteht in der möglichst umfassenden Herbeischaffung eines Materiales von Analogien
aus der Volksepik, durch welche gezeigt werden soll,
daß die genannten Kriterien in vielen anderen Fällen
unanwendbar sind, somit auch für den Alphart ihre be-
weisende Kraft einbüßen. Im besonderen Theil findet
Jiriczek zunächst Martins 'echten' Text mannigfach un-
befriedigend, wendet sich dann im Einzelnen wider die
Athetesen innerhalb der Strophen 1—304 und erklärt
sich schließlich auch für die 'Echtheit' der Fortsetzung,
wobei er wie Kettner auf die Übereinstimmung ihres
Inhaltes mit dem Berichte der Thidrekssaga besonderes
Gewicht legt; die anerkannten Unterschiede zwischen
der Qualität der Fortsetzung und der des Liedes von
Alpharts Tod werden ihm dadurch verständlich, daß er
annimmt, die Fortsetzung habe weit mehr durch Umarbeitungen und Interpolationen gelitten als der vorauf-
gehende Theil. Den Schluss der Abhandlung von Jiriczek

bildet der Satz (S. 199): 'Wir müssen also den Text so lassen wie er ist und uns mit dem Resultate begnügen, daß der ganze vorliegende Text des Alphart das Resultat mannigfacher Umarbeitungen eines einheitlichen Gedichtes darstellt.' — Wider diese Untersuchung kehrt sich Martin in demselben Bande der Paul-Braune'schen Beiträge, S. 471—476, indem er kurz hervorhebt, aus welchen Gründen er bei seiner Ansicht über die Entstehung des Gedichtes von Alpharts Tod verharre.

So liegt meines Wissens die Frage heute. Es läßt sich nicht leugnen, daß die Forschung über das Epos Alphart von keiner Seite her einen befriedigenden Abschluß bis zur Stunde erreicht hat, daß absolut überzeugende Gründe für keine der geltenden Ansichten vorgebracht wurden, vielmehr steht Meinung gegen Meinung: Martin hält an der Richtigkeit seiner Athetesen ebenso fest wie Andere, und dieß scheint die Mehrheit, an dem *non liquet,* womit an sich die von Martin ermittelte Vorgeschichte des Werkes nicht schlechtweg in Abrede gestellt, aber als durchaus unerweisbar betrachtet wird. Bei dem Versuche, die Tragweite der von mir vorgelegten Beobachtungen über die religiösen Formeln im Alphart für das Problem von der Entstehung des Gedichtes zu ermessen, bin ich genötigt, zu der eben im Überblick angeführten Litteratur darüber Stellung zu nehmen. Ich darf auch meinerseits neue und durchschlagende Ergebnisse nicht versprechen, glaube aber, daß ich wenigstens die Ansicht zu begründen vermag, zu der ich mich bekenne.

Wenden wir unsern Blick zunächst auf die einzige Grundlage aller Erörterungen über das Gedicht 'Alpharts Tod', auf die Überlieferung. Damit steht es bekanntlich sehr übel. Martin mußte seinen Text aus v. d. Hagens Abschrift der einzigen und unzugänglichen Handschrift des 15. Jhs. herstellen, die Bernhard Hundeshagen besessen hatte. Bei diesem Zeitpunkte werden wir nun freilich nicht stehen zu bleiben brauchen. Wie die Bearbeitung eines älteren epischen Gedichtes aus dem 15. Jhs. aussieht, das lehrt nicht bloß das Heldenbuch des Kaspar von der Roen, sondern ganz insbesondere die Piaristenhds. der Nibelungen (vgl. jetzt Justus Lunzer in Paul-Braunes Beitr. 20, 345 ff.). Davon steht die Überlieferung des Alphart noch sehr weit ab. Zwar ist der Schreiber nicht sonderlich geschickt gewesen, er hat seine grobe Mundart (vgl. darüber Martins Einleit. S. VI ff.) sehr rücksichtslos an die Stelle einer älteren Schreibung gesetzt, er war unaufmerksam und seine Kenntniß der alten Sprache war gering. Wer *ellen* nicht mehr verstand, sondern *elende* dafür schrieb 373, 4, wer *rasz* neben *mark* stellte 443, 1, *mjt dyren* schrieb statt *tiure* 123, 2, *getragen* für *gedrungen* 378, 1, *dreffen* für *diezen* 449, 3, *crarmen* für *crarnen* 232, 3, von dem läßt sich nicht viel erwarten, wenn er eine· deutsche Vorlage kopiert.

Wir sind darnach ohne Zweifel befugt anzunehmen, der Alphart in Hundeshagens Handschrift sei nicht das Original, sondern die Abschrift eines älteren Werkes. Es fragt sich nun zunächst: wie alt mag die unmittelbare Vorlage unserer Überlieferung gewesen sein? An sich gibt es, meine ich, nur eine Art von Beobachtungen, die Schlüsse darauf zuläßt: die Lesefehler des Schreibers. Sie für den Alphart zu verzeichnen, ist nicht ohne

Schwierigkeiten, denn wir besitzen nur v. d. Hagens Kopie, die Fahrlässigkeit des Schreibers ist groß, seine Mundart nicht völlig urkundlich festgelegt — alles mögliche Fehlerquellen. Trotzdem musste der Versuch gewagt werden und ich zähle hier eine Reihe von Schreibfehlern auf, die, wie ich glaube, aus Verlesungen der Vorlage entsprungen sind. Sie bedarf gewiß der Berichtigungen, reicht aber für meine Schlüsse aus.

a und *e* werden vertauscht: *das* steht für *des* 24, 3. 30, 1. 38, 1. 46, 1. 206, 2. 245, 3. 388, 1. 401, 4. 406, 1. Diese Fälle sind jedoch keineswegs alle sicher, weil etlichemale auch mit Bewußtsein die ältere durch die jüngere Konstruktion mag ersetzt sein. *des* steht für *daz* 17, 3. *da* für *der* 203, 2. *was* für *wes* 84, 2. Andere Verlesungen, die *a* betreffen, sind *Das* für *Do* 231, 1. *da* für *die* 21, 3. *sat* für *seite* 38, 1. 311, 2. *scheyden* für *schaden* 177, 4. 212, 4. 245, 4. *hint* für *hat* 344, 4. *i* scheint übersehen in *hen* für *Heim(e)* 2, 2. 31, 1. 32, 3. 40, 3. 245, 4. 263, 1. 453, 4. *Nv* für *diu* 146, 2. — *o* für *ie: schrot* für *schriet* 240, 1. 378, 3. *erdoszen* für *erdiezen* 351, 2.

Viel Ursache zu Fehlern gab *r*. Es wird besonders mit *n* vertauscht: *mene* für *mere* (angemerkt von Martin S. VII) 27, 3. 170, 1. 182, 3. 279 3. 454, 4. *keinen* für *keiner* 112, 4. *vszerwelten* für *uzerwelter* 130, 3. *gefanger* für *gefangen* 139, 2. *eber* für *eben* 393, 1. *von* für *vor* 247, 3. Vielleicht gehört auch *pene* für *Berne* 28, 4 hierher, *forst* für *vogt* 460, 4. Mit anderen Buchstaben: *geseyt* für *gereit* 38, 4. *der* für *des* 333, 4, *des* für *der* 381, 4. *der* für *daz* 332, 4. *(da* für *daz* 25, 4. 50, 3.) *der* für *die* 91, 1. 157, 4. *Sewalt* für *Sewart* 200, 1. *sere* für *sele* 218, 4.

Buchstaben ohne Oberbalken werden häufig verwechselt: *mych* für *iuch* 276, 2. *nych* für *mich* 71, 1. *ine* für *im* 214, 2. *nit* für *nu* 263, 1. *v* für *w: wel* für *vil* 7, 2.

vyl für *wil* 71, 2. *fart* für *warte* 53, 2. 87, 4. *s* für *v*: *solt*
für *valt* 378, 4. *slogen* für *vluhen* 289, 4. *v* ist ganz weg
gefallen: *reysen* für *vreise* 13, 2.

f wird mit *h* vertauscht, wenn *dorfte* für *dorhte*
36, 4. 43, 1. 119, 2 angeführt werden darf. *l* wird mit *t*
verwechselt: *zu vil* für . . . . *zit* 98, 1; mit *h*: *Auch so* für
Al so 283, 1. *b* mit *h*: *bart* für *hort* 460, 2; mit *k*: *er-
brachten* für *erkrachten* 367, 3; *b* scheint übersehen: *erlose*
für *erblœze* 249, 4. 257, 3. *z* findet sich mit *h* vertauscht
(vgl. darüber Martins Bemerkung in der Zeitschrift f. d.
Altert. 27, 137).

Einzelnfälle: *Helmschrot* für *Helmnot* 74, 1 ist zweifelhaft. *fromden* für *friunde* 317,2 (vgl. O.v.Zingerle, Zeitschr.
f. d. Altert. 27, 141). *Vnd* für *Nu* 390, 4. *Bottel* für *Gotel*
74, 2. *Derbart* für *Gerbart* 159, 1. *Sydong* für *Nudunc*
436, 1. — Ganz unsicher ist *lonen* für *Limme* 449, 3. —

Ich denke, es wird keinem Leser mittelalterlicher
Handschriften verborgen bleiben, daß die Beschaffenheit
der Buchstaben, welche diese Lesefehler in der Überlieferung des Alphart verschuldet haben, sich nur in der
Minuskel des 14. Jhs. findet. Vergleicht man die vor-
gelegte Sammlung mit dem durch Oswald von Zingerle
über die Ambraser Handschrift beigebrachten (Zeitschr.
f. d. Altert. 27, 136—142), so ergibt sich eine so bedeutende Menge von Übereinstimmungen — man bedenke
den geringen Umfang des Alphart —, daß man auch
die Vorlage des Hundeshagenschen Codex unbedenklich
in die erste Hälfte des 14. Jhs. wird setzen dürfen. Dazu paßt folgende Wahrnehmung: nach 249, 4 stehen in
der Hs. irrtümlich die Zeilen 258, 1. 257, 4. Vielleicht
ist das Versehen dadurch zu erklären, daß sowol in
250, 1 als in 259, 1 der zweite Halbvers lautet: *alsô
sprach Alphart.* (Vgl. 277 ff., wo Konfusion eingetreten

ist, weil der Schreiber ebenfalls irrig vorausgeblickt hat
von 278, 2 auf 279, 4.) Der Vorgang wäre dann noch
verständlicher, wenn man sich denken dürfte, die benutzte Vorlage habe die Strophen 250 und 259, die eine
auf dem aufgeschlagenen linken Blatte, die andere auf
dem rechten gehabt, und zwar in derselben Höhe der
Seiten. Daraus ergäbe sich, daß die Vorlage gleichfalls
in abgesetzten Versen und Strophen geschrieben gewesen
sei, und zwar neun Strophen = 36 Langzeilen auf der
Seite, Dinge, die sich sehr zu der Annahme schicken,
daß die Vorlage in die angegebene Zeit gehöre.

So weit also reicht das urkundliche Zeugniß zurück
für die überlieferte Gestalt des Alphart. Nun gibt es ja
noch verschiedene Möglichkeiten, eine Abfassungszeit
für ein Denkmal zu ermitteln, die hinter der erschließ-
baren Vorlage der Überlieferung zurückliegt. Woran
man dabei zuerst denkt, eine unmittelbare Angabe, enthält der Text des Alphart nicht. Auch mittelbare Beweise, die sich auf den Inhalt der Erzählung beziehen,
lassen sich aus 'Alpharts Tod' nicht schöpfen, weil die
darin behandelte Sage (abgesehen von späteren Belegen) vereinzelt steht und den von Martin (Einleitung
S. XXIII ff.) scharfsinnig vorgebrachten Schlüssen aus
der Vergleichung mit der verwanten Darstellung vom
Untergange der Söhne Etzels die Sicherheit fehlt. Dagegen finden sich in der von Martin so genannten 'Fortsetzung' (Str. 306—467) eine Anzahl von Stellen, die mit
dem Berichte der Thidrekssaga über den Verlauf der
Ravennaschlacht auffallend übereinstimmen; sie sind von
Kettner S. 16 und Jiriczek S. 193 ff. mit besonderem
Nachdruck hervorgehoben worden. Vorläufig angenommen, die 'Fortsetzung' bilde in der That nur ein Stück
des einheitlichen Gedichtes 'Alpharts Tod', so wäre doch

aus diesen Einklängen mit der Thidrekssaga für die Bestimmung der Abfassungszeit des Alphart nichts gewonnen. Denn sie gewähren nur einen *terminus ante quem non*, die Mitte des 13. Jhrs. ungefähr, aber durchaus nicht einen *terminus post quem non*. Symons hält (Pauls Grundriß 2, 45) die Darstellung der Rabenschlacht in der 'Fortsetzung' für die dritte und unursprünglichste, die der Wolfdietrichssage nachgebildet sei und in der selbst der alte Berchtung von Meran in typischer Rolle wieder erscheine.

Demnach erübrigt nur, die Sprache des Gedichtes nach dem ungefähren Datum seiner Entstehung zu befragen. Martin ist (Einleitung S. XXX ff.) überzeugt, daß der äußere Eindruck von 'Alpharts Tod' seinen Ansatz — um 1200 — unterstütze. Kettner sucht, wie schon berichtet, festzustellen, daß die Übereinstimmungen zwischen dem Alphart und anderen Epen, vornehmlich den Rosengärten und Wolfdietrich D, auf eine spätere Abfassungszeit des Alphart schließen lassen. Diese Ansicht teile ich: mein Eindruck von der Sprache des Gedichtes läßt mich, wenngleich nicht mit voller Sicherheit, die zweite Hälfte des 13. Jhs. als Zeit der Entstehung annehmen. Die von Martin verzeichneten ungenauen Reime scheinen mir dieses Urteil unmittelbar zu bestätigen: man vergleiche damit nur im einzelnen die Reime der Nibelungen, um sich zu überzeugen, daß der uns überlieferte Alphart unmöglich um 1200 entstanden sein kann; hingegen sind seine Reimungenauigkeiten in der späteren Spielmannsepik reichlich zu finden. Besonders wichtig scheinen mir die überaus starken Apokopen im Reime, die auch Martin (S. XXXI) 'bedenklich' vorgekommen sind und die selbst für die zweite Hälfte des 13. Jhs. noch grob bleiben. Martins eigene

Mitteilungen (S. XXXIII) über die Mängel des Strophen-
baues im Alphart passen vortrefflich zu der Annahme
einer späteren Abfassungszeit; ich wüßte nicht, auf
welche Weise sie als Verderbnisse aufgefaßt und auf
einen besseren ursprünglichen Stand zurückgeführt werden
könnten.

Zwischem dem Zeitpunkte, den somit die äußere
Beschaffenheit des Alphart uns für seine Entstehung
anzunehmen gestattet, und zwischen dem von Martin an-
gesetzten (Jiriczek läßt die jetzige Gestalt des Textes
1230—·50 verbreitet sein S. 167), liegt allermindestens
ein halbes Jahrhundert. Wie ist nun Martin, dessen anerkannte Vorsicht und Tüchtigkeit meines Lobes nicht
bedarf, dazu gekommen, den unsicheren Sprung in die
frühere Zeit zurück zu wagen? Durch eine Hilfskonstruktion, deren Gebrauch in der deutschen Philologie lange ziemlich allgemein war und die sich von den
Hilfslinien geometrischer Beweise dadurch unvorteilhaft
unterscheidet, daß diese überflüssig werden, sobald die
innere Folgerichtigkeit des Erweises der These erkannt
ist, während jene stehen bleiben muß und dadurch den
hypothetischen Charakter des ganzen Vorgehens deutlich bekundet. Diese Hilfskonstruktion besteht in der
Annahme, daß es einen Höhepunkt der deutschen Poesie
gegeben habe, der insbesonders die beiden Jahrzehnte
1190—1210 umfaßt. Damals sind im Volksepos, im höfischen Roman und der Lyrik die bedeutenden Männer
einer Generation aufgetreten, durch welche dieses Zeitalter deutscher Dichtung zum klassischen geworden ist.
Nur jene Zeit vermochte wirklich vollkommene Schöpfungen, die frei vom Erdgeschmacke ihrer Entstehung auch
uns heute noch so scheinen, hervorzubringen. Findet
sich daher irgendwo ein wirklich gutes poetisches Werk,

das nicht genau datierbar ist, so wird es dieser Auffassung gemäß jenen klassischen Jahrzehnten altdeutscher Litteratur zugewiesen, wofern es sich sonst noch ungefähr dahin abbiegen läßt. So ist dem Laurin geschehen, so dem Alphart. Dabei bleibt, so viel ich meine, Manches unbeachtet. Zwar wird ja den Thatsachen gegenüber kein Verständiger die starke Erhebung der deutschen Poesie um die Wende des 13. Jhs. in Abrede stellen wollen, wir bemühen uns vielmehr darum, die Erscheinung zu erklären. Aber der Begriff einer klassischen Epoche schiene mir doch zu enge gefaßt, wenn man glauben wollte, außerhalb ihrer Zeitgrenzen könnten ausgezeichnete Werke nicht zu stande gekommen sein. Überschlagen wir nur einen Augenblick die Produktion des höfischen Epos: der namenlose Dichter von 'Mai und Beaflor', dann Rudolf von Ems und Konrad von Würzburg haben viel bessere Sachen gemacht als Ulrich von Zazikhoven und sogar Wirnt von Gravenberg, obzwar diese in die klassische Zeit fallen und jene noch weit darüber hinaus liegen. Und im Minnesang? Der stärkste Lyriker nach Walther von der Vogelweide, nämlich Neithart von Reuenthal, wirkte jenseits des klassischen Abschnittes, der seinesteils so schwache Lyriker wie Heinrich von Veldeke und Hartmann von Aue in sich schließt. ·

Zwei Vorstellungen haben meines Erachtens sehr stark dazu beigetragen, den Begriff der klassischen Periode altdeutscher Poesie nach beiden Seiten, der Aufnahme und des Ausscheidens, unsachgemäß zu beschränken. Einmal jene aus der Romantik stammende, von Jakob Grimm uns angeerbte, welche die Jahreszahlen der mittelalterlichen Litteraturgeschichte von den Anfängen bis ins 15. Jh. uns nur als eine stetig abnehmende Skala der Vortrefflichkeit der verschiedenen Werke ansehen läßt;

so weit ich es jetzt verstehe, eine durchaus unhistorische
Art von Maßstab. Zweitens aber die Ansicht, die geistige
Entwicklung der Völker sei durchaus mit der eines einzelnen Menschen in Parallele zu bringen. Wie dieser,
in der Fülle körperlicher Kraft, etwa zwischen dem 30.
und 50. Jahre seines Lebens, das Beste und Reifste her-
vorbringt, das seiner persönlichen Anlage gemäß ist,
ebenso sollen die Nationen einen oder mehrere Abschnitte ihrer Existenz durchmessen, in denen sich alle
ihre Kräfte, aufs höchste gesteigert und konzentriert,
zu großen Werken und Thaten verbinden. Das ist aber
nur eine Hypothese, sie scheint mir bisher unbewiesen
und ist vielleicht niemals beweisbar. Der größte Gewinn,
den die ungeheuren Entdeckungen auf dem Gebiete
alter Geschichte uns heute einbringen, besteht in der
außerordentlichen Erweiterung unseres Horizontes und
demzufolge in der richtigeren Beurteilung der hohen und
tiefen Punkte. Wird es nicht jetzt immer klarer, daß die
Entwicklung Roms in der Kaiserzeit ihren Gipfel er-
klommen hat, nicht in der Republik, wie unsere Schul-
bücher lehrten? Von dort, aus der alten Geschichte, be-
zog man aber immer die Analogien her, nach denen
man das Werden der Völker des Mittelalters und der
Neuzeit theoretisch konstruierte; dort schöpften Giam-
battista Vico, Herder, Buckle und Hartpole Lecky —:
alle diese Vergleiche und die auf sie gebauten Schlüsse
müssen heute wieder überprüft werden. Scherer hat für
diese Art von Periodisierung wissenschaftliche Gründe
ausfindig zu machen gesucht und sie mit den Berechnungen des Generationenwechsels verknüpft; ich habe
schon oben (S. 207) bemerkt, daß mir diese Hypothese
ganz ungeschichtlich scheint: ich halte es nicht für
zulässig, die historischen Hervorbringungen mensch-

lichen Vermögens aufzufassen wie die Funktion der
Walzen einer Spielorgel. — Kehren wir zum Alphart zurück, so wird es meines
Erachtens damit sein Bewenden haben müssen, daß seine
Entstehung höchstens in die zweite Hälfte des 13. Jhs.
gesetzt werden kann. Nun hat Martin für die Richtigkeit seiner Datierung
noch einen mittelbaren Beweis dadurch herzustellen unternommen, daß er einen älteren 'echten' Bestand von
Strophen aus der Überlieferung des ersten Theiles von
'Alpharts Tod' sonderte; nicht ohne die Gefahr des bekannten Kreisschlusses, wornach man die Beschaffenheit
des Überlieferten, die Kennzeichen von 'echt und unecht' so wie die Vorstellung vom Stile des Volksepos
wechselseitig auf einander wirken läßt. An sich stehen
einer solchen Scheidung älterer und jüngerer Theile beim
Alphart nicht unwesentliche Hindernisse entgegen. Da
sind einmal die ungenauen Reime und die Apokopen
im Reime, welche nach Martins eigenem Verzeichniß
(Einl. S. XXX ff.) in echten und unechten Strophen
gleichermaßen vorkommen. Dieses wichtige Kriterium
versagt also vollständig, d. h. mit anderen Worten: es
ist unmöglich, einen alten Bestand und Zusätze nach
den Kennzeichen der Verschiedenheit der Sprache auseinander zu halten. Dazu kommt noch Eines. Wir können,
wie sich gezeigt hat (S. 225 ff.) von der vorhandenen Überlieferung des Alphart bis auf eine Vorlage aus der ersten
Hälfte des 14. Jhs. zurückschließen. Damals besaß jedoch das Gedicht schon ganz die Gestalt, in der es uns
jetzt vorliegt, denn die wahrgenommenen Lese- und
Schreibfehler erstrecken sich über alle Theile des Werkes
unterschiedslos; wären in der Vorlage der Hundeshagenschen Handschrift oder seit ihr Zusätze eingeschaltet

worden, so müßten sich diese durch Abwesenheit der
Lesefehler erkenntlich machen, das ist aber nicht der
Fall. Wir vermögen also gar keinen Zeitpunkt zwischen
der Entstehung des Gedichtes und der gegenwärtigen
Überlieferung anzugeben, an dem das Werk so hätte
umgestaltet werden können, wie Martins Athetesen voraussetzen.

Diese Bemerkungen beziehen sich nur auf die Kritik
des ersten Theiles von 'Alpharts Tod'. Wie wir schon
wissen, fehlen in der Handschrift zwischen Strophe 305
und 306 die zwölf Blätter 23—34. Die Strophe 305 erzählt noch die Katastrophe Alpharts, mit 306 befinden
wir uns in den Vorbereitungen zu einer Schlacht zwischen
Ermenrich und Dietrich. In die Lücke fällt somit der
Schluß der Erzählung vom Tode Alpharts, der Bericht,
wie man das Unglück wahrgenommen hat, wie es Dietrich gemeldet wurde, seine Klage, sein und seiner Helden
Entschluß zur Rache. Nun behauptet Martin, die 'Fortsetzung', also das Stück von Strophe 306 bis zum Schluß
sei von einem anderen, späteren Dichter verfaßt als der
erste Theil vor der Lücke. Von einem anderen, darin
muß ich ihm unbedingt beistimmen, trotzdem sich
Kettner und Jiriczek sehr deutlich gegen Martin ausgesprochen haben. Es ist nicht unwichtig, für diesen
Punkt die Beobachtungen über die religiösen Formeln
des Werkes heranzuziehen. Der erste Theil weist auf 305
Strophen 48 solche Formeln auf, die Fortsetzung mit
162 Strophen sollte darnach mindest etwa 24 Formeln
haben, besitzt aber nur 14, oder vielmehr, da die 6 Stellen
über Ilsam wegfallen, nur 8. Auch sind die genaueren
Unterschiede noch zu beachten. Drei Grußformeln *(wis
got willkomen)* finden sich nur in der Fortsetzung, im
Alphart gar nicht, obzwar die Gelegenheit dazu reich-

lich vorhanden wäre. Dagegen finden sich erzählende
Abschieds-, Dank-, die meisten Anrufungsformeln,
die Ausdrücke für das Vertrauen auf Gott, die Erwähnungen der Seele (vgl. dazu 323, 4), des Teufels,
die christlichen Bezeichnungen der Todeszeit nur im
Alphart selbst, nicht in der Fortsetzung, trotzdem ihr
Inhalt genug Anlaß dazu böte. Diese Merkmale von Verschiedenheiten des Stiles lassen sich noch ergänzen.
Gleich in den ersten Strophen der Fortsetzung 308—310
wird der Empfang, den Eckehart in Breisach seinen
Gästen, Hildebrand und Nitger, bereitet, Essen und Verpflegung mit Einzelnheiten beschrieben, die sich im Alphart nicht finden. Von der Art sind auch 324, 1 ff.; der
Mond 336, 3; das Bild 367, 4; dann 385, 1 ff. 388, 3 f.
416, 1 ff. 445, 1 ff. Ich halte diese Art unvereinbar mit
der kürzeren des Alphart: ob Jemand mit oder ohne
solche Détails seine Erzählung gestaltet, scheint mir ein
wichtiger Unterschied. Ein anderes: in den reichlichen
Kampfbeschreibungen des Alphart kommt das Klingen
der Waffen an folgenden drei Stellen vor: 164, 3 *mit
sinem guoten swerte daz im in der hende erclanc;* 236, 2 *si
sluogen úf einander, daz ez vil lúte erdóz;* 296, 2 *schilde
unde helme erclungen.* Für die Kämpfe in der Fortetzung,
die einen so viel kleineren Raum beanspruchen, bildet
die Erwähnung des Waffenklanges ein unentbehrliches
Werkstück des Erzählers, wie man aus folgenden Stellen
sieht: 350, 4 *daz hórt man lúte erclingen: só herte wart
der strit;* 351, 2 f. — *daz ez begunde erdiezen ime berge
unt ime tan. die slege hórte erschellen Stúdenfuhs der degen;*
354, 3 *er begund die helme schellen — daz erhórten sine gesellen;* 367, 3 *die schefte lúte ercrachten von manceges heldes
hant;* 372, 2 *sin swert hórt man erclingen;* 373, 3 *ein swert
daz in dem sturme als ein glocke erdóz;* 380, 2 *sin guot*

swert im lûte an der hende erclanc; 440, 3 *ein scharphez*
swert swære clanc Wolfhart in der hant; 449, 2 *(ein schar-*
phez wâfen) dâ mit der degen starke ûf Witegen dó sluoc,
daz Limme der helm veste dó diezen began. dó kêrte nâch
dem schalle Eckehart der küene man; 450, 1 *Nagelringes*
ecke dó vil lûte erclunc; 450, 4 *Mimminges ecke an Witegen*
hende lûte erdóz. Es scheint mir unbestreitbar, daß der
Dichter der Fortsetzung aus einer anderen poetischen
Anschauung schöpfte als der des Alphart. Dafür reichen
die hier vorgelegten Beobachtungen aus.

Nur nebenher komme ich darauf zurück, daß auch
bei der 'Fortsetzung' v. Muth in der schon erwähnten
(S. 217) Abhandlung ältere Strophen aus einer Überarbeitung hat erkennen wollen, wie mich dünkt, erfolglos
Insbesondere sind einzelne Stellen der Überlieferung von·
ihm mit einer Freiheit rekonstruiert worden, die als lehr-
reiches Beispiel der Thätigkeit eines verwegenen alten
Bearbeiters eher gelten könnte, denn als Probe einer
vorsichtigen methodischen Kritik. Übrigens kann ich auch
die unbewiesene Meinung von Jiriczek (vgl. oben S. 222)
nicht teilen, die Fortsetzung sei besonders stark über-
arbeitet; keines wenigstens von den sicheren äußeren
Kriterien (Schreibung, Sprache, Reim) tritt dafür ein.
Seemüller hebt (a. a. O. S. 351) mit Recht hervor, daß über
den Kampf eines Helden gegen zwei im Alphart und in
der Fortsetzung 348 ff. verschiedene Ansichten herrschen.
Wenn er aber weiters meint, es sei nicht denkbar, daß
der Dichter des Alphart in der Fortsetzung den alten
Hildebrand, der vorher seinem Helden unterlegen war,
über diesen hinausheben werde, so mutet er, glaube ich,
dieser Zeit ein feineres ästhetisches Urteil zu als sie besaß. Bedeutsamer scheint es mir, wenn Martin (Beitr.
16, 476) darauf hinweist, eine Schilderung der Raben-

schlacht nach Alpharts Tod verlange notwendig Sühne
für die Ermordung des jungen Helden, davon sei jedoch in
der Fortsetzung nicht die Rede. Diese muß deßhalb, dürfen
wir schließen, von Jemand hinzugefügt worden sein,
der mit der Anlage des ersten Theiles nicht vertraut war.
Aber die letzte Zeile des Ganzen lautet doch: *nû hât
diz buoch ein ende und heizet 'Alphartes tôt'*. Dieser Schluß
des ersten Gedichtes ist, wie ich denke, von dem Fortsetzer an das Ende seiner Arbeit geschoben worden, die
er, was Str. 460 ff. deutlich zeigen, mit großer Eile
und rasch zusammenfassend fertig gebracht hat. Einen
Unterschied der Abfassungszeiten zwischen Alphart
und der Fortsetzung gestehe ich nicht wahrnehmen zu
können.

Damit sind wir übrigens noch nicht am Ende
unserer Betrachtungen über die höhere Kritik des Alphart angelangt. Martin hat bei seinen Unterscheidungen
von echt und unecht vielfach Gebrauch von dem Kriterium der Cäsurreime gemacht, die er bisweilen sogar
als entscheidend für die Annahme jüngeren Ursprunges
einer Strophe ansieht, sowie von dem Merkzeichen des
Überganges zwischen zwei Strophen u. dgl. Ich beziehe mich, was diese Beweismittel anlangt, im Allgemeinen auf die Darlegungen von Jiriczek a. a. O.
S. 116 ff., nur über die Cäsurreime möchte ich meinen
früheren Bemerkungen S. 173 noch Einiges beifügen.
Es ist keine Frage, daß die Cäsurreime das ursprüngliche Gefüge der Nibelungen- und Kudrunstrophe zerstören, schon deßhalb, weil sie starke Akzente an Stellen
dieser rhythmischen Gebilde verlegen, wo sie nicht hin
gehören und zuerst nicht vorhanden waren. Allein, man
muß doch fragen: wie sind die Leute dazu gekommen,
die Cäsurreime für einen wünschenswerten Schmuck der

epischen Strophen zu halten? Die eine mögliche Antwort, man habe diese Strophen musikalisch reicher ausgebildet und deßhalb eine Vermehrung der rhythmischen Akzente gebraucht, erweist sich sofort bei näherer Überlegung als unzulässig. Es gibt, so weit ich sehe, nur eine haltbare Erklärung für diesen Entwicklungsprozeß der epischen Strophen. Wir glauben Alle zu wissen, daß der Gedanke, die mündlich verbreiteten Lieder aus der Heldensage zu zusammenhängender Erzählung zu verbinden, erst unter der Einwirkung des vorbildlichen höfischen Epos entstanden ist. Dieses Vorbild ist, wie für die ganze Art der Redaktion des Volksepos, von Bedeutung, so gewiß auch auf die Form von Einfluß gewesen. So lange die Lieder auf mündliche Verbreitung angewiesen waren, blieb auch die Gestalt ihrer musikalisch recitierten Strophen unberührt. Sie litt aber sicherlich schon beim bloßen Übergange zur schriftlichen Aufzeichnung, denn das Auge behütet die Struktur rhythmischer Gebilde jedesfalls viel weniger sorgsam als das Ohr. Noch mehr muß aber das Beispiel der kurzen Reimpaare des höfischen Romanes den strengen Bau der Strophen entwertet haben: die Cäsurreime bilden meines Erachtens die Kurzzeilen nach, indem sie den Langvers deutlich in zwei Stücke von dem ungefähren Maße der Kurzzeile zerlegen. So lassen denn auch die Reime nicht mehr so lange auf sich warten als in den älteren Strophen der Volksdichtung. Es versteht sich daraus auch, wie es kam, daß nicht bei der neuen Abschrift eines Gedichtes sofort alle Strophen mit Cäsurreimen ausgestattet wurden, was an sich ziemlich schwierig gewesen wäre: man hat nur im Allgemeinen darnach gestrebt, sich dem Verlauf der Kurzzeilen der höfischen Erzählungen anzunähern. Dieselbe Tendenz läßt sich in den Strophen der späteren Volksdichtung erkennen, der Rabenschlacht, besonders der Virginal; Biterolf und Dietleib geben die Strophe ganz zu Gunsten der höfischen Reimpaare auf. Die Frage, um welche Zeit die Einführung und Einschaltung der Cäsurreime begonnen haben möge, kann nicht mit Bestimmtheit beantwortet werden. Das Interesse für Cäsurreime darf jedesfalls schon bei den ersten schriftlichen Redaktionen epischer Volkslieder der Heldensage angenommen werden. Gewiß ist nun durch einige Zeit mündliche Recitation aus dem Gedächtniß und Vortrag oder Vorlesen der Manuskripte neben einander her gegangen, verschieden nach Ort und Personen. Allmählig hat es das Vorlesen davon getragen: wie bald, das wissen wir nicht. Ich meinesteils bin geneigt, das Überwiegen des Vorlesens sehr früh anzusetzen, weil ich glaube, daß auch die höfischen Epen nur durch sehr kurze Zeit werden abschnittweise aus dem Gedächtniß recitiert worden sein, daß aber die Deklamatoren der Volksepik rasch dem Beispiele des Überganges zum Vorlesen werden gefolgt sein. Höchstens die Verschiedenheit des Publikums kann da noch in Betracht kommen: wenn nämlich die Qualität der Zuhörerschaft sich änderte, von den Kreisen der Höfe und des Adels hin zu Bauern und Bürgern, so mag in den tieferen Schichten freier Vortrag noch beliebter gewesen sein als Vorlesen (vgl. Lachmann, Kl. Schr. 1, 471). Aber das ist ganz unsicher und die Überlieferung der mhd. Epen aus der Heldensage lehrt meines Erachtens, daß durch das 13. Jh. hin großenteils nur noch mit schriftlicher Verbreitung und Vorlesen zu rechnen ist. Selbst in der bekannten Stelle des Marners (Strauch XV, 261 ff.), die ja mit den Worten: *der sibende wolde eteswaz Heimen ald hern Witchen sturm* vielleicht auch die Existenz eines Liedes von Alpharts Tod bezeugt, ist es zweifelhaft, ob durch den Eingang *siny ich dien liuten miniu liet* nicht gerade der Unterschied zwischen dem Gesang des Marners und den Stoffen der Vorträge, die er darnach aufzählt, bezeichnet werden soll (anders Lachmann, Kl. Schr. 1, 469). Weil sich das aber so verhält, hat man kein Recht, anzunehmen, daß Armut an Cäsurreimen auf das höhere Alter einer volkstümlichen Dichtung, größere Fülle an Cäsurreimen auf spätere Abfassungszeit oder auf Überarbeitung schließen lasse; auch innerhalb eines Werkes dürfte ein Mehr oder Minder von Cäsurreimen nicht als Kennzeichen für echt oder unecht angerufen werden. Denn sobald einmal die Tendenz, durch Einführung der Cäsurreime in die Strophen (gewiß oftmals gleichzeitig mit ihrer Entstehung) die Form der Volksdichtung der des höfischen Epos anzuähnlichen, vorhanden war, sind die Unterschiede zwischen größerem und geringerem Eifer dafür ganz individuell: es kann um 1190 Jemand in einem strophischen Werk überall Cäsurreime durchgeführt, um 1210 Jemand anders sehr wenige angebracht haben. — Vgl. über die bis jetzt nicht geklärten Fragen nach der Vortragsweise altdeutscher Erzählungspoesie Lachmanns noch immer einzig autoritative Abhandlung 'Über Singen und Sagen', Kl. Schr. 1, 461—479), dann Scherer, Poetik S. 15 f. 131 ff., der sich dafür entscheidet, daß Nibelungen, Kudrun u. s. w. 'gesagt' wurden; wie weit er dabei noch Mitwirkung der Musik zuläßt, in welches Verhältniß er dieses 'Sagen' zum Lesen stellt, ist mir aus seinen Darlegungen nicht klar geworden.

Über die Kriterien, welche die Hauptstützen von Martins Athetesen im Alphart bilden, die Wiederholungen und Widersprüche der Erzählung, habe ich nur wenige

Worte zu bemerken. Kettner S. 22 ff. und 28 ff., Jiriczek
S. 129—167 haben in für mich überzeugender Weise
dargetan, daß in einer Reihe von Dichtungen, die schwerlich insgesammt als Überarbeitungen älterer Werke angesehen werden dürfen und jedesfalls als einheitliche
vom Publikum aufgenommen wurden, Wiederholungen
und Widersprüche derselben Art wie beim Alphart
vorkommen. Martin hat gegen die von Jiriczek beigebrachten Beispiele Beitr. 16, 472 f. Einwendungen er-
hoben und schon früher (1889) Anz. f. d. Altert. 15,
379 f. gegen Heinzel (ebenda S. 176) geltend gemacht,
daß 'Umarbeiter, Überarbeiter älterer Gedichte, den
Blick beschränkt auf den kleinen Theil der Erzählung, der
sie gerade beschäftigt, ihre Zusätze oder Abänderungen
in Widerspruch setzen können mit der übrigen Erzählung, zumal wenn sie, weit später als der ursprüngliche Dichter lebend, dessen Sagenkenntniß nicht besitzen.' Das scheint mir nicht zutreffend: gerade das
klassische Beispiel des Verhältnisses der Nibelungenhs.
C zu A belehrt uns, daß ein Bearbeiter allerdings eine
große Anzahl wichtiger Widersprüche beseitigen konnte,
freilich, indem er wieder neue kleinere Unebenheiten
durch seine kurzsichtigen Änderungen in das Werk
brachte. Wenn jedoch Martin weiter behauptet: 'Aber dem
ursprünglichen Dichter eines Liedes oder einer Erzählung darf man eine solche Verwirrtheit nicht zutrauen,
ohne ihm den Namen eines Dichters abzusprechen', so
wird er das, meine ich, nach der Abhandlung von
Jellinek und Kraus 'Widersprüche in Kunstdichtungen'
(Zeitschr. f. österr. Gymn. 1893, S. 673—716) selbst nicht
mehr aufrecht erhalten. (Vgl. auch noch Scherer, Poetik
S. 157 f.) Allerdings scheint mir durch diese wertvolle
und lehrreiche Beispielsammlung das ganze Problem

nicht gelöst, sondern nur noch interessanter gemacht zu
sein. Denn sofort erhebt sich die Frage: unterscheiden
sich Volkspoesie und Kunstpoesie nach dem Maße der
Zulassung von Wiederholungen und Widersprüchen?
Wenn es wahr ist, was Scherer behauptet (Poetik S. 132 ff.,
vgl. Arnold E. Berger's hübschen Aufsatz 'Volksdichtung
und Kunstdichtung' in 'Nord und Süd' 1894 S. 76 ff.)
und was ich auch glaube, daß der Unterschied zwischen
Volkspoesie und Kunstpoesie, so weit er überhaupt richtig
sei, auf den zwischen ungeschriebener und geschriebener
Poesie zurückgehe, so eröffnet sich uns vielleicht noch
ein Weg, diesen Schwierigkeiten beizukommen. Es müßte
zunächst durch Beobachtung von Thatsachen an sicheren
Stücken festgestellt werden, welche Arten von Wiederholungen in den beiden Klassen der Dichtung sich wirklich finden (einiges Material ist bereits vorhanden), daraus ließen sich dann neue Kriterien schaffen. Ja man
wird überhaupt noch des weiteren überlegen müssen,
welche Unterschiede des Stiles und der Technik die
beiden Gattungen der mündlich und der schriftlich überlieferten Poesie aufweisen. Bin ich recht, so ist der
Dichter, der für Zuhörer schafft, viel mehr auf die Mitwirkung der Phantasie seines Publikums angewiesen als
einer, der für Leser schreibt. Jener wird besonders mit
starken andeutenden Strichen arbeiten, deren Ergänzung
er der selbsttätigen Bildkraft seiner Hörer überlassen
darf; dieser wird für das Auge seiner Leser mehr Einzelnheiten der Beschreibung aufhäufen müssen. Die
derberen Linien einer Situation, eines Vorganges, welche
sich im Gedächtniß des Hörers festsetzen, werden nicht
leicht gestört werden dürfen; kleinere Unterschiede der
Auffassung werden hingegen dem Hörer, der sich das
Bild immer selbst auszumalen hat, eher entgehen. Um-

gekehrt übersieht der Leser, dessen Blick an den Einzelnheiten haftet und dessen Phantasie durch die Wort-
bilder des Dichters stärker gebunden ist, gröbere Widersprüche, wenn sie nur weit genug von einander ab-
stehen, leichter als Differenzen in Détails, die neben
einander liegen. Auch das Zeitmaß der Aufnahme eines
Werkes durch Hörer und Leser ist sehr verschieden, und
daraus ergeben sich wieder neue Bedingungen des
dichterischen Schaffens. Was man auf einmal hören
kann, war in alter Zeit gewiß nicht viel (anders in
unserem Theater); was man auf einmal zu lesen im
stande ist, das läßt sich schwer begrenzen. Auch dieser
Unterschied wird für die Beurteilung der Wiederholungen
und Widersprüche bedeutend sein. ˙Weil ferner die
weniger bestimmte Ausdrucksweise der Dichtung, welche
auf Hörer berechnet wird, sich leicht zu Formeln ver-
dichtet, feste Beiwörter u. dgl. sich bilden, die zur Varia-
tion und Wiederholung neigen, so wird an sich schon
die ungeschriebene Poesie Wiederholungen eher ver-
tragen. Ganz abgesehen davon, daß bei ihr, wie bei der
geschriebenen Poesie, die Wiederholungen auch durch
Notwendigkeit erzwungen oder bestimmter Wirkungen
halber beabsichtigt sein können. Formeln überhaupt,
auch wiederholte Formeln, werden in mündlich ver-
breiteter Dichtung schon deßhalb viel häufiger sein, weil
sie bei den stark von Dichter und Hörer empfundenen
Rhythmen dieser Art ihre ganz festen Plätze im Verse
haben werden; geschriebene Poesie wird stumpf und
gleichgiltig wider die strengen und feinen Forderungen
des Metrums, sie läßt demgemäß die Formeln ihre Stellen
leichter wechseln, läßt sie eher variieren und gelangt
so schon, ohne Rücksicht auf ihre reichere Ausmalung,
dazu die Zahl der Formeln zu vermindern und sie durch

individualisierte Ausdrücke zu ersetzen. — Doch das sind alles vorläufig noch theoretische Erwägungen und für das vorliegende Problem des Alphart, der wol ohne Zweifel schon der geschriebenen und gelesenen Poesie angehört, ohne sonderlichen Wert.

Im Folgenden lege ich noch einige Bemerkungen zu Martins Kritik des Alphart vor, aber nur zu solchen Stellen, wo meine Auffassung von der meiner Vorgänger, besonders von Jiriczek abweicht, oder mein Urteil auf andere Gründe sich stützt.

Die Argumentation Martins (Einl. S. XV) in Bezug auf die Eingangsstrophen scheint mir nicht glücklich. Es mußte doch irgendwo gesagt werden, daß Ermenrich einen Boten an Dietrich sante, und zwar Heime. Wenn das nun hier geschieht und zwar in einer solchen Weise, daß die Stellung Ermenrichs und Heimes zugleich genauer bestimmt wird, so kann man doch nicht behaupten, dieses Gespräch habe für das Gedicht keine Bedeutung. Sieht sich doch Martin im Falle der Athetese der ersten vier Strophen genötigt anzunehmen, im verlorenen Anfange [des Gedichtes werde der Inhalt der von Heime überbrachten Botschaft kurz erwähnt worden sein; was berechtigt zu dieser Vermutung?

6 ist doch gewiß eine schlechte Strophe, in der dreimal *Heime* vorkommt.

7 zählt Dietrich keine Woltaten auf, er erinnert darin Heime, daß er in seiner Jugend von ihm angegriffen worden sei und ihn besiegt habe. In Folge dessen habe Heime (8) gelobt, ihm zu dienen. 10 ist allerdings Wiederholung gegenüber 8, denn *gedienet* 10, 4 greift auf 8, 1 zurück; aber, weßhalb nicht? und könnte nicht bei

16*

leidenschaftlicher Mahnung Jemand seinen Zuspruch wiederholen?

Bei der Athetese von 13—16 (Einl. S. XVI) kommt in Betracht, daß 17 nicht auf 12 folgen darf. Wenn auch Jemand durch mehrere Strophen fortsprechen kann, so müssen diese doch überleitend verbunden werden: das geschieht hier nicht. Man müßte den Eingang von 17 stärker ändern als Martin will, um die Verbindung zu ermöglichen. Aber auch dann wären 12 und 17 unmittelbar nach einander nicht wol zu denken. Denn 12 erwähnt schon den Treubruch durch künftige Handlungen, 17 erst nachträglich das Übernehmen der Botschaft. 12, 3 hat erst 13 ff. hervorgerufen. Das kann leicht eine wolbeabsichtigte Ausführung für diejenigen sein, die das Thema des Gedichtes noch nicht kennen. An sich kommt ja dem Stoff in alter Zeit eine andere Bedeutung zu als heute. 18—24. 26. 28—30 wegzulassen, ist unmöglich, der Rest wäre nicht zu verstehen: weder 25 noch 27 noch 31. Sind doch 27 und 31 nach einander kaum denkbar. Bisweilen verfährt Martin bei seinen Athetesen so, als ob der Inhalt des Getilgten doch noch da wäre. Es ist hier schon zu sehen, daß durch die Athetesen der Stil des Gedichtes ganz ungleich wird, bald knapper, bald reichlicher. — 18 hat Cäsurreime im 3. 4. Vers, 19 im 1. 2.

38, 1 ist *scite* (statt *sagte)* zu schreiben, in *sat* der Hs. ist *a* aus *ci* verlesen.

43 ist geradezu durch 42 gefordert, wo wäre denn sonst die Szene zu Ende? Daß Heime erst 44 um Geleit bittet, ist nach der Auffassung des Dichters in Ordnung, er braucht es erst jenseits der Brücke und erhält es nach einem guten Schlusse der Unterredung. — 43, 2 l. *verzige* (statt *verkür),* Hs. *verze;* ähnlich bietet 84, 2 die Hs. *zehe* für *zihe.*

44—71 scheidet Martin aus und sondert dabei
wieder zwischen den Schichten der Interpolationen. Dabei sind wol die äußeren Zeichen besonders einflußreich
gewesen, denn sonst möchte ich diese Strophen nicht
missen. Es mußte doch irgendwo erzählt werden, daß
Heime seine Botschaft ausgerichtet und wie der Kaiser
sie aufgenommen hat. Mit diesen Athetesen ist das Gedicht meiner Ansicht nach unmöglich. Martin sagt (Einl.
S. XVI): 'Diese Interpolation (45 u. a.) hatte hauptsächlich
den Zweck durch Aussendung des Herzogs Wülfing den
ersten Kampf Alpharts vorzubereiten.' Aber das war ja
gar nicht zu entbehren: fehlen diese Strophen, so ist
das Auftreten des Herzog Wülfing nicht zu begreifen.
Was für ein Dichter wäre das, der erzählte, ohne vorzubereiten?

Einl. S. XVII. Ich halte es für unrichtig, daß Str. 119
sich mit 144 gut zusammenschließe. Da müßte Alphart
von Dietrichs Burg aus, von der erst acht Klafter entfernt ist, Wülfing und die Seinen haben heranziehen
sehen. An sich ist Hildebrands Versuch sehr wol berechtigt, da Alphart seine erste Ausfahrt unternimmt.
Daß Alphart die Warte bezieht, ist für einen unerprobten
jungen Mann ein ungeheures Wagniß, dessen übler Ausgang Dietrich sehr schaden kann. Die Episoden entspricht der Auffassung, die das spätere Epos von dem
Verhältniß zwischen dem Waffenmeister und dem Zög-
ling besitzt: schon der Hildebrand des Biterolf, vielmehr der aus den Rosengärten konnte durchaus so
handeln. — Martin legt noch Beitr. 16, 473 f. besonderen
Wert darauf, daß in dem Abschnitte 120—143 unter den
24 Strophen sich 18 mit Cäsurreimen finden, aber die
Tabelle von Jiriczek (ebenda, zwischen S. 116 und 117)
weist deutlich aus, daß Martin verschiedene Male ein-

zelne Strophen mit Cäsurreimen aus ebenso dichten Gruppen von Strophen dieser Art für echt gehalten hat: welchen Wert kann dieses Kriterium also noch für ihn haben?

139, 4 ist *mit gewalde* sachlich passend.

162, 2—164, 1 wie es Alphart möglich wurde, die vielen Feinde zu besiegen, das gehört zur Sache und muß beschrieben werden.

177 wird von Martin zum Teil deßhalb beanstandet, weil dann vergessen wäre zu erzählen, daß Alphart auf die Walstatt zurückgeritten ist. Hier verlangt also Martin eine Deutlichkeit, die er anderwärts als Breite tadelt.

185, 4 *von dem sint zwêne und sibenzic úf der grüenen heide gelegen?*

Die Antwort auf 187 besteht eben in der Ankündigung von Alpharts persönlichem Erscheinen. 191 enthält keinen Widerspruch gegen 180. Nur 188 wird davon gesprochen, daß Alphart reitet und kommen werde; übrigens ist 188 defekt (vielleicht war das Reimwort in 2 *gemeit*, er freut sich seines Sieges). 192 stimmt mit 180. — In den folgenden Strophen und noch sonst mehrmals machen Martins Herstellungen den Text älter als er uns nach der Überlieferung erscheint.

194, 1 wird nach *Hildengrin* wol Komma gesetzt werden müssen.

Den Übergang der Pronomina von 216 auf 219 empfinde ich als viel härter denn von 216 auf 217. In 216 wird das Treueverhältniß zu Dietrich besprochen, das auch Alphart hält, daher konnte 217, 1 *Dir* leicht an die Spitze des Satzes treten.

224, 3 l. *ich hán bi allen zîten von kindlichen tagen.* — Die Wiederholung 225, 3 ist gewöhnlich.

226. Wie kann man sich Formeln von der Art entlehnt denken? Überdieß, wenn Martin hier und anderwärts Entlehnung in früheren Strophen aus späteren postuliert, so ist das doch wol nur anzunehmen, so lange die Überlieferung mündlich ist. Andere Interpolationen, die Martins Kritik vermutet, setzen schriftliche Überlieferung voraus (z. B. 278 ff.). Das wären also zwei ver·, schiedene Stadien. Daß unser Alphart einen Zustand mündlicher Überlieferung durchgemacht habe, dafür gebricht es uns an einem Beweis.

Der Ausfall von 14 Strophen nach 246 belehrt uns wie weitläufig die Darstellung war, denn es ist 247 ein wesentlicher Fortschritt der Handlung nicht zu merken.

248, 3 f. äußert eine sehr starke Selbstüberschätzung; es wird sich darnach schwer rechtfertigen lassen, andere Strophen zu tilgen, in denen Alphart nach unserer Auffassung prahlt.

250, 4 *oder ich wil dem keiser ze einem phande bestán?* Sühne nach Witeges Sinn ist schon 257. Es ist ja die Strophe 263 gar nicht möglich, wenn 260 fehlt. Ebenso verhalten sich 267, 3 und 266, 3.

272, 1 *er sluoc in zeinem beine?* Vielleicht ist dann *und wolt in geschedeget hân* eine Bezeichnung der von Witege verwirkten Strafe.

276, 2 *des suln iuch verklagen?*

283, 1 ist wol nur möglich, wenn eine längere Rede Witiges voran gegangen ist, nicht unmittelbar nach 280, 4. — An verschiedenen Stellen scheint es fast, als ob Martin Strophen bloß deßhalb für alt und echt hielte, weil sie schön sind.

Wie kann 303, 1 stehen, ohne daß vorher von dem niederströmenden Blute die Rede war? — Martins ganze

Beweisführung über die Interpolationen zwischen 284 und 305 scheint mir nicht haltbar. Ohne die schweren Kämpfe, die in den interpolierten Strophen beschrieben werden, wäre ja die Untreue, gegen welche sich Heime bis zum äußersten sträubt, gar nicht eingetreten. Erst als sie sich überzeugen, und das geschieht eben nur durch die Vorgänge in den unechten Strophen, daß sie sonst beide jedesfalls dem jungen Helden unterliegen, greifen sie Alphart tückisch an.

314, 3 *der mich wolt ê vertriben durch den keiser Ermenrich?*

BLATTWEISER.

I.
VERZEICHNISS
DER
BESPROCHENEN UND ERWÄHNTEN STELLEN.

1. DIE NIBELUNGEN.

Str.	S.	Str.	S.	Str.	S.
999, 2	23	1202, 1	9	1647 ff.	75
999, 6	14.	1202, 3	9	1668, 2	6
999, 7	21	1221—23	24	1682, 1	8
1000	21	1235, 3	12	1686, 4	8
1001, 1	12 21	1236	12	1717, 1	5
1001, 3	21 152	1238	12	1757, 1	3
1002	23	1239	12	1769, 1	5
1002, 1	19	1252	12	1788	26
1002, 2	11	1254, 1	5	1788, 2	15
1003, 1—3	22	1270	12	1788, 3	11 16
1004	23	1274, 4	8	1788 ff.	9 10 18
1004, 1	14	1275, 2	8	1789	15 17 26
1004, 3	11	1278, 3	8	1789, 1	15 16 17
1005	24	1293, 4	8	1789, 3	11 16
1005, 3	14	1305, 1	11	1793	17 26
1005, 3. 4	24	1328, 1	25	1793, 2	6 16
1006—10	24	1334, 1	8	1793, 3	27
1011	24	1335, 1	9	1793, 4	27
1012	23 24	1366, 4	4	1793. 4	25
1020, 4	5	1368	12	1794	17 26
1030, 1	3	1435	12	1794, 1—3	27
1037, 2	5	1448	12	1795, 1	16 17 26
1042, 1	11	1448, 2	3	1795, 2	11
1042, 4	11	1459, 3	7	1796	26
1042. 3	24	1482, 3	13	1797, 2	11 16
1043, 3	7	1514—20	13	1798	16
1082, 5	12 24 69	1515, 1	14	.1798, 4	17
1085, 2	8	1515, 4	5 13	1799 ff.	16
1094, 2	3	1523, 5	13	1804, 1	16
1110, 1	4	1525, 3	13	1804, 2	17
1123, 2	3	1529, 3	13	1805, 1—3	17
1158, 1	6	1568	12	1806, 1	17
1164, 1	14 18	1575, 1	5	1807, 1	17
1187, 1	6	1579 ff.	75	1849, 2	83
1188	9	1576, 1	4	1878, 1	4
1189, 4	18	1613, 2	7	1889, 3	6
1190, 1	19	1618, 1	7	1892, 4	8
1201, 2	9	1631	75	1897, 3	28
1201, 5	64	1638, 2	4	1938, 4	8

Str.	S.	Str.	S.	Str.	S.
1988, 2	8	2102, 1	5	2163, 4	7
1992, 1	5	2103, 1	7	2167, 3	8
2033, 2	6	2114, 1	4	2182, 1	4
2042, 1	4	2120, 1	4	2182, 2	8
2049, 3	6	2121, 1	5	2195, 4	6
2053, 1	5	2124, 1	4	2204, 1	5
2059, 3	4	2127, 2	6	2248, 4	8
2069, 2	7	2129, 1	4	2256, 3	7
2087, 3	7	2132, 1	4	2258, 1	7
2090, 1	5	2136, 1	5	2275, 1	4
2090, 3	6	2136, 4	6	2279, 1	5
2090, 4	6	2137, 3	6	2299, 4	5
2091, 1	7	2139, 4	5	2303, 3	5
2091, 4	4 7	2142, 1	4	2303, 4	8

2. DIE KLAGE.

V.	S.	V.	S.	V.	S.
10a	98	247b	87	381b	59
19b	86	263b	72	424b	62
22b	98	271b	60	428b	80
27a	61	276 ff.	69 86	437b	62
50	86	277a	61	466b	72
51b	87	284a	70	477b	61
96b	88	285a	79 98	477 ff.	62 88
98b	88	287b	71	483a	72
103b	59	289b	71	485 ff.	61
108b	86	290a	71	499b	73
113b	87	290b	71	517b	61 72
115	86	290 ff.	61	517 ff.	88
117	86	291b	71	533a	73
131	86	292b	71	531b	86
138a	61	296 ff.	72	539b	86
144b	87	297b	82	557b	88
150b	72	299b	82	605	86
155a	86	300a	82	625b	61 86
160	86	300b	82	625 ff.	73
245b	60 87	327b	80	627 ff.	74

V.	S.	V.	S.	V.	S.
632ᵃ	73	1035ᵇ	76	1478ᵃ	86
632ᵇ	74	1060ᵇ	76	1481 ff.	61
632 ff.	88	1071ᵃ	76	1503ᵇ	60
645ᵃ	60	1076ᵇ	77 83	1540ᵇ	82
657ᵇ	61	1083 ff.	77	1560ᵃ	82
668ᵇ	61	1090ᵃ	61	1567ᵇ	81
687ᵇ	59	1095ᵇ	77	1572ᵃ	80
695 ff.	85	1128ᵇ	73	1575ᵇ	88
724ᵇ	83	1133ᵇ	84	1579ᵇ	83
738ᵇ	76	1153ᵇ	81	1581 ff.	84
744ᵇ	74	1164ᵇ	62	1595	86
754ᵇ	60	1168ᵇ	60	1597ᵇ	86
756ᵃ	60	1169ᵃ	61	1605ᵃ	60
786ᵇ	81	1171 ff.	66	1607ᵇ	60
800ᵇ	98	1173ᵇ	62	1621ᵇ	75
800 ff.	98	1176ᵇ	66	1622ᵇ	81
832ᵇ	59	1177ᵇ	67	1630ᵃ	77 83
861ᵇ	60	1178ᵃ	60	1644ᵇ	68
880ᵇ	80	1179ᵃ	61	1644 ff.	67
886ᵇ	80	1189ᵇ	86	1652ᵇ	68
889ᵇ	80	1212ᵇ	61	1669ᵇ	86
900ᵇ	72	1214ᵇ	86	1672ᵇ	59
915ᵇ	60	1220ᵇ	83	1687 ff.	67
921ᵇ	72	1224ᵇ	60	1693ᵇ	60
922ᵃ	62	1230 ff.	84	1693 ff.	67
922ᵇ	61	1240ᵇ	83	1694ᵇ	68
923ᵃ	61	1263ᵇ	59	1697ᵃ	67
925ᵃ	61	1305ᵇ	72	1701ᵃ	68
935ᵇ	86	1307ᵇ	83	1704 ff.	87
954 ff.	85 86	1322 ff.	84	1705ᵇ	87
961	87	1354 ff.	84	1708ᵇ	59 86
971ᵇ	60	1356ᵇ	84	1712ᵃ	80
975 ff.	75	1379ᵇ	82	1713	86
977ᵇ	81	1387ᵇ	83	1713ᵇ	88
987ᵇ	72	1405 ff.	75	1715ᵇ	87
1015ᵇ	76	1410ᵃ	59	1720ᵇ	80
1018ᵇ	60	1429 ff.	84	1741ᵇ	68
1023ᵇ	76	1439ᵇ	60	1756ᵇ	80
1033	86	1455 ff.	75	1798ᵇ	83

V.	S.	V.	S.	V.	S.
1809b	83	1966	86	2034b	60
1816b	68 81	1973b	82	2079 f.	83
1839b	68	1982b	87	2089 ff.	78
1862b	80	1987b	87	2100a	77
1872a	80	1990b	68	2122a	83
1881a	59	1991a	69	2164 ff.	78
1881b	60	1991b	83	2165a	79
1888	86	2011b	59	2165b	79
1890	86	2012b	80 86	2166a	79
1959	62	2014 ff.	87		

3. KUDRUN.

Str.	S.	Str.	S.	Str.	S.
6, 1	150	85, 2	188	125, 3	113
13, 2	193 194	85, 3	196	135, 4	145
20, 3	114	87, 3	193	135 f.	186
22, 3	147	88, 2	144	138	188
22, 4	175	93	182	142 ff.	183
24, 2	175	94, 4	113	143	188
25, 1	175	95, 3	114	147, 2	138
26, 3	190	98, 3	190	153	138 139 140
38, 2	189	101, 1	190	158, 4	145
48, 3	176	102, 2	190	167, 1 ff.	186
49	185	105, 2	114	168, 1	135
54, 3	135	106, 1	182	179, 1	150
56, 1	135	109, 3	182	181, 2	149
62, 4	113	110, 4	145	186, 2	136
68, 1	113	110 f.	192	194 ff.	186
69, 3	113	111, 2	112	196, 4	135
73, 1	113	112, 1	191	197, 4	175
74, 1	113	112, 2	183	198	186
76, 2	138	113, 2	148	201 ff.	186
77, 1	113	114, 1	145	224	185
78, 1	138	115, 4	183	237, 1	114
81, 4	112	119, 2	182	245, 3	112
82 ff.	189	121, 1	113	249, 1	190
85, 1	144	122, 3	182	249, 4	192

Str.	S.	Str.	S.	Str.	S.
738, 1	136	874 ff.	186	968, 1	188
745, 1 ff.	192 193	881, 3	125	968, 2	127
750	188	896, 4	191	969, 1	188
755, 2	126	908	136	978, 2	128
756, 4	125	909	151 154 155	979, 1	127
757, 4	128	910	152	980, 3	197
760, 4	125	911	136	987, 1	127
762, 1	126	912	136	989, 4	127
763, 1	126	913	136	992, 3	126
765, 4	125	914	151	992, 4	125
766, 3	125	914 f.	151 152	994, 4	127
766, 4	126	915, 4	152	995, 1	125
769, 1	127	916, 2	153	996, 1	127 136
775, 2	127	916, 4	154 155	997, 1	127
778, 3	126	916 f.	152	1001, 2	128
779 ff.	188	917	154 201	1004, 1	136
790, 4	189	918, 1	111	1013, 2	126
791, 3	128	920, 4	126	1019, 3	126
808, 1	192	929, 4	112	1021, 2	127
809, 2	193	931 ff.	142 144	1022	150
809, 4	198	932, 4	144	1023, 3	125
810, 1	125	943, 1	111	1025, 2	127
814, 4	111	943, 2	126	1026, 3	127
826, 4	125	943, 3	126	1027, 1	126
836, 3 f.	193	944, 2	112	1028, 4	127
838, 2	113	949, 3	152	1031, 2	126
838, 4	192	949 f.	154	1034, 4	125
839, 1	141	950, 1	155	1036, 3	114
842, 3	192	950, 2	154	1038, 3	125
843	143 191	950, 4	201	1042, 2	127
844, 1	142	951, 1	155	1048, 2	126
845	114 142	951, 2	154	1053, 1	127
848, 3	198	956, 1 ff.	188	1055, 1	127
852, 2	125	956, 3	126	1056, 2	125
853, 1	193 197	957, 1	127	1056, 4	126
853, 4	141	960, 4	127	1057, 4	126
854, 2	191	960 ff.	186	1060, 2	113
855	141	963, 1	127	1062, 1	112
861, 2	200	964, 2	125	1063, 2	113

17

Str.	S.	Str.	S.	Str.	S.
1064, 3	121	1138, 3	114	1178 ff.	119
1065, 2	126	1139, 3	193 194	1179	119 133
1066, 1	125	1140, 1	197	1180, 4	127
1066, 3	136	1141, 1	188	1183, 1	119
1067, 1	112 126	1141 ff.	189	1184, 1	119
1072, 3	191	1143, 3	189	1184, 2	112 126
1073, 1	191	1144, 1 ff.	183	1184, 4	126
1073, 3	192	1145, 3	188	1185, 1	117 119
1075, 1	120 146	1146 ff.	198	1186, 1	119 126
1079, 4	126	1149	198	1186, 2	126
1081, 2	120 146	1157, 2	115	1187, 4	127
1088, 1	121	1166	132 133	1188, 2	127
1093, 1	126	1166, 1	122 146	1191 ff.	123
1094, 1	128	1166, 4	116 125	1192, 1	146
1096, 3	190	1166 ff.	115 119 120	1192, 2	146
1102, 2	191	1167	115 133	1195, 1	126
1104, 2	127	1167, 2	119 126	1196, 4	200
1108, 1	175	1167, 4	124 125	1197, 1	126
1115, 4	111	1167 ff.	132	1197, 2	114
1116	121	1168	116 133	1199, 1	128
1117, 4	146	1168, 1	128	1200, 4	126
1119, 1	193	1169	117	1201, 2	127
1120 ff.	186	1169, 1	119 126	1202, 1	126
1121	154 155	1169, 2	127	1202, 4	200
1123, 2	191	1170	117	1203, 4	126
1123, 3	192	1170, 1	126 146	1204, 2	111
1125, 1	194	1170, 3	113	1204, 3	200
1125 ff.	183	1171, 1	112 117 126	1204, 4	127
1128, 3	183	1172, 1	119 126	1207, 2	191
1130, 1	113	1173, 1	119 127	1207, 3	126
1131, 1	192	1174, 1	119 126	1208, 1	126 127
1132	193 194	1174, 2	198	1209, 1	112 126
1133, 1	138	1175, 3	119 126	1209, 4	128
1133, 2	195	1176, 1	119 126	1211, 3	129
1134, 1	113 196	1177, 1	111 118	1212, 1	191
1134, 4	193 194		119 126	1212, 2	129
1135, 2	113	1177, 4	118 128 133	1214, 1	128
1137	196	1178, 1	128	1214, 3	134
1138, 1	197	1178, 3	118	1214, 4	126

Str.	S.	Str.	S.	Str.	S.
1215, 1	134	1266, 1	128	1359, 1	193
1215, 4	125	1268, 1	128	1359, 2	127
1216, 2	126	1270, 1	128	1359, 3	112 126
1217	122 200	1271, 2	127	1361, 4	136
1218, 3	121	1274, 4	129	1364, 1	193
1218, 4	122 128 200	1277, 1	125	1364, 3	145
1219, 1	122 200	1277, 4	126	1367, 1	145
1220, 2	128	1279, 1	125	1367, 4	193
1220, 4	127	1281, 1	128	1368	201
1222, 4	129	1282. 1	136	1371	201 202
1223, 1	127	1287, 1	126	1372, 1	190
1224, 3	126	1289, 2	128	1372, 2	140
1225, 1	111	1291, 3	127	1373	201 202
1225, 2	127	1292, 3	113	1377, 4	176
1228, 2	127	1292, 4	126	1381, 1	136
1229, 1	125	1293, 1	128	1384 ff.	188 189
1229, 3	189	1294, 3	129	1385, 1	189
1231, 1	128	1296, 2	127	1385, 4	189
1232, 1	127	1297, 1	128	1390, 1	189
1232, 4	127	1297, 2	112 126	1391	189
1233, 1	111 128	1300, 1	126	1394, 2	198
1234, 1	128	1301, 1	128	1394 ff.	189
1235, 2	126	1304, 1	127	1411	189
1236, 1	128	1308, 4	129	1433	149
1240, 3	126	1309, 1	126	1433 ff.	148
1243, 4	125	1309, 3	125	1435	148
1244, 2	127	1311, 1	127	1436, 1	148 149
1244, 4	126	1312, 1	127	1454, 1	189
1246, 1	127	1315, 4	111	1472, 3	128
1249, 1	127	1316, 3	127	1473, 1	128
1249, 4	127	1320, 3	136	1476, 2	128
1251, 1	127	1321, 4	128	1477, 3	112 126
1252, 1	127	1326 f.	184	1478, 3	125
1257, 2	127	1328, 1	127	1479, 1	128
1258, 2	128	1330, 1	128	1479, 4	128
1262, 1	127	1331, 2	125	1480, 1	127
1263, 2	126	1355, 2	126	1481, 1	128
1263, 3	129	1356, 1	127	1482, 1	123
1264, 2	128	1358, 1	125	1484, 2	128

17*

Str.	S.	Str.	S.		Str.	S.
1485, 1	128	1572, 1	191		1643, 1	125
1486, 3	128	1574, 3	125		1647, 1	126
1496	189	1576, 1	176		1650	185
1502, 2	136	1579, 3	125		1650, 2	176
1502, 4	112	1588, 4	146 185		1651, 1	128
1505, 1	127	1592, 2	197		1651 ff.	137
1508, 2	128	1594, 4	127		1653, 1	128
1509, 1	128	1595, 2	114		1657, 2	191
1512, 2	128	1596, 1	191		1661, 4	150
1513, 1	127	1606, 4	150		1663, 4	137
1513, 3	125	1608, 4	125		1664	137
1516, 2	126	1616	184		1671, 1	176
1518, 4	136	1617, 1	125		1671, 3	150
1521, 3	136	1618, 4	126		1680, 1	125
1538, 2	187	1626, 1	125		1683 f.	184
1551, 3	125	1628, 1	126		1692, 4	113 176
1554, 3	176	1632, 1	127		1700, 1	126
1555, 1	127	1632, 3	128		1702, 4	126
1566, 4	125	1633, 1	125		1703, 2	126
1567, 3	191	1634, 1	128		7003, 4	112
1572	185	1634, 4	113			

4. ALPHARTS TOD.

Str.	S.	Str.	S.	Str.	S.
1 ff.	243	48, 4	211	119 ff.	245
6	243	71, 3	212	137, 1	211
7 ff.	243	84, 4	212	139, 4	246
11, 1	214	92, 3	213	152, 4	213
13 ff.	244	93, 4	213	155, 2	212
14, 1	215	98	215	158, 4	214
14, 3	212	105, 2	211	159, 2	213
18—30	244	107, 4	213	161, 4	212
26, 3	211	110, 2	212	162, 2 ff.	246
38, 1	244	110, 4	211	164, 3	234
42 ff.	244	113, 2	211	165, 4	213
43, 2	244	117, 4	211	168, 1	214
44—71	245	118, 4	211	173, 1	214

Str.	S.	Str.	S.	Str.	S.
176, 2	213	250, 1	211 226	351, 2 f.	234
177	246	250, 4	247	354, 3	234
178, 3	212	257, 4	226	367, 3	234
185, 4	246	257 fl.	247	367, 4	234
187 ff.	246	258, 1	226	372, 2	234
190, 3	212	259, 1	226	373, 3	234
194, 1	246	259, 2	212	379, 1	215
210, 1	212	266, 1	212	380, 2	234
216 ff.	215 246	266, 3	213	385, 1 ff.	234
219	215	272, 1	247	387, 2	212
219, 4	213	276, 2	247	388, 3 ff.	234
221, 2 ff.	214	277 ff.	227	393, 3	211
222, 4	212	278, 2	227	400, 1	211
224, 3	246	278 ff.	247	402	214
225, 2	214	279, 1	215	403, 3	215
225, 3	246	279, 4	227	403, 4	212
225, 4	212	280 ff.	247	408, 3	215
226, 1	212	285, 2	213	409, 4	215
226, 3	214	288, 1	212	416, 1 ff.	234
226, 4	213	296, 2	234	427, 1	211
227, 1	215	303, 1	212 247	430, 1	212
231, 3	212	314, 3	248	435	215
233, 3	212	316, 2	212	440, 3	235
233, 4	215	317, 3	215	445, 1 ff.	234
236, 2	234	319	214	448, 3	215
238, 2	213	320, 1	214	449, 2	235
238, 4	212	324, 1 ff.	234	450, 1	235
244, 2	214	333, 4	212	450, 4	235
246 ff.	247	336, 3	234	459	214
248, 3	247	346, 4	213	460 ff.	236
249, 4	226	350, 4	234	461 f.	214

SACHENVERZEICHNISS.

263

Engel 61. In der Botschaft an Kudrun 115. Spätere Fortsetzung der Szene 119. Epische Formeln für ihn 119. E. als Vogel 131.
Ermenrich, Vorstellung von ihm 215.
Ethos der Metren 130.
Etzels Heidentum 8. Glaubenswechsel 62. Historische Verhältnisse 64. Ehe mit Kriemhild 9. Ausgang in der Klage 77. Legendarische Vorstellungen 78.

Fastenzeit 122.
Formeln des Lebensverkehres in den Nibelungen 28. Ihre Zahlen 31. 39. Epische F. für Kudrun 124. Ihre Stellung in Strophe und Vers 129. F. im Alphart 233.
Frauenverehrung 134.
Frühling 122.
Frühmesse 18. 150.

Galeide 191.
galie 191.
galine 194.
Gebet 146.
Gedächtnißtrunk 28.
Gejsa von Ungarn 65.
Glocken 11. 67.
Gödeke über Alphart 219.
Gott wird angerufen 5. 59. 112. 212. gelobt 112. G. das Leid klagen 6. 59. 112. G. s Barmherzigkeit 60. Haß 61. 114. Hilfe 6. Wirksamkeit 6. 60.

113. 212. Vertrauen auf G. 213. G. vergißt 114. gotes arm 5. 112. griez 198.
gruntwelle 196.
Grußformeln 3. 211.
guote liute 21. Der gute Bischof 68.

Handschriften der Nibelungen 32.
Haupt Moriz, über die Entstehung der Kudrun 160. 162.
Heerbannfrist 120.
Heidentum 30.
Höfische Poesie der Kudrun 185. 203.
Hölle 70.
Homerisches Epos 52.

Ilias und Odyssee in der heutigen Forschung 204.
Ilsam, der Mönch 215.

Jiriczek O. L., über Alphart 222.

Kapelsoum 14.
Kaplan der Burgundenkönige 13; des Bischofs von Passau 67.
keibe 197.
Kettner E., Untersuchungen über die Nibelungen 41. Einwände dawider 42. Über die Klage 97. Über die Kudrun 176. Folgerungen daraus 178. Einwände dagegen 178. Über Alphart 221.
Kirche 11. 16.
Kirchenfeste als Zeitmaß 10. 120. 146.
Kirchgang 25.
Kirchhof, Friedhof 11.